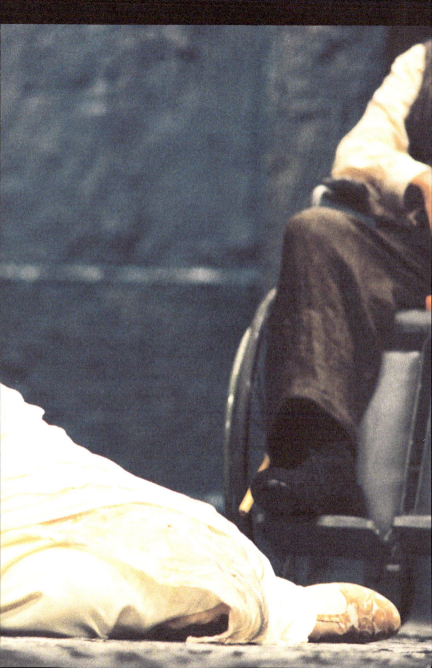

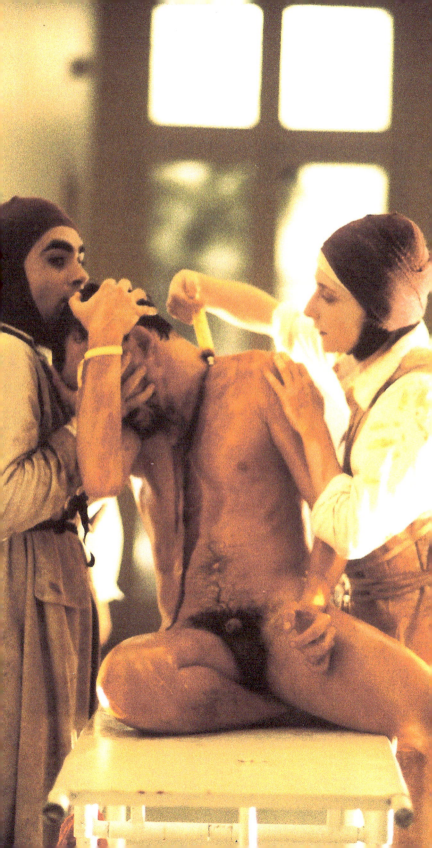

Teatralidades Contemporâneas

Coleção Estudos
Dirigida por J. Guinsburg

Equipe de realização – Edição de Texto: Marcio Honorio de Godoy; Revisão: Luiz Henrique Soares; Sobrecapa; Sergio Kon; Produção: Ricardo W. Neves e Sergio Kon.

Sílvia Fernandes

**TEATRALIDADES
CONTEMPORÂNEAS**

 PERSPECTIVA

Dados Internacionais de Catalogação na Publicação (CIP)
(Câmara Brasileira do Livro, SP, Brasil)

Fernandes, Sílvia
Teatralidades contemporâneas / Sílvia Fernandes. – São Paulo: Perspectiva: 2013. – (Estudos; 277 / dirigida por J. Guinsburg)

2. reimpr. da 1. ed. de 2013
Bibliografia.
ISBN 978-85-273-0881-6

1. Arte dramática 2. Teatro brasileiro – História e crítica I. Guinsburg, J. II. Título. III. Série.

10-00577   CDD-792.0981

Índices para catálogo sistemático:

1. Brasil : Teatro contemporâneo :
   História e crítica   792.0981

1ª edição – 2ª reimpressão

[PPD]

Direitos reservados à
EDITORA PERSPECTIVA LTDA.

Av. Brigadeiro Luís Antônio, 3025
01401-000 São Paulo SP Brasil
Telefax: (011) 3885-8388
www.editoraperspectiva.com.br

2019

Sumário

Apresentação IX

PARTE I
ENCENAÇÃO CONTEMPORÂNEA

1. Hibridismo e Multimídia nas Encenações
   de Gerald Thomas 3
2. A Dramaturgia da Artista 13
3. Sutil Companhia de Teatro 17
4. *Boca de Ouro* e o Oficina 25
5. A Cena em Progresso 37
6. Teatros Pós-dramáticos 43

PARTE II
PROCESSOS COLABORATIVOS

1. O Lugar da Vertigem 61

2. Teatro-Cidade 71
3. Teatros do Real................................. 83
4. Cartografia de BR3 87
5. Poética da Cena Contemporânea 95
6. Teatralidade e Textualidade: A Relação entre Cena e Texto em Algumas Experiências de Teatro Brasileiro Contemporâneo 101
7. Teatralidades Contemporâneas 113
8. O Discurso Cênico da Companhia dos Atores 131

PARTE III
DRAMATURGIA CONTEMPORÂNEA

1. Notas sobre Dramaturgia Contemporânea 153
2. A Violência do Novo 171
3. Mostra de Dramaturgia.......................... 177

PARTE IV
PEDAGOGIA DA CENA

1. Formação Interdisciplinar do Intérprete: Uma Experiência Brasileira 191
2. Um Modelo de Composição...................... 227

Sobre os Textos 231
Créditos das Imagens 235
Bibliografia... 237

Apresentação

Os estudos, as críticas e os prefácios reunidos nesta coletânea foram escritos no decorrer de dez anos e editados em diversas publicações. O critério de escolha do conjunto de textos selecionados de minha produção foi a afinidade com as temáticas que me acompanham desde o mestrado, sobre os grupos teatrais da década de 1970, e o doutoramento, em que analisei o teatro de Gerald Thomas. Em todos eles é visível meu interesse pelos procedimentos de criação e formalização do teatro contemporâneo, seja na encenação, nos processos colaborativos ou na produção mais recente de textos, que ficou conhecida como nova dramaturgia. Mesmo nos estudos que encerram a compilação, dedicados à pedagogia da cena, o pressuposto de análise é que as criações inovadoras dos artistas de hoje são as responsáveis pela definição de novos métodos de ensino do teatro e pelo esboço de uma teoria teatral ligada à prática.

O texto sobre as encenações de Thomas nos anos 80 abre a seleção por funcionar como baliza de projeção dos trabalhos que escrevi posteriormente, em que se percebe a preocupação crescente com os processos colaborativos dos grupos de teatro, que ganham força na cena brasileira a partir dos anos 90. Nesse sentido, a organização segue, em certa medida, o percurso histórico da parcela da cena paulista e carioca analisada aqui.

No estudo dedicado a Thomas sintetizo os processos mais característicos da encenação do período, quando o diretor volta a funcionar como eixo irradiador das propostas teatrais, e trabalho alguns conceitos-chave, como escritura cênica e texto espetacular, me apoiando especialmente nos estudos de Patrice Pavis e Marco de Marinis, além de recorrer à ideia de representação emancipada, que Bernard Dort desenvolve no livro homônimo. Em seguida apresento a crítica "A Dramaturgia da Artista", que aborda o espetáculo *Da Gaivota*, dirigido e adaptado por Daniela Thomas do original de Anton Tchékhov, e estreado em São Paulo em 1999. A apreciação da montagem sucede o ensaio sobre Thomas porque reconheço nela pressupostos semelhantes aos do encenador, de quem a cenógrafa foi parceira por mais de dez anos. A base da análise do texto tchekhoviano foram os percucientes estudos de Raymond Williams sobre o dramaturgo, publicados nos livros *Drama in Performance* e *O Teatro de Ibsen a Brecht*. Reproduzo, na sequência, críticas de três espetáculos de Felipe Hirsch com a "Sutil Companhia de Teatro" – *Os Solitários*, *Alice* e *Avenida Dropsie*. Não por acaso, o diretor curitibano inicia, nos anos 90, uma relação profícua com Daniela Thomas e, a meu ver, é um seguidor fiel de Gerald Thomas, tanto nas propostas visuais quanto no rigoroso formalismo das soluções cênicas, além de privilegiar a composição de gesto e movimento do ator. A encenação de José Celso Martinez Corrêa para a peça de Nelson Rodrigues é analisada no texto "Boca de Ouro e o Oficina" e dá conta de algumas opções cênicas características do diretor, que acentua as vertentes míticas do dramaturgo. Para encerrar os estudos sobre encenadores indico, na resenha "A Cena em Progresso", algumas balizas teóricas que orientaram o estudo e a prática das performances de Renato Cohen, como a disjunção, a colagem, a obra em progresso e a dramaturgia de *leitmotive*, procedimentos que o artista explicita em seu último livro, *Work in Progress na Cena Contemporânea*.

O ensaio "Teatros Pós-dramáticos" encerra a seção dedicada aos encenadores por funcionar como súmula das reflexões do teórico alemão Hans-Thies Lehmann sobre a cena contemporânea e por incluir algumas remissões a criadores brasileiros. Publicado em Berlim em 1999, *O Teatro Pós-Dramático* é uma cartografia expandida do teatro que vai dos anos 70 aos 90 do século xx, capaz de organizar vetores de leitura de seus processos multifacetados. Talvez seja o primeiro estudo a dar conta, de forma abrangente, da teatralidade fragmentária dessas espécies estranhadas de cena total, que rejeitam a totalização, e cujo traço mais evidente é a frequência com que se situam em territórios miscigenados de artes plásticas, música, dança, cinema, vídeo e performance, além de recusarem a ascendência do drama para a constituição de sua teatralidade e seu sentido.

Com o texto "O Lugar da Vertigem" abro a seção dedicada aos processos colaborativos dos grupos de teatro dos anos 90. A análise da *Trilogia Bíblica* do núcleo dirigido por Antonio Araújo, precursor da prática colaborativa e introdutor do termo no Brasil, é indicativa de uma mudança acentuada no eixo das produções teatrais da época. É o momento da proliferação dos coletivos de criação, quando o teatro de grupo passa a definir mudanças na concepção e realização dos trabalhos – feitos em conjunto, mas com preservação das especialidades – e também a influenciar políticas de subvenção das artes cênicas, unindo-se em movimentos como o "Arte contra a Barbárie", que mobiliza dezenas de criadores para conseguir a aprovação de uma lei de fomento ao teatro. No texto, trabalho com a concepção de "cenografia sociométrica", de Richard Schechner, e com as reflexões de Johannes Birringer sobre o lugar do teatro na metrópole contemporânea. Na sequência, apresento o artigo "Teatro-Cidade", em que procuro contextualizar um movimento amplo de criação teatral que toma posse de espaços públicos para realizar suas apresentações, como faz o Teatro da Vertigem. No texto, uso algumas premissas do teórico Fredrik Jameson para pensar essas novas práticas de ocupação da cidade pelo teatro. Em seguida, em "Cartografia de BR3", retomo o estudo específico do Vertigem, desta vez para descrever seu último espetáculo antes da publicação deste livro, apresentado no rio Tietê em 2006. Não por acaso, o texto dá conta do longo processo criativo de BR3, que consumiu dois anos e meio de trabalho, e do qual participei como dramaturgista e coordenadora teórica. Na sequência, apresento "Poética da Cena Contemporânea", em que retomo as análises esboçadas nos dois estudos anteriores sobre o grupo na busca de sintetizar seus traços característicos. Nessa altura da coletânea, investigo novos modos de manifestação do teatro recente, cujos traços mais visíveis são as formalizações instáveis e a valorização dos processos criativos em detrimento do produto acabado, o espetáculo.

Nessa via de análise, um dos estudos que influenciam minha abordagem é de autoria da psicanalista francesa Maryvonne Saison que, em seu livro *Les Théâtres du réel*, vê, nas práticas híbridas que conformam o novo teatro, a mais completa rejeição da reprodução da realidade, ao menos nos moldes realistas, e a busca de mecanismos de intervenção direta no real, ou até mesmo de sua anexação, seja pela incorporação de não atores aos espetáculos, seja pela escolha de espaços públicos para as apresentações. No breve apontamento "Teatros do Real" retomo alguns pressupostos da ensaísta para indicar experiências do teatro paulista que se aproximam das práticas por ela discriminadas.

Em "Teatralidade e Textualidade. A Relação entre Cena e Texto em Algumas Experiências de Teatro Brasileiro Contemporâneo" uso o princípio de teatralidades plurais esboçado por Patrice Pavis em ensaio recente sobre o festival de Avignon, para examinar três experiências brasileiras: a *Trilogia Bíblica*, em que retomo a análise empreendida em "O Lugar da Vertigem", o espetáculo *Ueinzz – Viagem a Babel*, criado por Renato Cohen e Sérgio Pena com pacientes do hospital psiquiátrico "A Casa", em 1997 e a encenação de Enrique Diaz de *A Paixão Segundo GH*, adaptação do livro de Clarice Lispector estreada em 2003.

O trabalho teatral de Enrique Diaz é revisto no ensaio "O Discurso Cênico da Companhia dos Atores". Comparando o encenador e seu grupo às últimas tendências do teatro brasileiro, procuro situá-los na confluência de duas vertentes. Por um lado, constato que é dominante na companhia a matriz do ator-criador, o artista múltiplo capaz de revolucionar o processo teatral na coautoria do processo colaborativo. Por outro, acredito que persiste, em Diaz, a prática do encenador autoral, que concebe, organiza e orquestra a apresentação no espaço e no tempo da cena. Ao aliar essas duas vertentes, a Companhia dos Atores opera um reequilíbrio de forças e combina modos anteriores de criação do teatro brasileiro das últimas décadas.

Na seção dedicada à dramaturgia contemporânea, o núcleo de investigação liga-se ao desejo de descobrir em que medida as mudanças na forma de encenar os textos no teatro contemporâneo, e a relação cada vez mais intrincada entre dramaturgia e encenação, acabam determinando mudanças substantivas em sua composição, aproximando-os, em muitos casos, das estruturas mais processuais da performance, com o consequente abandono das regras do drama e mesmo do teatro de conformação tipicamente épica. Em "Notas sobre Dramaturgia Contemporânea" procuro refazer, de forma sintética, as etapas que considero fundamentais nesse percurso de precipitação de conteúdos em novas formas, para analisar, em seguida, a dramaturgia brasileira atual no artigo "A Violência do Novo". O caráter jornalístico do texto, escrito para uma revista de ampla circulação, se repete na avaliação crítica que me coube fazer da "Mostra de Dramaturgia Contemporânea", apresentada pelo Núcleo Teatro Promíscuo, em 2002, que me permitiu reconhecer, em exemplos recentes, alguns procedimentos enunciados nos estudos anteriores.

Inicio a rubrica "Pedagogia da Cena" com um estudo sobre o ensino do teatro no Brasil, que escrevi para uma publicação francesa. Em "Formação Interdisciplinar do Intérprete: uma Experiência Brasileira" explicito as principais linhas de formação do ator propostas por grupos de teatro e encenadores-pedagogos ligados ao Departamento de Artes Cênicas do Instituto de Artes da Unicamp, e pelos atores-criadores do Lume, núcleo de pesquisa teatral da mesma universidade. O prefácio ao livro do ator, professor e pesquisador Matteo Bonfitto encerra a coletânea, pois considero seu tema – a relação entre a teoria e a prática teatrais – bastante pertinente ao enfoque que adoto nos textos. Em minha produção acadêmica e crítica, a tentativa de refletir sobre o teatro contemporâneo e o esforço de discriminar suas vertentes aliam-se à busca difícil de pressupostos teóricos que franqueiem sua análise.

Revendo os estudos compilados, posso afirmar que a investigação da teatralidade, que proponho no texto "Teatralidades Contemporâneas", está em seu cerne e os atravessa como um veio subterrâneo. Mesmo quando não nomeada, essa "espessura de signos e sensações" que se liga a uma espécie de "percepção ecumênica de artifícios sensuais, gestos, tons, distâncias, substâncias e luzes" a que se refere Roland Barthes, direciona meu ponto de vista e organiza minhas indagações sobre a cena contemporânea.

Em relação às múltiplas definições de contemporaneidade, que podem iluminar a situação dessa cena, opto pela síntese de Jean-François Lyotard, para quem o contemporâneo não é uma época ou uma tendência, mas um modo da sensibilidade, do pensamento e da enunciação de hoje.

Parte I

Encenação Contemporânea

1. Hibridismo e Multimídia nas Encenações de Gerald Thomas

O objetivo deste texto é definir algumas matrizes do trabalho autoral do encenador Gerald Thomas, na medida em que cristalizam uma série de procedimentos cênicos do teatro brasileiro na década de 1980. O artista sintetiza um período em que o diretor volta a funcionar como eixo irradiador das propostas teatrais, concentrando em torno de si colaboradores que auxiliam sua execução. As peças musicais de Hamilton Vaz Pereira, as experiências plásticas e espaciais de Bia Lessa, o *Corpo de Baile* de Ulysses Cruz ou o espetáculo *A Bao a Qu*, de Enrique Diaz, afirmam-se, tanto quanto a ópera seca de Gerald Thomas, como concretizações de um discurso da encenação. Construído pela definição espacial, o recorte de luz, a inserção do texto, a movimentação coreográfica, a interferência musical, o gesto do ator e a projeção de imagens, configura uma nova etapa da cena brasileira, em que o encenador passa a construir um discurso autônomo em relação ao texto dramático, usando uma série de elementos que compõem no palco uma escritura cênica ou um "texto espetacular", a escritura do espetáculo definida pela primeira vez pelo teórico italiano Marco de Marinis[1].

---

1 Lo spettacolo come testo, *Semiotica del teatro*, p. 61.

A proposta inicial deste texto é traçar um breve histórico da carreira de Gerald Thomas no Brasil, para abordar em seguida os principais processos formativos de seu trabalho, associando-os às novas formas de representação teatral contemporâneas, marcadas pelo hibridismo e pela intertextualidade.

GERALD THOMAS NO BRASIL

A aparição do encenador Gerald Thomas no teatro brasileiro aconteceu em meados da década de 80. Depois de alguns anos de trabalho em Londres, com o grupo de performances Exploding Galaxy, e de bem sucedidas montagens de textos de Samuel Beckett, no teatro La Mama de Nova York, Thomas estreou, em julho de 1985, *Quatro Vezes Beckett* no Rio de Janeiro. Rubens Correa, Sérgio Brito e Ítalo Rossi, atores e produtores do espetáculo, mergulharam sem medo no projeto anticonvencional do jovem diretor de trinta anos. O talento plástico, o detalhamento formal e o uso da música como fio condutor dos textos exasperantes de Beckett – *Teatro I*, *Teatro II*, *Nada* e *Aquela Vez* – encantaram o público e a maior parte da crítica.

Esse período inicial de trabalho serviu de trampolim para a radicalização que viria depois, com o abandono dos textos dramáticos como ponto de partida para a criação. Na primeira montagem de *Carmem com Filtro*, em 1986, o encenador foi responsável não apenas pela direção, mas por todo o espetáculo. Ainda que se baseasse na temática da ópera de Bizet e no romance de Merimée, concebia o texto de forma totalmente livre, auxiliado por iluminação plástica, marcações coreográficas, concepção espacial inusitada – feita em parceria com a cenógrafa Daniela Thomas –, além de levar a interpretação dos atores para um caminho totalmente oposto ao realismo.

Na verdade, o que Thomas introduzia no Brasil era uma tendência presente no teatro norte-americano desde meados da década de 70. Com maior ou menor grau de afinidade, aproximava-se da linha de trabalho dos encenadores Richard Foreman e Bob Wilson, dos grupos Mabou Mines e Wooster, das *performers* Meredith Monk e Lucinda Childs. O que todos tinham em comum era a exploração autorreflexiva da linguagem formal das artes cênicas. Centravam o interesse em experimentações radicais de tempo e espaço, e punham em xeque métodos mais tradicionais de criar o teatro. Não havia texto dramático, personagens definidos, conflito teatral, nem cenário, no sentido de um lugar onde o espetáculo se localiza. O espaço cênico era o próprio teatro e a progressão da narrativa acontecia por meio da mudança de temas espaciais, que se repetiam no decorrer do espetáculo. Um exemplo claro do procedimento foi o próximo trabalho de Thomas, *Eletra com Creta*, que estreou em 1986 no Museu de Arte Moderna do Rio de Janeiro, e funcionava como uma espécie de partitura cênica formada por quatro telas transparentes que dividiam o palco em corredores paralelos, onde o diretor inscrevia seu texto espetacular.

Desde essa época, o teatro de Gerald Thomas era feito de fragmentos sem unidade aparente, formados por citações textuais ou visuais emprestadas de filósofos, artistas plásticos, escritores, cineastas e músicos, justapostas em um roteiro de elementos díspares. O que prevalecia na composição era a desconstrução de textos, códigos e personagens associados por meio de mecanismos de deslocamento e estranhamento de sentido. Graças a esse procedimento, Marcel Duchamp, Samuel Beckett, Tadeusz Kantor, Richard Wagner, Francis Bacon, James Joyce, Marcel Proust ou William Shakespeare colaboravam igualitariamente na construção da ópera-seca de Thomas, por meio de fragmentos de suas obras justapostos por processos de colagem.

Nesse sentido, o procedimento do encenador tinha semelhança com o trabalho de um arqueólogo que, no final do século XX, reciclasse imagens destacadas de seu tempo histórico para alojá-las no espaço cênico. Em certo sentido, o processo de encenar repetia o mecanismo da memória, pois acontecia por meio da busca de imagens arquivadas que, em um esforço analógico, eram reorganizadas em cena, instaurando sentidos inaugurais. A inserção cênica de situações textuais e visuais emprestadas de outro contexto permitia que o palco funcionasse como ponto de confluência de uma torrente de percepções da cultura ocidental, materializadas em momentos emblemáticos. *Carmem com Filtro 2*, na verdade a recriação integral da *Carmem* de 1986, é um bom exemplo do procedimento. Na cena capital da taverna, em que Carmem dança a *habanera*, Thomas contrapunha a cigana a um espaço que reproduzia a cena clássica. A cenógrafa Daniela Thomas construía uma biblioteca repleta de livros, que ocupava toda a altura do palco, com que tentava reproduzir os pressupostos básicos desse tipo de cenografia. O uso rigoroso da perspectiva colaborava com essa intenção, pois definia um cenário marcado pela simetria, que direcionava o olhar do espectador para um ponto de fuga central. No nicho situado no centro do espaço, Carmem executava sua dança de sedução em cima de uma mesa, indicação precária do lugar de ação original. Nesse momento, o buraco escuro que enquadrava a cena acolhia a figura frágil, quase trôpega de Carmem, ao mesmo tempo em que emoldurava seus contornos numa simetria tradicional, como se ainda se tratasse de uma personagem íntegra. Mas a escala do cenário se insurgia contra essa razão tradicional. A biblioteca de sete metros de altura não acompanhava a dimensão feminina de Carmem, agindo como fator opressor, desestruturante, além de compactuar com um universo maior e mais poderoso, que se sobrepunha ao da personagem, representado por uma mesa suspensa sobre a mesa/tablado de dança. Uma luz barroca, rebatida em diagonal, auxiliava a insurreição do espaço contra a personagem, retorcendo a figura da cigana, derretendo seus limites, diluindo seu desejo de integridade contra o racionalismo geométrico. Sem dúvida, o que estava em cena era o esboço de uma nova concepção de representação.

Nesse caso, Thomas não postulava a fusão dos diversos elementos de cena, aplainando as diferenças e combinando-os para construir um sentido unitário e comum, como na *gesamtkustwerk* wagneriana, com seu pressuposto de síntese das artes. Agora os diversos elementos utilizados no palco agiam de forma independente, como se o encenador renunciasse a organizar uma unidade de sentido, e transformasse o espetáculo em uma "polifonia significante", aberta sobre o espectador. Como observa Bernard Dort a respeito desse teatro, a concepção que o norteia é oposta à visão unitária de um Wagner ou de um Gordon Craig, e pode ser qualificada de agonística. "Ela supõe uma luta pelo sentido, luta da qual o espectador é juiz"[2].

HIBRIDISMO

A luta a que Dort se refere era travada por elementos díspares. Thomas insistia em utilizar vários argumentos ao mesmo tempo, embaralhando propositalmente épocas e personagens, no procedimento que chamava de "incesto". Como no caso da ópera de Bizet, em geral emprestava de um determinado autor uma ideia ou narrativa e "incestuava" esse fio temático com uma série de elementos que o contrariavam ou mesmo polemizavam com ele. Os fragmentos, imagens e personagens utilizados na *collage* não revelavam seu grau de parentesco, pois se juntavam ao núcleo original por ligações consanguíneas ocultas.

A ligação do material genético, não visível, estimulava leituras insuspeitadas. Thomas exibia no palco várias lógicas em movimento, bombardeando o espectador com estímulos sonoros e visuais que desenhavam o rastro de um pensamento em ação. O que ficou conhecido como "teatro de imagens" nada mais era que a desconstrução de textos, códigos e personagens, feita através de mecanismos de deslocamento e estranhamento de sentido. O projeto de Thomas era um exemplo de uso irônico da herança da cultura ocidental. *The Flash and Crash Days*, por exemplo, espetáculo estreado em 1991, partia do conflito entre duas personagens wagnerianas, interpretadas pelas atrizes Fernanda Montenegro e Fernanda Torres, mãe e filha. Mas tornava a referência inicial irreconhecível, transformando a luta das duas mulheres numa oposição de estéticas e gerações do teatro brasileiro. M.O.R.T.E., apresentado no ano anterior, mostrava um Cristo crucificado e grávido de um relógio, atuando em um espaço cênico cortado por uma enorme ponte embrulhada em tecido, citação evidente à interferência realizada pelo artista plástico Christo na *Pont Neuf* de Paris. O herói ecologista da ópera *Mattogrosso*, de 1988,

---

2 *La Réprésentation émancipée*, p. 182.

discutia com Batman problemas de desmatamento da floresta amazônica, ao som do *Anel dos Nibelungos* de Richard Wagner e da música minimalista de Philip Glass. No *Império das Meias Verdades*, espetáculo de 1993, a cabeça de Eva era servida em banquete a Mefistófeles. Em *Carmem com Filtro 2*, referida anteriormente, a sedutora cigana era preterida por uma réplica da Roda de Bicicleta de Marcel Duchamp. Em *Um Processo*, primeiro espetáculo de uma sequência de montagens baseadas em Kafka (*Trilogia Kafka*, de 1988), o anti-herói Joseph K sorria na hora da morte.

Em certos aspectos, a desorganização de referências emprestadas à tradição artística se aproximava de algumas experiências brechtianas. Mas Brecht fragmentava para compor uma nova totalidade, em função do sentido que pretendia produzir. Em Thomas o mecanismo de estranhamento era autorreflexivo. O meio que encontrava para demolir as referências era atacar, em primeiro lugar, seu próprio espetáculo, desmontando os mecanismos de encenar. Ao fazer isso, ritualizava uma concepção formal, e acabava atraindo a atenção do espectador para o próprio teatro. Por isso a paródia sempre foi muito importante no teatro de Thomas. Também por isso, os comentários sobre a própria criação sempre foram muito frequentes, numa autorreferência irônica e muitas vezes raivosa.

AUTORREFERÊNCIA

M.O.R.T.E., *Movimentos Obsessivos e Redundantes para Tanta Estética*, foi a peça em que Thomas escancarou esse procedimento, usando a atriz Bete Coelho como seu duplo. O trabalho falava da paralisia do artista diante da criação e de uma arte sem território fixo. Como nos outros espetáculos, o diretor construía seus "movimentos obsessivos" a partir de códigos híbridos. A justaposição de elementos inesperados era o meio de criar uma linguagem de hesitação e desconfiança em relação às metanarrativas. Ele fazia no palco uma espécie de crítica em ação, que colocava as referências sob suspeita. Textos, mitos, temas, personagens eram postos em tensão cênica, rodeados de situações que instauravam um círculo hermenêutico ao redor deles. Nesse sentido, é possível considerar M.O.R.T.E. como um "trabalho teatral", a expressão brechtiana que fala da imbricação entre a reflexão prática e a atividade teórica.

M.O.R.T.E. acabou se transformando em discussão sobre a maneira de fazer teatro e sobre o que o teatro pode ser. O que eram, afinal, os espetáculos de Thomas? Instalações de artes plásticas, coreografias de dança, óperas sem canto? O próprio diretor procurava novos nomes para batizar sua produção. Ópera-seca e *gesamtkustfallwerk* foram tentativas de nomear um teatro que tinha as propriedades de um evento sem regras fixas. A crítica sempre trabalhou a reboque dessa obra em progresso, correndo atrás das regras daquilo que fora feito.

Se existe uma expressão que defina o trabalho de Gerald Thomas, desde essa época, é *work in progress*. Tanto os espetáculos quanto os textos do diretor são amostragens de um movimento em direção a alguma coisa que nunca chega a constituir uma obra acabada. O processo de criação e a constituição do sentido pelo espectador sempre ultrapassam a "peça" como produto artístico. "O desespero de intuir a arte, em lugar de afirmá-la" é a justificativa de Thomas para a mudança constante dos espetáculos, que ganhavam várias versões antes de encerrar carreira. *Carmem com Filtro* e M.O.R.T.E. tiveram três variantes oficiais. As mudanças diárias, nem o elenco da companhia consegue contar.

A impressão que se tem, como espectador de seu teatro, é a de que existe uma identidade móvel por trás de cada palavra e cada gesto apresentado em cena. Identidade que aparece, por exemplo, como o "narrador só voz" a que a pesquisadora Flora Sussekind se refere no texto "A Imaginação Monológica"[3]. Sussekind comenta a presença constante da voz gravada de um narrador que interfere em todos os espetáculos de Thomas. Ela já aparecia na primeira *Carmem com Filtro*, de 1986, retornava em *Eletra com Creta*, também de 1986, reincidia em *Mattogrosso*, onde era distorcida eletronicamente e justaposta ao corpo de Ernst Matto, o herói da trama, e eclodia na já mencionada *The Flash and Crash Days* como fala em primeira

3 *Revista USP*, n. 14, p. 49.

pessoa, que pontuava toda a representação. O sujeito dessa narrativa era sempre sublinhado e revelado pela identidade da voz que se justapunha aos corpos dos atores. Pois a voz gravada do narrador era sempre a de Gerald Thomas. A narrativa acontecia, portanto, como uma espécie de monólogo interior projetado em imagens e personagens que não tinham autonomia ficcional. Funcionavam como fontes de enunciação da mesma subjetividade, o eu do narrador disseminado no tempo e no espaço cênico.

A ostentação desse eu autoral também acontecia no palco. Em vários espetáculos, Thomas entrava em cena para reger os atores à maneira do encenador polonês Tadeusz Kantor nos trabalhos do Cricot 2. Thomas nunca escondeu o fascínio que os espetáculos de Kantor exerceram sobre ele, sobretudo no que se refere à participação do diretor na própria cena. Mais que um regente ou maestro, Kantor se colocava no palco como um espectador diante do espetáculo. Por isso sua interferência ganhava um sentido inesperado, funcionando como um obstáculo à passagem do mundo ficcional, que obrigava o teatro a se mostrar naquilo que tinha de mais concreto e artificial, ou seja, a própria representação. Em quase todos os seus espetáculos Thomas repetia o recurso com a mesma intenção.

A exploração do espaço mental do encenador se reproduzia em cada trabalho. A impressão que se tinha era de um todo repartido em seções que destacavam um ou outro elemento dessa simbolização particular. O que Thomas colocava em cena era o equivalente de situações intelectuais e emotivas, com as quais o espectador conseguia se identificar por congenialidade.

O acaso, mais que a necessidade, reunia os dados armazenados na memória de Thomas, que aproximava as informações mais díspares, condensadas em uma série de motivos que viajavam de um espetáculo a outro. Nesse sentido, é interessante constatar que sua encenação sempre teve pretensão enfática, por prever na própria estrutura os mecanismos de recordação. Diante da dificuldade de permanência dos espetáculos, quase eventos, o diretor tratava de compor um sistema de remessas que garantia a preservação de alguns traços da obra, impressos na memória do espectador graças à recorrência. Quando o narrador de M.O.R.T.E. repetia que "as estradas estavam todas pavimentadas desde Kant, e em todas as línguas", o espectador era forçado a se lembrar de todos os espetáculos de Thomas em que ouvira essa frase. Quando um jardim de guarda-chuvas brotava numa cena da ópera *Sturmspiel*, apresentada em Munique em 1990, o espectador lembrava-se da mesma solução, exibida anteriormente em *Mattogrosso*. Quando o muro de Berlim irrompia em *Mattogrosso*, o espectador reconhecia a cena nuclear do *Navio Fantasma*, de 1987, onde já aparecera a mesma imagem.

A metáfora de Jorge Luís Borges da memória alheia, com existência dependente de lembranças artificiais, pode funcionar como analogia para esse imaginário, que mistura informações da linguagem da publicidade, da ideologia, do cinema, das conversas cotidianas e dos cartuns. A memória do diretor parece funcionar como um arquivo caótico, que não seleciona entradas preferenciais. O que interessa ao encenador é construir pontes entre as informações, que permitam a expressão daquilo que Eugenio Barba chamou de "pensamento-em-vida"[4].

A partir dessas observações, pode-se concluir que o pensamento criativo de Thomas transforma-se em comportamento físico no palco. Ganha equivalente nos espetáculos encenados desde 1984, em que o espectador é convidado a progredir através de imagens, sons e movimentos que o obrigam a olhar as coisas de maneira inédita. Em todos eles há um princípio de negação que inverte os significados tradicionais e mostra um processo de investigação transgressora, que submete o teatro de seu tempo a uma prova de instabilidade.

---

4 E. Barba; N. Savarese (orgs.), *A Arte Secreta do Ator. Dicionário de Antropologia Teatral*, p. 58.

2. A Dramaturgia da Artista

Ir contra as leis da dramaturgia foi prática familiar a Tchékhov, considerado um dos maiores representantes do realismo russo e mitificado pelas encenações de Stanislávski no Teatro de Arte de Moscou. No entanto *A Gaivota*, que foi apresentada nesse palco em 1898, é um bom exemplo dos problemas que seu autor enfrentava para adequar-se à tendência realista. Ainda que a substância da peça emane da representação da vida cotidiana na Rússia pré-revolucionária, é preciso atentar para a relação incômoda que liga esta convenção particular de reprodução da vida ao impulso de autorrevelação que anima os personagens, sempre prestes a iniciar um discurso confessional, que não raro descamba para o monólogo mal disfarçado em diálogo. A primeira cena da peça, onde o velho Sorin não passa de um ouvido passivo às queixas do sobrinho Treplev, é um bom exemplo do procedimento.

O risco implícito nessas longas falas autorreferentes é aceitarmos como verdade a interpretação que as personagens fazem de si mesmas. Seu caráter contraditório surge exatamente da oposição entre o que dizem e o que fazem, e a tentativa de Tchékhov é mostrar que elas não se exprimem com clareza porque sua consciência interior não se liga à realidade, o que acaba revelando sua incapacidade para a vida. A esse respeito, o crítico Raymond Williams afirma que Tchékhov não escreve sobre uma geração que procura libertar-se de formas sociais arcaicas, mas sobre indivíduos que consomem sua energia na tentativa de tomar consciência da própria incapacidade[1]. O final de *A Gaivota* é o retrato acabado deste conflito.

É importante perceber que, graças a essa ambiguidade, as personagens tchekhovianas podem ser vistas de vários ângulos. Arkádina, por exemplo, é o esboço típico da personalidade cindida. Artista inteligente e sensível, mãe egoísta, amante mesquinha, a duplicidade da atriz é exatamente sua riqueza.

A realidade equívoca da maioria das personagens de *A Gaivota* é responsável pela construção de uma estrutura de sentimento que beira a desintegração, e ameaça a todo momento esgarçar o arcabouço da peça. Este perigo é acentuado pelo tema central do texto, que opõe indivíduos e estilos. Anton Tchékhov faz um questionamento existencial do homem por meio do artista de teatro, a metalinguagem representada no minúsculo palco à beira do lago onde gaivotas/atrizes ensaiam voos de fracasso. A discussão entre pais e filhos, amor e desamor, antigo e moderno, tradição e ruptura, realismo e simbolismo, encontra protagonistas exemplares nos casais Nina/Treplev e Arkadina/Trigorin, mulheres/atrizes e homens/dramaturgos que o fio do enredo aproxima e afasta como num jogo de xadrez. A peça parece indicar que enquanto Treplev perde tudo se refugiando no lago, Nina, nascida na outra margem, tem a coragem de partir. Cabe à atriz a ação concreta e ao dramaturgo o refúgio no sonho, na poesia e na reflexão. No entanto, é o teatro de Treplev que acabará vencendo, se pensarmos no simbolismo como a primeira vanguarda.

Para manter unidos indivíduos e teatros tão distantes, o autor recorre à pressão unificadora do "clima" dramático, aquilo que se convencionou chamar de "atmosfera tchekhoviana". A presença real da gaivota na peça – morta, empalhada, exibida – é um recurso de pressão emocional, símbolo aberto que pretende refletir, entre outras coisas, a condição comum dos jovens artistas.

---

1 The Seagull, by Chekhov, *Drama in Performance*, p. 106-127.

A despeito da tentativa de união na "atmosfera", é possível perceber na peça a persistência das idiossincrasias, que debilitam a expressão coletiva. O bordão que o velho Sorin usa para terminar suas falas é o sintoma mais claro da solidão que isola as personagens e fragmenta o texto em solos individuais. A Gaivota vive do equilíbrio precário entre a desintegração individual e a permanência de uma consciência comum[2].

Esta polifonia de vozes dissonantes encontrou sua melhor tradução cênica na concepção de Daniela Thomas, autora, encenadora, cenógrafa e artesã deste trabalho. Apesar de extirpar nada menos que quatro personagens e outras tantas falas do texto, conseguiu ampliar a ideia central da gaivota tchekhoviana. Sem deixar de refletir sobre o conflito existencial do artista de teatro, priorizou a discussão dos teatros, escolhendo, para seu elenco, legítimos representantes dos teatros brasileiros, atores que carregam na simples presença uma linguagem, uma linha de trabalho, uma história inconfundível e, mais que isso, uma inalienável opção profissional. O simples fato de contracenarem já é uma discussão do que o teatro pode ser e a atualização possível de um confronto que, de certa forma, parece repetir-se com outros protagonistas.

Se em Tchékhov o dramaturgo Treplev expõe a modernidade de seu texto simbolista ao sarcasmo da mãe Arkádina, atriz dos realismos de Dumas Filho, aqui Mateus Nachtergaele, o Jó peregrino das vanguardas pós-modernas, opõe sua interioridade melancólica à exuberância técnica e afetiva da maior atriz brasileira, Fernanda Montenegro. O dramaturgo Trigorin, que o autor concebe como opositor natural de Treplev e seus castelos de Axel, só poderia ser representado por Celso Frateschi, herdeiro do Arena de São Paulo, criador do Núcleo de São Miguel, intérprete de Brecht e Heiner Müller. Quanto à jovem atriz, Nina, ganha o vigor da geração dos anos de 1980, que mesmo em tempos difíceis percebeu que era possível fazer arte. Filha do Asdrúbal, neta do Oficina, Nina/Nanda subverte a galeria tchekhoviana dos incapazes de vencer. Para ela a melancolia e a derrota são ritos de passagem para outro lugar.

---

2 R. Williams, Una Generación de Maestros, *El Teatro de Ibsen a Brecht*, p.117-129.

Para os que consideram Tchékhov um precursor de Beckett na desesperança e nos diálogos vazios, a encenadora oferece uma surpresa. Nélson Dantas e Antônio Abujamra emprestam a tradição teatral brasileira para uma referência visual a *Hamm* e *Clov*, numa tematização simultânea do herói negativo.

No comando deste concerto de vozes teatrais, um vai-e-vem entre realidade e ficção, ninguém melhor do que Daniela Thomas, autora, com Gerald Thomas, de um teatro "pastoral" em que as paisagens substituíam o drama. Sem renegar seu passado, ela contracena com ele, ao usar a peça para tematizar a oposição entre ação real e ação teatral, performance e ficção[3]. Abre espaço para a dramaturgia gestual e sonora dos atores, mas a situa numa paisagem deserta de Kiefer. Conta a história da gaivota e ao mesmo tempo representa sua própria história.

---

3 No capítulo "Another Version of Pastoral", Elinor Fuchs discute as "peças-paisagem" de Gertrude Stein, relacionando-as às encenações de Robert Wilson, que considera uma versão pós-moderna da pastoral. Ver a respeito o livro *The Death of Character*, p. 92-107.

Da Gaivota
   AUTOR: Anton Tchekhov
   ADAPTAÇÃO, DIREÇÃO, CENOGRAFIA E FIGURINO: Daniela Thomas
   ELENCO: Antônio Abujamra, Celso Frateschi, Fernanda Montenegro, Fernanda Torres, Mateus Nachtergaele, Nelson Dantas
   ESTREIA: 1998.

3. Sutil Companhia de Teatro

A Sutil Companhia de Teatro, do encenador Felipe Hirsch, estreou *Os Solitários* em 2002. É uma ironia que esse seja o título de um espetáculo em que convivem modos diferentes de fazer teatro. E é uma pena que a incompatibilidade seja o resultado mais visível dessa convivência. Pois a união de Marieta Severo, Marco Nanini e a companhia de Hirsch em um mesmo trabalho parecia, à primeira vista, ocasião propícia para a contracena de linhagens do teatro brasileiro que, há muito, caminham paralelas. Marieta e Nanini são herdeiros de primeira linha de nossa tradição mais profícua, a da comédia, sempre associada aos primeiros atores de companhia, com representantes do naipe de Procópio Ferreira, Jayme Costa, Alda Garrido e, mais recentemente, Juca de Oliveira, Denise Fraga e Ney Latorraca, parceiro de Nanini no longevo *Irma Vap*, sucesso imbatível de público nos dez anos em que esteve em cartaz.

Essa estirpe de comediantes encontrou nos dois atores uma síntese e uma depuração. Eles fazem jus à herança como protagonistas exemplares de uma versão televisiva da comédia de costumes, *A Grande Família*, de autoria original de Vianninha que, por sua vez, recebeu e adaptou o legado dramatúrgico do pai, Oduvaldo Vianna. Em *Os Solitários*, ainda que contrafeitos, ambos demonstram que é possível aprimorar a tradição, aliando graça e sutileza ao domínio do difícil ritmo do riso, sem desperdício de uma única situação. Alternando os papéis de mãe, pai e filhos projetados pela estranha dramaturgia de Nicky Silver, são inteligentes e talentosos. Vê-los é ter o privilégio de acompanhar a linha evolutiva do teatro brasileiro.

Mas, feliz ou infelizmente, existe um diretor e uma companhia com quem contracenar. E Felipe Hirsch é o mais jovem representante da cena alternativa do país, trabalhando em Curitiba com a companhia Sutil desde 1993, quando estreia seu primeiro espetáculo profissional, *Baal Babilônia*, criado em processo semelhante aos dos grupos paulistas Teatro da Vertigem e Companhia do Latão. Vem dessa época a parceria de Hirsch com o ator Guilherme Weber, cultivada em longos processos de estudo, pesquisa e construção artesanal da cena. As primeiras produções da companhia já funcionam como ensaio para a proposta de investigação de peças de memória, em que o diretor usa experiências de fragmentação de tempo na condução meticulosa do ritmo do espetáculo, com recurso a técnicas cinematográficas e de estranhamento na dramaturgia e na atuação, além do emprego quase abusivo da intertextualidade. A dialética incessante de incorporação de referências alheias talvez tenha alcançado seu ápice em *Estou te Escrevendo de um País Distante*, releitura de *Hamlet* estreada em 1997, que associa Hirsch, definitivamente, aos grandes criadores do teatro brasileiro e internacional que usaram a mesma matriz para falar de si e de seu próprio tempo, relendo e transformando Shakespeare a partir da ótica contemporânea, como Heiner Müller no *Hamletmaschine* (Hamletmáquina), Bob Wilson em seu monólogo *Hamlet*, Zé Celso em *Ham-let* e Gerald Thomas em M.O.R.T.E.

No caso de *Os Solitários*, a intertextualidade é visível nas inúmeras citações da trama improvável criada pelo dramaturgo americano Nicky Silver, ligado ao off-Broadway nova-iorquino do Vineyard Theatre, que se afina com o trabalho de Hirsch na união de dramaturgo, diretor e companhia em longos processos de montagem e escritura. Nas peças de Silver – *Pterodátilos* e *Homens Gordos de Saia* – dois núcleos familiares são tratados de forma implausível, sem perder de vez a máscara do verossímil, o que levou o crítico David Richards a considerá-las um "absurdo clássico". De fato, ao prodigalizar incestos, canibalismos, assassinatos e suicídios, os textos acabam criando alegorias das anomalias psíquicas da família americana, denunciadas pela dramaturgia moderna desde Eugene O'Neill (Hirsch criou *Juventude* a partir de *Ah! Wilderness*) até Terrence McNally, cuja peça *A Perfect Ganash* foi ponto de partida para o espetáculo de Hirsch/Weber *Por um Incêndio Romântico*, de 1998.

A denúncia desses cantos familiares obscuros, camuflados pelos sofás de grife, é potencializada na linha interpretativa inédita, dissonante, de Guilherme Weber, Erika Migon e Wagner Moura, que fazem contraponto involuntário a Nanini e Marieta, ao exibirem os resultados de uma bem-sucedida pesquisa de atuação contemporânea. O trabalho naturalista mas distanciado, com estranhamentos feitos de pequenas tomadas corporais, com pausas e gestos sincopados no desenho postural de uma geração influenciada pelo teatro físico e por Denise Stoklos, encontra correspondência exata nos achados mais impactantes da pesquisa de Hirsch, que repete no espetáculo suas marcas registradas: estão lá as projeções de imagem-movimento, semelhantes às de Robert Lepage, apresentadas ao público paulista em *A Vida é Cheia de Som e Fúria*, e a trilha sonora eclética, que costura citações como em *Nostalgia*.

Não por acaso, Daniela Thomas é a autora da luminosa concepção espacial feita de telas maquinadas, "véus de memória" muito semelhantes aos que criou para os primeiros espetáculos de Thomas. Como sempre, ela consegue sintetizar o que *Os Solitários* é. Numa das cenas do segundo ato, trabalha em dois planos, associando um assombroso dinossauro a uma sala de visitas de linha Bauhaus. O gabinete da comédia de costumes é, dessa forma, atualizado e justaposto à ousadia da cena experimental, lembrando que cada época sonha com seus sucessores.

* * *

Para lembrar a década de criações que completa em 2003, a Sutil Companhia de Teatro, de Felipe Hirsch e Guilherme Weber, encena *Alice ou a Última Mensagem do Cosmonauta para a Mulher que Ele um Dia Amou na Antiga União Soviética*. Adaptação do texto do dramaturgo escocês David Greig, a mais jovem sensação do Royal Court Theatre, de Londres, a peça fala da perda de contato em um mundo em que, paradoxalmente, as redes de comunicação se globalizam. A trama irônica movimenta suas conexões a partir da impossibilidade de chegar ao outro, usando como fio condutor dos desencontros dois cosmonautas soviéticos perdidos na nave Harmonia, teimosos em ignorar a desarmonia terrestre e o fim da missão, e persistentes na tentativa de comunicar-se com a namorada e a filha Alice. Como a personagem de Carroll, também esta Alice, apresentada em interpretação minimalista de Simone Spoladore, empreende uma viagem exploratória, desta vez em busca do pai, enquanto é rastreada por um apaixonado funcionário público escocês, que tenta suprir a ausência de contato ouvindo o registro sonoro da respiração da namorada. O recurso lembra vagamente *A Última Gravação de Krapp*, de Beckett, e aliado ao silêncio e à ambiguidade que contaminam as demais personagens, remete, em certo sentido, não apenas a fragmentos do maior dramaturgo da incomunicabilidade, mas também a Heiner Müller e Thomas Bernhard. Apesar da semelhança, o contexto de Greig é, sem dúvida, o da nova dramaturgia britânica, criada com frequência em processos coletivos de ensaio, sofrendo alterações sob influência de atores e diretores, e especialmente interessada em captar, ao vivo, as turbulências do tempo que representa, como acontece com Jez Butterworth (*Mojo*), Sarah Kane (*Blasted*) ou Mark Ravenhill (*Shopping and Fucking*).

Na concepção cênica de Hirsch, que pertence à mesma geração de Greig, as trajetórias solitárias das personagens interceptam-se como filamentos de um processo de associações mnemônicas. Dessa forma, a impossibilidade de contato e a fragmentação da experiência são compensadas por relações que o diretor compõe espacialmente, com recursos de decupagem cinematográfica e de iluminação, sem prescindir das costumeiras projeções de imagem, que funcionam como vinhetas na costura das cenas e das significações. Concebido no mesmo sentido, o belo cenário de Daniela Thomas dá a chave de compreensão dos sítios individuais de memória, ao sobrepô-los como andares de um edifício, cujas ligações compõem uma cartografia do memorar coletivo.

A leitura de Hirsch permite que o texto de Greig se encaixe, à perfeição, na pesquisa sobre a memória que a Sutil Companhia de Teatro conduz desde *Baal Babilônia*. Enquanto nesta peça, de 1993, um álbum de fotografias é pretexto para o resgate do passado, em doloroso mergulho do narrador em busca do pai, no caso de *Alice* a maturidade teatral da companhia sustenta o movimento ousado de incorporação do público às associações mnemônicas que apresenta. No início do espetáculo, uma folha é oferecida a cada espectador como gatilho sensível para viagens prospectivas, conduzidas por Guilherme Weber. Semelhante a procedimentos de recordação consagrados por Stanislávski e Grotóvski, essa proposta permite ao espectador o exercício sensível do tema, na linhagem contemporânea dos teatros do real.

* * *

Avenida Dropsie funciona como súmula do teatro contemporâneo que privilegia a narrativa visual. Criado pela Sutil Companhia de Teatro com base na obra do artista gráfico Will Eisner, o espetáculo completa a bem sucedida trajetória de um encenador que transforma o palco em campo de pesquisa capaz de combinar exatas adaptações literárias à mais radical experimentação com a imagem, como em *A Vida é Cheia de Som e Fúria*, de Nick Hornby, estreado em 2000.

Não é casual, portanto, a escolha das *graphic novels* de Eisner como mote de composição dessa primorosa escritura cênica assinada pelo encenador e pela cenógrafa Daniela Thomas. A arte sequencial do autor norte-americano, que conquistou cidadania literária para a dramaturgia dos quadrinhos, fornece a matéria do espetáculo não apenas com *Avenida Dropsie – a Vizinhança*, mas também com os romances gráficos *Um Contrato com Deus*, de 1978, de sombrio traço expressionista, e com *Pessoas Invisíveis*, de 1992, em que os rostos anônimos da metrópole exprimem os temas de abandono e solidão que já apareciam em *No Coração da Tempestade*, uma espécie de memorial amargo dos bairros periféricos de Nova York, com lembranças da pobreza e da luta contra o antissemitismo.

O inteligente processo de adaptação da obra gráfica para o palco fica evidente quando a fonte das cenas é *Nova York, a Grande Cidade*, de 1987, cujo personagem principal são os espaços da metrópole, tratados por Eisner como registros fiéis da memória coletiva. Seguindo a concepção do artista e, ao mesmo tempo, associando duas vertentes da pesquisa da companhia, o espaço e a memória, Felipe Hirsch organiza a dramaturgia do espetáculo a partir dos lugares de ação, como a rua, o prédio, as janelas, as escadas, criando com Daniela Thomas um jogo cenográfico de uma potência poucas vezes vista nos palcos brasileiros.

A cenógrafa ocupa a altura e a largura da cena com um imenso prédio de apartamentos, em que as janelas funcionam como pequenos palcos dentro do palco servindo de espaço de ação, da mesma forma que a cabine telefônica, as escadas e a passarela fronteiriça. Editadas pela luz, as tomadas são facilitadas pela tela de filó que distancia o tempo, além de permitir a projeção de desenhos do próprio Eisner, compondo uma narrativa claramente cinematográfica. A cortina de água que filtra o palco por dez minutos é outro recurso dessa "máquina orgânica" movimentada por excelentes atores em partituras corporais perfeitas como figuras de quadrinhos. O jogo cinético de perseguições, cruzamentos e enquadramentos nas janelas, o ritmo velocíssimo das falas e das mudanças de personagem, a narrativa em *off* de Gianfrancesco Guarnieri, voz da memória do teatro brasileiro, criam uma poesia cênica sintetizada na grafia de Guilherme Weber, um ator que emociona ao desenhar seu papel.

Os Solitários
  TEXTO: Nicky Silver
  DIREÇÃO E ADAPTAÇÃO: Felipe Hirsch
  ASSISTENTE DE DIREÇÃO: Guilherme Weber
  CENOGRAFIA: Daniela Thomas
  FIGURINOS: Cao Albuquerque
  DIREÇÃO DE MOVIMENTO: Deborah Colker
  ILUMINAÇÃO: Beto Bruel
  ELENCO: Erica Migon, Guilherme Weber, Marco Nanini, Marieta Severo, Wagner Moura
  CRIAÇÃO: Sutil Companhia de Teatro
  ESTREIA: 2002

Alice ou a Última Mensagem do Cosmonauta para a Mulher Que Ele um Dia Amou na Antiga União Soviética
  TEXTO: David Greig
  ADAPTAÇÃO E DIREÇÃO: Felipe Hirsch
  CENOGRAFIA: Daniela Thomas
  ELENCO: Guilherme Weber, Simone Spoladore, Erica Migon
  CRIAÇÃO: Sutil Companhia de Teatro
  ESTREIA: 2003

Avenida Dropsie
  TEXTO: Will Eisner
  DIREÇÃO: Felipe Hirsch
  CENOGRAFIA: Daniela Thomas
  FIGURINOS: Veronica Julian e Marichilene Artisevskis
  ILUMINAÇÃO: Beto Bruel
  TRILHA SONORA: Felipe Hirsch e Guto Gevaerd
  ELENCO: André Frateschi, Duda Mamberti, Erica Migon, Guilherme Weber, Jorge Emil, Leonardo Medeiros, Magali Biff, Maureen Miranda
  CRIAÇÃO: Sutil Companhia de Teatro
  ESTREIA: 2005

4. Boca de Ouro **e o Oficina**

Nelson Rodrigues considerava *Boca de Ouro*, texto escrito em 1959 e encenado pela primeira vez por Ziembinski, em 1960, uma tragédia carioca. Ao justificar o termo, no prefácio do *Teatro Completo*, editado pela Aguilar, o crítico Sábato Magaldi explica a associação peculiar contida na denominação que, espantosamente, enraíza a tragédia nos subúrbios do Rio de Janeiro, em lugar de instituí-la na atemporalidade e na atopia características do trágico. Na tentativa de safar-se dos dilemas de análise instaurados por essa dramaturgia, considerada o pólo inaugural do moderno teatro brasileiro, exatamente pela rebeldia aos cânones, Magaldi demonstra como a definição de uma "estranha e personalíssima comédia de costumes", preferida pelo crítico Pompeu de Sousa para nomear as produções do período, passa a anos-luz de distância das proposições de nosso maior autor dramático[1].

De fato, a modernidade de textos como *Vestido de Noiva*, *Álbum de Família*, *Perdoa-me por me Traíres* ou *Os Sete*

---

[1] Na introdução ao *Teatro Quase Completo* de Nelson Rodrigues, de 1965, ao analisar *A Falecida*, o crítico Pompeu de Sousa refere-se à peça como uma "estranha e personalíssima comédia de costumes […] que fez o próprio autor equivocar-se na sua classificação e chamá-la de 'tragédia carioca' […]". Ver a respeito a reedição do texto em N. Rodrigues, *Teatro Completo*, organizado por Sábato Magaldi, p. 139.

Gatinhos, para citar apenas alguns exemplos, está na impossibilidade de definir com segurança a que gênero pertencem. Considerado precursor do teatro do absurdo, associado a Pirandello, a Eugene O'Neill e ao expressionismo, a verdade é que Nelson Rodrigues cria textos híbridos, compostos da mescla de trágico, cômico, melodramático e farsesco, prenunciando o perfil mais radical da produção de dramaturgos modernos e contemporâneos, que se notabiliza pela situação em terrenos movediços, pouco definidos, em que o riso e o trauma, o cotidiano e o ancestral, o poético e o sinistro, o trágico e o grotesco, o mítico e o histórico sobrevivem apenas na medida em que não são puros, na proporção em que se contaminam na contracena, para formar na mescla, na antítese, na disjunção – e nos interstícios dessa disjunção – algo inaugural que, até a aparição de Nelson Rodrigues, ainda estava ausente dos palcos brasileiros. Da fresta, do vazio que se abre entre gêneros e estilos supostamente incompatíveis, entre temas discrepantes, nasce a modernidade radical dessa dramaturgia.

Se ainda fosse preciso demonstrar, uma das provas mais seguras desse hibridismo são as variadas leituras cênicas de que foram objeto os textos do dramaturgo na história do teatro brasileiro. Desde o marco inaugural de *Vestido de Noiva*, encenado por Ziembinski com Os Comediantes, em 1943, com seu viés expressionista, até as criações antológicas de Antunes Filho, como *Nelson Rodrigues o Eterno Retorno*, mais próximas de um teatro de imagens, e o *Boca de Ouro*[2] de José Celso Martinez Corrêa, estreado em 1999, é visível a presença de muitos Nelsons num só Nelson, como diria Brecht.

Um dos aspectos que, sem dúvida, contribui para a recepção plural dessa obra de difícil classificação são duas vertentes nítidas que, longe de se oporem, têm caráter complementar e, para desespero de alguns críticos, não excludente. Se é verdade que uma delas antecede e prepara a outra, não é menos certo que, uma vez estabelecida a seguinte, os princípios e mitos básicos da primeira permanecem subjacentes como

---

2 A peça, que estreiou o projeto Festival Teatro Oficina, ficou em cartaz no Teatro Oficina durante cinco meses, depois fez um mês de temporada no Rio de Janeiro, no teatro do Sesc Copacabana, sendo ainda apresentada no teatro de Arena de Ribeirão Preto, Sesc Araraquara e no *Porto Alegre em Cena*.

um rio subterrâneo que, a todo momento, ameaça inundar a superfície. Como observa, com razão, Hélio Pellegrino, um dos analistas mais finos da obra de Nelson, o primeiro movimento dessa dramaturgia pode ser considerado mitológico. As grandes peças iniciais, especialmente *Senhora dos Afogados* e *Álbum de Família*, pertencem a esse ciclo primitivo, que parece investigar a gênese do ser humano e as raízes míticas do sofrimento, da finitude e da morte. A tematização do incesto e do crime, do amor e do ódio intrafamiliares, de paixões em estado bruto que sugerem a repetição das situações básicas do nascimento e da morte, da origem e do fim dos ciclos vitais, a prospecção obsessiva dos mesmos temas na tentativa de revelar as estruturas profundas e atingir os níveis arcaicos do inconsciente, são modos dramáticos de preterir a psicologia individualizada em favor do arquétipo, princípio fundador do primeiro teatro de Nelson Rodrigues[3].

É evidente, pelo teor da proposta dramatúrgica, que nessas peças o autor não se preocupa com verossimilhança nem se atém à transcrição realista do mundo objetivo, ainda que esses traços permaneçam na superfície textual como uma espécie de desvio de cotidiano, rascunhado para despistar os incautos. Pois é evidente que debaixo da realidade prosaica está o mito, no que comporta de estranhamento e de essencialidade. As intenções do autor, nessa fase, são menos mostrar a situação particular do homem brasileiro, ou carioca, em seu meio social historicamente determinado, penando nas limitações econômicas do subúrbio, e muito mais projetar, por meio de símbolos inéditos, os estratos mais fundos dos conflitos humanos, matéria do trágico por excelência. O incesto e o crime consanguíneo, gerados nas ações paroxísticas das personagens, que sempre atuam na desmedida, em semelhança evidente com a *hýbris* trágica, são retomados em outros textos do período, e funcionam como exemplos da predileção do dramaturgo pelo símbolo corporificado em figuras elementares como Senhorinha, Nonô e Glorinha, por exemplo, e em relações primárias de amor e ódio, vida e morte, que quase fazem esquecer a tão famosa "cor local" característica de outras peças. Nessas

---

3 Hélio Pellegrino parte dessas observações para a brilhante análise que faz da peça, em "Boca de Ouro", publicado em N. Rodrigues, op. cit., p. 217-220.

criações, como observa Pellegrino, é o "húmus pré-lógico que Nelson Rodrigues, no seu esforço de estruturação de si mesmo e de sua obra, procura trabalhar e transcrever"[4].

Do ponto de vista da linguagem, as peças míticas de Nelson expressam de forma exemplar a matéria primitiva de onde provêm. As imagens verbais, obsessivas na visualidade carregada, às vezes apocalíptica, quase sempre supracoloquial nos sentidos velados e no traçado poético, evidentemente se afastam da banalidade cotidiana e do prosaísmo que marcariam a fase seguinte da obra, que principia exatamente com as tragédias cariocas. Nessa etapa, inaugurada com *A Falecida*, o dramaturgo dá os primeiros passos em direção à realidade brasileira localizada na geografia do Rio de Janeiro da década de 1950, e expressa no retrato característico do morador do subúrbio carioca. A transição se processa, no entanto, sem prejuízo do aspecto mítico anterior, pois parece haver uma unidade essencial entre os dois movimentos dramáticos. O impulso metafísico, expresso no mito e na linguagem poética, permanece como um veio subjacente de determinação das personagens suburbanas, que apesar de viverem em situações especificamente cariocas, provincianas e rotineiras, não deixam de agir movidas por pulsões primitivas semelhantes às das peças anteriores, que reaparecem, agora, disfarçadas, encarnadas numa galeria de tipos característicos da periferia do Rio de Janeiro, do meio suburbano, cujo desenho é definido por uma mudança decisiva na linguagem, que se planta na geografia e cria raízes no dialeto local. A expressão coloquial, a gíria, a linguagem simples da "vida como ela é", a mobilidade cinematográfica dos diálogos curtos, sincopados, nervosos, a plasticidade das falas, com projeções visuais inesperadas, as irrupções de um humor muitas vezes mórbido, são os maiores responsáveis pela criação desse ambiente brasileiro característico.

Em *Boca de Ouro*, a tensão entre mito e subúrbio se acentua por tratar-se de um texto ambientado em um bairro característico do Rio de Janeiro, Madureira, território que o dramaturgo conhecia bem e cujos tipos povoam praticamente todas as

---

4 Idem, A Obra e o Beijo no Asfalto, em N. Rodrigues, op. cit., p. 156.

obras do período. Na peça, o veio mítico mais fundo talvez seja a perquirição envergonhada da morte, que aflora à superfície assumindo as máscaras da ostensiva malandragem carioca, moldada na exclusão, no ressentimento e na vaidade. O protagonista, Boca de Ouro, é, ao mesmo tempo, o banqueiro do jogo do bicho, o malandro típico de Madureira, o cafajeste chefe da contravenção, o "homem astuto, sensual e cruel", uma espécie de "Rasputin suburbano", como Nelson o descreve, mas também um arquétipo masculino corporificado no deus de subúrbio onipotente, que se acredita além da morte, do bem e do mal e, conforme rubrica do autor, no terceiro ato da peça, "pertence muito mais a uma mitologia suburbana do que à realidade normal da Zona Norte"[5]. Nascido em uma pia de gafieira e abandonado pela mãe, Boca de Ouro compensa a origem com o sonho da dentadura e do caixão de ouro, o primeiro realizado na primeira cena da peça, como uma espécie de prólogo simbólico em que o protagonista extrai todos os dentes; o segundo fracassado e exibido, pelo avesso, na imagem do cadáver desdentado a que o repórter se refere no final da peça. Sem dúvida o ouro, associado à boca e ao caixão, à vida e à morte, é a teatralização ostensiva do desejo de poder e de nobreza acalentado pela personagem e projetado nos três atos da peça[6].

A estrutura do texto é tramada em três versões da vida do bicheiro, contadas por D. Guigui, sua ex-amante, ao repórter de um jornal sensacionalista que se chama, não por acaso, Caveirinha, e que a questiona sobre os crimes do contraventor. No primeiro ato, sem saber que Boca de Ouro havia morrido, a narradora apresenta-o como um criminoso contumaz, que assassinara Leleco para ficar com sua mulher, Celeste, que há muito cobiçava. Acuado pela necessidade de um empréstimo e indignado com o assédio à mulher, Leleco joga na cara de Boca sua origem vergonhosa – "nasceu numa pia de gafieira" – e por isso é assassinado. No segundo ato, já intei-

---

5   N. Rodrigues, *Boca de Ouro*, op. cit., p. 919.
6   A esse respeito, é interessante confrontar a primeira cena do Ato I, em que Boca de Ouro ordena que o dentista substitua seus dentes por uma dentadura de ouro, e a cena final do terceiro ato, em que o locutor menciona o cadáver desdentado: "É um paradoxo! Um homem existe, um homem vive por causa de uma dentadura de ouro. Matam esse homem e ainda levam, ainda roubam a dentadura da vítima!". N. Rodrigues, op. cit., p. 882 e 938, respectivamente.

rada da morte do amante, Guigui altera a versão dos fatos. Derretendo-se em declarações de amor póstumas, transforma Leleco em vilão da história. Interessado no dinheiro do banqueiro, agora é ele o cafajeste que oferece Celeste como isca da extorsão. Humilhado com as confissões da mulher no segundo relato, o marido de Guigui, Agenor, ameaça abandoná-la. A separação não se consuma graças à interferência de Caveirinha, que reconcilia o casal. Assustada com a perspectiva de ficar sem amante e sem marido, D. Guigui inicia nova versão da narrativa, que ocupa o terceiro e último ato da peça. Alterando os fatos, mais uma vez, informa que Leleco descobrira o caso de Celeste com Boca de Ouro e, na tentativa de chantagear o malandro, acaba assassinado por ele e pela própria mulher.

Como se vê, os relatos divergentes apresentam ao espectador, e ao leitor, uma situação dramática instável, que se transforma de acordo com o tônus emocional da narradora. Por meio desse recurso, o dramaturgo desencadeia a reavaliação do conjunto da peça a cada nova narrativa, o que gera uma crise da representação e da verossimilhança, pela verdade relativa dos fatos e também pela ausência de uma estrutura de fechamento no desenlace, que reorganize o material dramático fragmentado que se apresenta nos atos/versões discrepantes.

O resultado do procedimento é que, por conta dos desvios sucessivos, a verdade acaba relativizada, ainda mais porque nenhuma das versões é fornecida pelo próprio protagonista – todos os atos de Boca são narrados por Guigui e atuados em *flashback*. A única cena em que a personagem se apresenta sem mediações é, não por acaso, a que abre a peça, e mostra a extração dos dentes e a substituição pela boca de ouro.

As narrativas dissonantes foram notadas por Décio de Almeida Prado em crítica da primeira encenação da peça, dirigida e protagonizada por Ziembinski. Em seu comentário, Décio associa a narrativa de *Boca de Ouro* à do filme *Rashomon*, de Akira Kurosawa, sucesso em Cannes na época, baseado em dois contos de Akutagawa. A técnica semelhante de elaboração do enredo sem dúvida justifica a aproximação. No original japonês, há três versões de um mesmo crime fornecidas a um juiz pelos depoimentos de três testemunhas: a mulher do assassino, o criminoso e o próprio assassinado, ouvido através de uma médium. Mas enquanto no filme de Kurosawa as três versões se justificavam pela diversidade de perspectivas dos narradores, na tragédia carioca de Nelson é a mesma pessoa que oferece as versões contraditórias. Como os fatos se alteram radicalmente de versão para versão, o crítico acredita que a falha mais grave da peça é exatamente a de não saber exatamente o que fazer com elas. Na verdade, o que parece incomodar o ensaísta é o que considera falta de nitidez no desfecho da trama. Um recurso que, a partir de outro ponto de vista, pode ser lido como recusa de oferecer ao espectador uma versão definitiva, "verdadeira", dos fatos. Em *Boca de Ouro*, Nelson Rodrigues parece recusar-se, intencionalmente, a responder às dúvidas de Décio, que pergunta em sua crítica: "qual a parte de verdade e qual a parte de estilização em cada episódio? A deformação violenta é apenas o produto do amor ou do ódio momentâneo de D. Guigui ou uma aproximação mítica da realidade?"[7].

Sábato Magaldi tem opinião semelhante à de Décio de Almeida Prado. Em ensaio sobre a peça, sustenta que, no 3º Ato,

> D. Guigui não parece mais a narradora sujeita ao impacto emocional, mas uma verdadeira mitômana. A flutuação aceitável do depoimento, que está comprovada pelos enganos da memória, contrasta com a rigidez estrutural da permanente volta à casa de Celeste e Leleco. Como a reconstituição em *flashback* constitui uma liberdade literária, e D. Guigui só poderia ter conhecimento indireto da cena do casal, seria de mais efeito a sua dispensa no 3º Ato. *Boca de Ouro*, na forma atual, leva além da medida o achado da ideia e exagera no recurso com um sabor quase de tese. Aqui, não são mais versões diferentes dos mesmos fatos, mas são fatos novos...[8]

Hélio Pellegrino tem opinião diferente sobre o procedimento. Para o psicanalista, a falta de unidade das três versões é aparente, mas não essencial, pois mostra a intenção do dramaturgo de universalizar certas realidades inconscientes que Boca de Ouro representa. De acordo com Pellegrino, a onipo-

---

7 *Teatro em Progresso*, p. 181.
8 S. Magaldi, Sobre *Boca de Ouro*, *O Estado de S. Paulo*.

tência e o desejo de imortalidade são expressos sem disfarce na substituição dos dentes humanos, sujeitos ao envelhecimento, pela imperecível dentadura de ouro, marca de um poder humano que se pretende eterno:

> Neste gesto o personagem define, desde logo, com um vigor absoluto, o cerne de seu projeto existencial. Boca de Ouro escolhe aí o caminho da [...] potência onipotente, da força desmesurada e agressiva através da qual espera agarrar a invulnerabilidade a que aspira. Os dentes naturais são perecíveis, envelhecem e morrem. Seu poder de domínio triturador está limitado pelas travas insuperáveis da condição humana. Boca de Ouro, ao optar pela dentadura que lhe deu o nome, busca transfigurar-se e imortalizar-se pelo caminho da agressão primitiva, aquém ou além do bem e do mal. Nesta medida, coroado rei por si mesmo (coroado nos dentes), sentado no trono de seu despotismo sem limite, o personagem transcende o subúrbio e se configura como herói da espécie, violento e terrível. Em virtude desta dimensão mítica é que Boca de Ouro como ser autônomo, individual e individuado, já não mais aparece na peça. Ele existirá pelos olhos dos outros, terá as múltiplas faces que os outros lhe atribuem [...][9].

José Celso Martinez Corrêa apoia-se na leitura de Pellegrino para realizar a encenação de *Boca de Ouro*. Na concepção do Oficina, Boca é o "Deus Asteca que não se deixa catequizar, trazendo para os nossos tempos a rebeldia da soberania do que não se dobra a uma só versão ou ordem única para as pessoas ou coisas"[10].

Essa ideia/matriz alastra-se por toda a encenação e é apresentada no palco/passarela do Oficina por meio de diferentes soluções cênicas. Até mesmo a imagem de Nelson Rodrigues é incorporada à montagem, a partir do prólogo, quando Marcelo Drummond, que interpreta o protagonista, carrega a máscara do dramaturgo como um estandarte de escola de samba, ao som da música de Nelson Cavaquinho. De acordo com José

---

9 Boca de Ouro, em N. Rodrigues, op. cit., p. 218.
10 J. C. M. Corrêa, Temporada de Verão. *Boca de Ouro* de Nelson Rodrigues, *Folha de S. Paulo*, Ilustrada.
A imagem do deus asteca, indicada em uma das rubricas do texto de Nelson Rodrigues, é eleita por José Celso como principal *leitmotiv* do espetáculo, e mencionada em várias entrevistas concedidas por ocasião da estreia.

Celso, Nelson funciona como mais um duplo de Boca, por ser a "fala de ouro do teatro brasileiro". Durante os ensaios, discorrendo sobre suas intenções em relação à montagem, o encenador associa "o ouro do Boca" ao "fogo do sol que às vezes não tem aparecido"[11]. E revela seu desejo de acentuar "essa lei do sol, essa solaridade asteca" que, acredita, está subjacente ao texto: "vamos nos orgulhar de sermos uma Boca de Ouro, em contraste com a boca de vil metal que quer nos engolir"[12].

A referência à "boca de vil metal" tem destinatário certo. No período, o Oficina disputava com o Grupo Sílvio Santos a posse do teatro da rua Jaceguai, que o empresário pretendia transformar em shopping center. Como é praxe nos trabalhos do encenador, o texto de Nelson Rodrigues serviu de pretexto às referências contemporâneas, à situação do grupo e à do país, que permeavam todo o espetáculo. Por meio desse recurso, de inserções de atualidade, a montagem fazia girar ainda mais a máscara das inversões rodriguianas: da mesma forma que no Brasil de hoje, na montagem do Oficina o devasso do primeiro ato podia ser o moralista do segundo, o criminoso podia ser santo. A oscilação entre mito e realidade, arquétipo e história era enfatizada pelo palco/rua que se transformava, no caso desse trabalho, em um imenso rio de sangue sugerido por uma longa passarela que seguia toda a extensão do teatro projetado por Lina Bo Bardi.

Se ainda era possível encontrar alguns resíduos de característico no espetáculo, especialmente alguns índices do que se associa ao subúrbio carioca, eles se concentravam nas intervenções do casal Guigui e Agenor, não por acaso as personagens mais típicas do texto, uma delas encarregada da narração das versões da vida de Boca.

No entanto, a parte mais significativa da encenação parecia estar a serviço da construção do mito. Como observou, com razão, Mariângela Alves de Lima, em sua crítica ao espetáculo, a forma escolhida por José Celso para projetar as variações da figura do protagonista nas três versões deixava claro o

---

11 Idem.
12 V. Santos, Zé Celso Coloca "Decano do Ócio" no Cio, *Folha de S. Paulo*, Ilustrada, p. 1.

intuito de associar a identidade fragmentária e estilhaçada de Boca ao mito do despedaçamento dionisíaco[13].

O acento na dimensão mítica da peça acontecia desde o início do espetáculo, emoldurado com uma espécie de liturgia pagã atuada por todo o elenco, em que se mesclavam danças a pontos de candomblé e samba tradicional. Logo em seguida, a cena do nascimento de Boca parecia funcionar como abertura ritual das narrativas sucessivas: o ator Marcelo Drummond surgia nu por entre saias e pernas de uma entidade-mãe opulenta e mascarada de ouro como um deus asteca. A violência da imagem, sugerida pelo texto de Nelson, e a beleza do nascimento ritualizado, deslocava a visão abjeta da pia de gafieira, descrita pelo dramaturgo, e operava uma potente remessa teatral à origem divina da personagem, transmutando seu estatuto, ainda que não totalmente. O dourado no rosto de Marcelo Drummond indica o deus asteca, sem dúvida, mas a figura mítica se neutralizava na imagem seguinte, quando o cafajeste de Madureira exigia a extração dos dentes. A cena funcionava como exemplo perfeito da oscilação da montagem entre as versões do contraventor e do herói, do cadáver desdentado e do Boca de Ouro, já que aliava os temas da vaidade e do autoendeusamento às metáforas da liberação pagã, que Ismail Xavier relaciona, em ensaio recente, ao "orgulho luciferino, da reivindicação arrogante do direito ao crime, do fetiche do ouro"[14].

A leitura é reforçada pelas declarações de José Celso, para quem, "toda a subjetividade das várias versões serve para transmitir a energia intensa que irradia das personagens bárbaras, que sonham sonhos ridículos como os nossos sonhos mais secretos"[15]. A ambiguidade desejada pelo encenador alastra-se por todo o espetáculo e é apresentada das mais diferentes maneiras. Especialmente pelo trabalho primoroso de Marcelo Drummond como Boca de Ouro. Ao contrário do desfecho

---

13 "A forma é [...] exata para expressar as preocupações do Oficina com as variações da figura do herói mítico e, sobretudo, com a necessidade da cultura de manter incessantemente renovado o despedaçamento dionisíaco". M. A. de Lima, *Boca de Ouro*, a Fidelidade à Rebeldia, *O Estado de S. Paulo*, Caderno 2, p. D-18.
14 Boca de Ouro: O Mito, a Mídia, a Cena Doméstica e a Cidade, em *O Olhar e a Cena*, p. 239.
15 Op. cit.

da peça de Nelson Rodrigues, que se conclui na descrição do cadáver desdentado, a personagem de Drummond termina o espetáculo como um sedutor. Dessa forma, o sonho da morte gloriosa parece realizar-se na cena do Oficina, como nota Mariângela Alves de Lima na crítica já mencionada:

> A atuação de Marcelo Drummond como protagonista é flexível e parece adaptar-se às variações sugeridas pelas três narrativas. Se não parece o assassino impiedoso, tampouco é vítima das circunstâncias. Tem a leveza e a transparência que permitem as diferentes investiduras e se deve à sua intervenção a sensação de agilidade que o espetáculo transmite. A interpretação é para fora, para o público, como requer a própria arquitetura do teatro, e é abusada, engraçada. O Boca de Ouro de Marcelo Drummond ri muito, como está nas rubricas do texto de Nelson. É um riso torcido de cafajeste, de homicida, de sádico, mas também uma risada de criança, às vezes meio choro, o que mescla a interpretação de rajadas de ingenuidade, mescladas a medo, terror[16].

Na tentativa de reler o texto *Boca de Ouro* como "tragycomedyorgia", a encenação de José Celso e do Teatro Oficina acaba seguindo as sugestões do psicanalista Hélio Pellegrino, que viu em *Boca de Ouro* "uma metáfora trágica da alquimia":

> Boca de Ouro, nascido de mãe pândega, parido num reservado de gafieira, tendo perdido o paraíso uterino para defrontar-se com uma realidade hostil e inóspita, sentiu-se condenado à condição de excremento. Seu primeiro berço foi a pia de gafieira, onde a mãe, aberta a torneira, o abandonou num batismo cruel e pagão. Esta é a situação simbólica pela qual o autor, com um vigor de mestre, expressa o exílio e a angústia humana do nascimento. […] Boca de Ouro, frente a essa angústia existencial básica, escolheu o caminho da violência e do ressentimento para superá-la. Ele, excremento da mãe, desprezando-se na sua imensa inermidade de rejeitado, incapaz de curar-se desta ferida inaugural, pretendeu a transmutação das fezes em ouro, isto é, da sua própria humilhação e fraqueza, em força e potência. Esta alquimia sublimatória ele a quis realizar através da violência, da embriaguez do poder destrutivo pelo qual chegaria à condição de Deus pagão, cego no seu furor, belo e inviolável na pujança de sua fúria desencadeada[17].

---

16 Op.cit., p. D-18.
17 Op. cit, p. 219.

Boca de Ouro
　ENCENAÇÃO: José Celso Martinez Corrêa
　ILUMINAÇÃO: Ricardo Moranes
　OPERADOR DE LUZ: Ricardo Moranes
　SONOPLASTIA: Zé Celso e Fioravante Almeida
　OPERADOR DE SOM: Fioravante Almeida
　FIGURINOS: Olintho Malaquias
　CENÁRIO: Cristiane Cortílio
　VÍDEO MAKER: Tommy Ferrari
　FOTOS: Lenise Pinheiro
　DIREÇÃO DE CENA: Elisete Jeremias
　ASSESSORIA DE IMPRENSA: Xicão Alves
　PRODUÇÃO EXECUTIVA E ADMINISTRAÇÃO: Henrique Mariano
　ELENCO: Marcelo Drummond, Zé Celso, Camila Mota, Sylvia Prado, Fernando Coimbra, Flávio Rocha, Francisco Taunay, Reynaldo Gianecchini, Aldo Bueno, Sandra Tenório, Gisela Marques, Jacqueline Dalabona, Tommy Ferrari e Elisete Jeremias.
　REALIZAÇÃO: Teatro Oficina Uzyna Uzona
　ESTREIA: dezembro de 1999, São Paulo

5. A Cena em Progresso

Depois de *Performance como Linguagem*, estudo de Renato Cohen publicado em 1989, *Work in progress na Cena Contemporânea*[1] vem preencher uma lacuna que persiste em nossa bibliografia teatral, pois ainda são poucos os estudos que se arriscam no território movediço da contemporaneidade, onde o pesquisador, mergulhado até o pescoço, sofre os mesmos sobressaltos de seu objeto.

No caso de Cohen, entretanto, o aparente perigo é parte da gênese criativa. Além de estudioso e teórico da performance, ele é um artista que transita por várias experiências de fronteira, usando a multimídia, as instalações, o teatro, a dança e as artes plásticas como operadores de uma prospecção mais funda, feita em direção aos abismos do inconsciente ou às lonjuras da metafísica. A epifania na cena é, em qualquer dos casos, a meta do criador.

Quem teve o privilégio de assistir aos espetáculos de Cohen sabe do que se trata. Em todos eles, desde o belo e intrigante *Espelho Vivo*, de 1985, até a desnorteante *Viagem a Babel* de 1997, era inevitável embarcar na luta do artista para alcançar o

---

1 Editado pela Perspectiva em 2004.

sublime que, como bem disse Lyotard, sempre teima em se esquivar como um impossível da formalização². Talvez por isso este criador tenha insistido em enveredar pelos caminhos difíceis da arte em progresso. A fala disforme, o gesto avesso, a cena assimétrica e disjuntiva, a colagem estranha, talvez componham as vicissitudes necessárias de uma arte que recusa a forma acabada e faz sua ontologia no território obscuro da subjetividade.

No trabalho teórico e prático de Renato Cohen, indiscerníveis, o elogio da desarmonia, emprestado de Dorfles, é feito em proveito de uma operação criativa de hibridação e superposição de conteúdos e gêneros, em que os paradigmas emergem para imediatamente se contaminarem num movimento que, em vários sentidos, tem semelhança com a teoria do caos. O *mythos* enquanto preenchimento de significação e o *work in progress* enquanto desconstrução de linguagem são apenas dois *topos* em que o leitor se agarra como a uma tábua de salvação para escapar do naufrágio de uma noção de teatro submetida a vendavais.

O campo da cena contemporânea, com seus vários nomes de batismo – parateatro, performance, dança-teatro, instalação, arte como veículo –, resulta dessa devastação. E necessita de uma nova cartografia, que Renato consegue desenhar neste estudo de forma pioneira. Seu livro funciona como um mapa para todos aqueles que se aventuram pela obra de artistas que fazem da radicalidade seu modo de existir. Neste sentido, Joseph Beyus e James Joyce, Jerzi Grotóvski e Antonin Artaud, Robert Wilson e Luiz Roberto Galízia, Richard Foreman e Gerald Thomas, Robert Lepage e Enrique Diaz, são aproximados pelo que Cohen chama de "linguagem do *zeitgeist* contemporâneo". A abstração contida nesse processo de analogias sucessivas, que envolve artistas tão diferentes, é notável se pensarmos no quanto a cena é concreta, e no esforço necessário a seu descarnamento, que a teoria reflete em grau maior. Neste caso, desteatralizar a cena não tem por objetivo chegar à vida, mas ao "corpo numinoso" da manifestação teatral, à sua qualidade sensível e anímica. A opção pelo irracional e o apelo

---

2 Ver a respeito J.-F. Lyotard, Le Sublime et l'avant-garde, em *Le Postmoderne expliqué aux enfants*, p. 24-34.

ao inconsciente são tentativas desesperadas de acesso àquilo que, na obra de Cohen, podemos sem medo chamar de alma. O problema, que ele indiretamente reconhece neste livro, é conseguir transformar alma em linguagem.

Na busca do indizível, é claro que o artista sabe dos riscos que corre. A incompreensão é o primeiro deles. Às vezes é visível o esforço que faz para envolver num halo científico o clima epifânico que acaba de sugerir, e que na cena conseguiu alcançar em plenitude. Nessas passagens, o relato minucioso dos procedimentos parece funcionar como uma cartografia destinada ao cético leitor deste fim de milênio. A ideia de hipertexto, emprestada à arte virtual, é mais um passo em direção ao limiar tênue que separa o teatro do *work in progress*.

Pensando nessa distinção, pode-se perguntar se a obra em progresso não seria a forma que o teatro assumiu neste fim de milênio. O autor evita a polêmica e prefere mapear a linguagem "*work in progress*". O conceito de obra não acabada e o risco implícito num processo que vive da possibilidade de não confluir para um produto final, mantendo-se enquanto percurso criativo, parecem constituir a mimese mais eficaz dos encadeamentos mentais da consciência contemporânea, que o teatro de Beckett já apontava nos anos de 1950, e que o de Cohen reatualiza.

O reconhecimento da indeterminação das narrativas superpostas e sem significado fechado, a eleição do *corso-ricorso* joyceano como movimento gerador de obras progressivas, a operação com o maior número possível de variáveis abertas, que parte de um fluxo livre de associações em lugar de apoiar-se em sistemas fechados (como é o caso do texto dramático), o neologismo visual das palavras-imagem e o encadeamento dos *leitmotive* condutores são procedimentos que Cohen consegue discernir com agudez nas construções polissêmicas de artistas que tiveram a coragem de enveredar pelo território do irracional, abrindo trilhas poéticas no campo exausto da percepção contemporânea.

Nesse sentido, é admirável a coerência do artista na eleição de suas afinidades. Ele sabe qual é sua arte e a quem ela se aparenta. É uma surpresa e um prazer para o leitor acompanhá-lo na tessitura das semelhanças entre obras supostamente tão distantes quanto as de Joseph Beuys e do Wooster Group, ou de Vito Acconci e Wim Wenders. Dessemelhantes quer por área de atuação, quer por definição estética, os artistas se aproximam pela pertinência ao mesmo paradigma de criação.

Outra riqueza do trabalho do autor é o apoio nos teóricos mais importantes do que se convencionou chamar de movimento pós-moderno na cultura e no teatro. Tanto a escola francesa pós-estruturalista de Lyotard, Derrida, Baudrillard, Deleuze e Guattari quanto o já clássico pensador de linha marxista Fredric Jameson são convocados para subsidiar e contextualizar as manifestações da arte em progresso. No que diz respeito ao teatro de forma específica, é importante mencionar a apresentação ao leitor brasileiro de dois ensaístas da maior importância para a compreensão da cena contemporânea. Sem dúvida é Renato Cohen o primeiro a utilizar, de forma sistemática, *Performing drama/dramatizing performance*, o importante estudo de Michel Vanden Heuvel sobre as relações produtivas entre a encenação contemporânea e a dramaturgia "pós-dramática". É também por meio deste livro que o interessado em teatro pode conhecer Johannes Birringer, autor de vigorosos ensaios sobre Heiner Müller, Bob Wilson, Pina Bausch e Karen Finley, apresentados em sua obra *Theatre, Theory, Postmodernism*.

Como se vê, o trabalho de Cohen, na dupla via do sensível e do intelectual, é imprescindível a todos aqueles que se interessam pela cena contemporânea. Mas não apenas isso. É também uma resposta aos que criticam as pesquisas teatrais mais radicais, condenando-as por inventarem o novo sem dar conta da história. Este livro mostra que invenção e tradição não são incompatíveis. O estranhamento brechtiano empregado como recurso de ruptura das representações habituais, visando à ampliação da consciência do criador e do espectador, a super-marionete de Craig tomada como referência para o ator que compõe *personas* em lugar de personagens, a biomecânica de Meierhold usada como suporte de fisicalização da cena, a espacialização de Appia eleita como meta de criação para o encenador/autor, o duplo artaudiano empregado como avesso do familiar e a *gesamtkunstwerk* wagneriana recuperada a partir dos recursos da performance e das instalações são meios de que o autor lança mão para mostrar de que forma o teatro de hoje relê seu passado, para melhor adequá-lo aos tempos que correm.

Sem esquecer o passado, Renato Cohen consegue montar peças capitais do quebra-cabeças em que se transformou a cena contemporânea, dotando o leitor de potentes indicadores de leitura.

6. Teatros Pós-dramáticos

Na exaustiva cartografia da cena contemporânea que é o livro *Postdramatisches Theater* (Teatro Pós-Dramático), os problemas de Hans-Thies Lehmann começam na busca difícil de organizar vetores de leitura dos processos cênicos multifacetados que caracterizam especialmente o teatro que vai dos anos 70 aos 90 do século XX. A dificuldade é semelhante àquela que enfrentaram, antes dele, vários pesquisadores. Pois o conceito de pós-dramático vem juntar-se a uma série de nomeações que, há pelo menos três décadas, tenta dar conta da pluralidade fragmentária da cena contemporânea, especialmente dessas espécies estranhadas de teatro total que, ao contrário da *gesamtkustwerk* wagneriana, rejeitam a totalização, e cujo traço mais evidente talvez seja a frequência com que se situam em territórios bastardos, miscigenados de artes plásticas, música, dança, cinema, vídeo, performance e novas mídias, além da opção por processos criativos descentrados, avessos à ascendência do drama para a constituição de sua teatralidade e seu sentido.

No percurso de definição do pós-dramático, Lehmann menciona a terminologia que o antecedeu, referindo-se aos teatros multimídia, da desconstrução, do gesto e do movimento e, especialmente, ao teatro energético de Jean-François Lyotard, termo cujo descarte justifica por acreditar que desloca o foco da tradição do teatro dramático. Apesar disso, é visível seu interesse pelo conceito, em que se detém para sublinhar que o filósofo francês tem na poética de Antonin Artaud sua principal fonte de inspiração. Na cena da crueldade, a sinalização cristalizada nas expressões gestuais e vocais do ator, e nas figurações e encadeamentos espaciais que propõe, se aproximaria de processos de assimilação pré-conceitual e afetiva, caminhando mais em direção ao mimetismo de Roger Caillois que no sentido da mimese enquanto imitação de ações. O teatro energético, observa Lehmann, não é um teatro de significações. É um teatro de intensidades, forças e pulsões de presença, que não está sujeito à lógica da representação[1].

Quanto às categorizações do pós-moderno, o ensaísta as rejeita por considerá-las meramente periódicas, enquanto o pós-dramático teria a vantagem de se referir a um problema concreto de estética teatral. Pensando assim, estabelece as bases de seu argumento a partir da definição do teatro dramático como aquele que obedece ao primado do texto e se subordina às categorias de imitação e ação. Ainda que, evidentemente, elementos cênicos o constituam, é o texto dramático que lhe garante a totalidade narrativa e, por consequência, um significado previamente definido, que a combinação harmônica de recursos só faz reforçar. A principal ideia subjacente ao conceito de teatro dramático é a da representação de um cosmos fictício, que se apresenta em um palco fechado, ou teológico, como queria Jacques Derrida, e é instaurado por personagens que imitam ações humanas com a intenção de criar uma ilusão de realidade.

Para sintetizar melhor seu conceito, Lehmann observa que totalidade, ilusão e reprodução do mundo constituem o modelo do teatro dramático. E que a realidade do novo teatro começa exatamente com a desaparição do triângulo drama, ação, imitação, o que acontece em escala considerável apenas nas décadas finais do século xx. Para o estudioso, mesmo as vanguardas históricas não conseguem escapar totalmente ao

1 Le Theatre postdramatique, p. 52-54. O conceito de teatro enérgético é desenvolvido por Jean-François Lyotard no texto La Dent, la paume, em Des Dispositifs pulsionnels, p. 91-98.

modelo, pois preservam o essencial do teatro dramático ao permanecerem fiéis ao princípio da mimese da ação. A afirmação, bastante discutível, é nuançada logo a seguir pelo próprio autor, especialmente quando nota, nas vanguardas, o deslocamento da obra acabada para o acontecimento teatral, evidente no caráter processual e imprevisível dos atos performáticos dos surrealistas, por exemplo[2].

DRAMA E TEATRO

De qualquer forma, o que se percebe na argumentação inicial de Lehmann é o reforço de uma espécie de simbiose entre drama e teatro, que o ensaísta reconhece no período que considera dramático, e que explicita ao mencionar o drama e a "estética teatral que lhe é inerente"[3]. A associação é, no mínimo, redutora quando infere que o drama, por si só, determina uma estética do espetáculo, sem levar em conta as maneiras distintas como a forma dramática foi encenada no decorrer da história, do palco convencional de Racine às turbulências do naturalismo de Antoine, para citar apenas dois exemplos de como ela se alterou, entrou em crise e recebeu tratamentos cênicos diferenciais. O ensaísta nem sempre sublinha que no longo período compreendido entre o classicismo francês e a ruptura das vanguardas, e mais ainda no teatro moderno – que parece considerar dramático na quase totalidade –, ainda que constituísse o eixo de produção do sentido, o drama era parte de um sistema teatral que envolvia a produção de uma complexa materialidade cênica. A omissão das diferentes teatralidades que deram suporte ao drama fica ainda mais problemática em casos radicais como o do teatro barroco e o da obra de arte total wagneriana, como observa Luiz Fernando Ramos em

2 Op.cit., p. 91.
3 Idem, p. 40. A esse respeito, é interessante citar uma passagem do livro, na p. 70: "No final do século XIX, o teatro dramático se encontrava como que fazendo parte de uma mesma espécie de discurso, que permitia aproximar Shakespeare, Racine, Schiller, Lenz, Büchner, Hebbel, Ibsen e Strindberg. Os vários tipos de manifestação podiam ser vistos como manifestações divergentes, como variações fazendo parte da mesma forma discursiva caracterizada pela fusão entre o drama e o teatro".

ensaio recente, em que se refere à tradição do espetáculo⁴. É verdade que Lehmann menciona essa tradição, mas apenas no caso específico do teatro de Robert Wilson, quando reconhece que ele se situa na linhagem do teatro barroco de efeitos, das maquinarias teatrais do século XVII, das máscaras jacobinas, do teatro-espetáculo vitoriano, e preserva seu parentesco com os shows do circo moderno, além de assemelhar-se às peças--paisagem de Gertrude Stein⁵.

Mas na definição de seus pressupostos, mesmo quando recorre a Peter Szondi, Lehmann não ressalta a situação instável do drama absoluto no final do século XIX, nem tem o cuidado de outros analistas ao registrar as mudanças paulatinas da forma dramática em relação ao palco que a concretizou. É o que faz, por exemplo, Raymond Williams, ao indicar os passos que culminaram na transformação radical do drama no final daquele século, quando textos abertos como os de Tchékhov passaram a necessitar de encenações autorais, como as de Stanislávski, para se realizarem⁶. O mesmo pode-se dizer do estudo decisivo de Martin Puchner, *Stage Fright*, em que o autor examina a oscilação dinâmica entre a teatralidade e as posições antiteatralistas de defesa do texto, representadas especialmente por Wagner e Mallarmé⁷.

Isso não impede que Lehmann analise, numa breve passagem, a reteatralização e a autonomia da linguagem cênica a partir de 1900, data que considera o marco de entrada do teatro no século da experimentação, quando a cena passa a refletir sobre suas próprias possibilidades expressivas, independentes de um texto a encenar, e se concentra sobre a realidade teatral em prejuízo da representação do mundo⁸. Esse movimento de autonomia é impulsionado pelo nascimento do cinema no período, quando a representação de ações por seres humanos no palco é

---

4 Pós-dramático ou Poética da Cena?, em J. Guinsburg; S. Fernandes (orgs.), *O Pós-Dramático*, p. 59-70.
5 Op. cit., p. 145.
6 "The Seagull", by Chekhov, é o capítulo de *Drama in Performance* em que Raymond Williams analisa o caderno de direção de Stanislávski para a montagem de *A Gaivota*, de Tchékhov, um ótimo exemplo de elaboração de um texto cênico paralelo ao dramático, com descrições muito esclarecedoras.
7 Ver especialmente a introdução e o primeiro capítulo, The Invention of Theatricality, p. 1-55.
8 Op. cit., p. 75.

ultrapassada pelo recurso à imagem-movimento, que sem dúvida reproduz a realidade com mais eficácia que o teatro. De acordo com o ensaísta, é a partir daí que a teatralidade começa a ser trabalhada, ainda que timidamente, como dimensão artística independente do texto dramático, em um processo de autonomia que se completa apenas no final do século passado.

A esse respeito, é importante lembrar a fundamental análise da autonomia dos processos cênicos que Bernard Dort realiza em *La Réprésentation émancipé*, publicado em 1990, da mesma forma que Patrice Pavis em *L´Heritage classique du théâtre postmoderne*, que Lehman acusa de confusão de ótica por desenvolver a hipótese de que o teatro pós-moderno teria necessidade das normas clássicas para se afirmar. Segundo Lehmann, mesmo a arte que nega pela provocação deve criar o novo com base em sua própria substância, ganhando identidade a partir de si mesma e não pela negação das normas anteriores. Problema em que ele próprio parece incorrer ao definir a cena contemporânea por oposição ao drama e ao enfatizar a presença dos membros do organismo dramático no teatro pós-dramático, mesmo como estrutura morta[9].

Na sequência do estudo, o apontamento histórico se amplia quando o ensaísta passa a referir-se aos criadores e aos movimentos que considera constituintes da pré-história do pós-dramático, dando atenção especial a George Fuchs e seu conceito de drama enquanto movimento rítmico do corpo no espaço, Alfred Jarry e o surrealismo, Antonin Artaud e o teatro da crueldade, Stanislaw Ignacy Witkievicz e o teatro da forma pura, Gertrude Stein e as peças-paisagem, que rompem com a tradição do teatro dramático. Para o estudioso, o teatro simbolista do final do século XIX também representa uma etapa decisiva na via do teatro pós-dramático, pois o caráter estático de sua dramaturgia, com tendência ao monólogo poético, opõe-se frontalmente à dinâmica linear e progressiva do drama. Segundo sua concepção, o teatro estático de Maurice Maeterlinck representa a primeira dramaturgia antiaristotélica da modernidade europeia, cujo esquema não é mais a ação, mas a situação. Apesar disso, o autor belga não renuncia

---

9 Idem, p. 37.

à ilusão da realidade, ruptura que só acontece com as formas pós-dramáticas do final do século XX.

Como se pode notar, a ausência do drama e a quebra da ilusão de realidade compõem as linhas divisórias entre o teatro dramático e o pós-dramático. Por não atravessarem inteiramente essa fronteira, tanto o teatro épico de Bertolt Brecht quanto o teatro do absurdo continuam a pertencer à tradição do dramático. No caso do encenador alemão, Lehmann justifica seu julgamento afirmando que a "teoria de Brecht contém uma tese fundamentalmente tradicionalista: a fábula continua, para ele, a chave do teatro"[10]. No entanto, o teatro brechtiano tem caráter modelar exatamente por incluir o processo de representação naquilo que é representado, e exigir uma recepção produtiva do espectador. É por essa razão que o ensaísta considera o teatro pós-dramático um teatro pós-brechtiano.

Aprofundando suas distinções, Lehmann faz questão de sublinhar que o *zeitgeist* em que se originaram as criações do teatro épico e do absurdo é muito distinto do contemporâneo. A atmosfera do absurdo tem fontes políticas e filosóficas na barbárie representada especialmente pelo extermínio nos campos de concentração da Segunda Guerra Mundial e na destruição de Hiroshima. A ansiedade metafísica diante do aviltamento da condição humana no imediato pós-guerra está muito distante do ceticismo e do niilismo dos anos de 1980 e 1990, em que o teatro pós-dramático tem maior afluência. Além do mais, ainda que certos procedimentos da dramaturgia do absurdo possam assemelhar-se aos pós-dramáticos, é apenas quando os meios teatrais se colocam no mesmo nível do texto, ou podem ser concebidos sem o texto, que se pode falar em teatro pós-dramático[11].

É interessante notar que o estudioso não inclui Tadeusz Kantor na linhagem de produções contaminadas pelo clima opressivo do pós-guerra, ainda mais tendo em vista que o artista polonês realizou seus primeiros trabalhos exatamente no período (*O Retorno de Ulisses* é de 1944), e se apropria, no teatro da morte, das marcas e dos vestígios do extermínio. O ensaísta considera Kantor um artista pós-dramático, talvez com base na

10 Idem, p. 43.
11 Idem, p. 81.

hermenêutica das formas, enquanto Michael Kobialka, outro pesquisador da obra do encenador polonês, vê no criador de *A Classe Morta* um artista eminentemente moderno[12]. Talvez Kantor seja, de fato, o primeiro encenador moderno a destruir os paradigmas do teatro dramático graças a uma verdadeira mimese estrutural da guerra, inédita na assimilação de tema e forma, memória e destruição, como acontece em *Wielopole, Wielopole*, de 1980.

PLETORA DE LINGUAGENS

A despeito das ressalvas, não se pode negar a inteligência da resposta de Lehmann aos problemas colocados pelo teatro contemporâneo. Partindo do pressuposto de que a síntese desse teatro é tão problemática quanto a aspiração a uma exegese sintética, demonstra, no trato com seu objeto, que apenas as perspectivas parciais são possíveis. Sem alardear a opção, é visível que adota as "conjunções rizomáticas" de Deleuze como dinâmica de leitura, recusando-se a totalizar os processos heterogêneos da cena contemporânea, e optando por organizar seu estudo de forma semelhante à do teatro que analisa[13]. Com base nessa premissa, delineia os traços do pós-dramático por constelação de elementos, seguindo um movimento de anexação de territórios para construir cartografias superpostas que, à semelhança da teoria dos negativos de Kantor, ou dos *viewpoints* de Anne Bogart, abrem vias de acesso ao teatro contemporâneo a partir de vários pontos de vista. Lehmann recorre, inclusive, à artista belga Marianne van Kerkhoven para tecer relações entre as novas linguagens teatrais e a teoria do caos, com sua concepção da realidade enquanto conjunto de sistemas instáveis. O teatro responderia a essa instabilidade por meio da simultaneidade de canais de enunciação, da pluralidade de significados e da estabilização precária em estruturas parciais, em lugar da fixação em um modelo geral. À semelhança do movimento das partículas

---

12 Ver a respeito, *A Journey Through Other Spaces*.
13 Op. cit., p. 142 e s.

elementares, a teatralidade explodida do pós-dramático tomaria direções tão diversificadas que seu único traço comum seria o fato de se distanciar da órbita do dramático.

Ainda que o procedimento garanta a abrangência do panorama traçado por Lehmann, é preciso admitir que um de seus resultados é o esboço de uma "pletora de linguagens formais heterogêneas", em que transparece o problema apontado por Matteo Bonfitto em texto sobre o ator pós-dramático[14]. Em certas passagens dessa cartografia expandida, a dispersão chega a tal ponto que acaba diluindo a identidade do objeto, e permite ao autor incluir na categoria do pós-dramático tanto os procedimentos formalistas da ópera visual de Robert Wilson quanto as encenações de textos filosóficos realizadas por Jean Jourdheuil, para citar apenas dois exemplos. No teatro brasileiro, seria o mesmo que considerar igualmente pós-dramáticas as encenações de Gerald Thomas para a *Trilogia Kafka* e a montagem de *A Compra do Latão* pela Companhia do Latão. Além do mais, a abertura quase indiscriminada do modelo acaba servindo de obstáculo ao estabelecimento de diferenciações, o que acontece quando o ensaísta procura distinguir o teatro pós-dramático da performance, em argumentação pouco convincente[15]. Como observa Bonfitto, a relevância do instrumental de Lehmann não impede que ele desenhe um horizonte impreciso para o pós-dramático.

PANORAMA

É exatamente com o título de "Panorama" que o autor inicia, no quarto capítulo do livro, o traçado específico daquilo que considera signos teatrais pós-dramáticos, principiando com a síntese da obra de três artistas que, a seu ver, utilizam esses procedimentos de maneira radical: Tadeusz Kantor, Klauss Michael Grüber e Robert Wilson. Para introduzir a obra desses criadores, recorre à categoria de situação, que considera mais adequada à nova cena. Ainda que não tenha ação no sentido

---

14 O Ator Pós-dramático: Um Catalizador de Aporias?, em J. Guinsburg; S. Fernandes (orgs.), *O Pós-Dramático*, p. 87-100.
15 Ver a respeito o capítulo Performance, em H.-T. Lehmann, op. cit., p. 216-235.

de desenvolvimento de uma fábula, o teatro desses artistas ativa sua dinâmica por meio da mutação das situações cênicas, espécies de quadros em movimento e instalações provisórias que viabilizam o encadeamento do espetáculo.

É a partir desse pressuposto que Lehmann analisa o teatro de Tadeusz Kantor, o primeiro da cena pós-dramática. Localiza o trabalho do artista polonês entre o teatro, o *happening*, a performance, a pintura, a escultura, a arte do objeto e do espaço, e enfatiza a forma insistente com que Kantor gravita em torno das lembranças da infância que, assimiladas à vivência das duas guerras mundiais, criam em cena uma estrutura temporal de lembrança, repetição e confronto contínuo com a perda e a morte. Seu teatro é uma "cerimônia fúnebre de aniquilação tragicômica do sentido", observa Lehmann, que vê no criador de *Que Morram os Artistas* uma das vias da "ação cênica autônoma do teatro puro"[16].

Klaus Michael Grüber é o segundo encenador a receber um estudo específico. O ensaísta nota que, mesmo utilizando textos dramáticos tradicionais, Grüber consegue criar processos cênicos de tal natureza que chega a operar uma verdadeira desdramatização nos textos. Recorrendo a um procedimento pós-dramático de isotonia, o diretor transforma os diálogos dramáticos em mero "combate oratório", acirradas competições de palavra que vão se repetir, mais tarde, na dramaturgia de Bernard-Marie Koltès. Da mesma forma que o autor francês, Grüber abafa os tempos fortes dos textos dramáticos, para criar a cena como uma sucessão de quadros, sem tensão nem suspense. De onde se conclui que, ao contrário do que Lehmann parece defender, não é a ausência de textos dramáticos que assegura a existência de um teatro pós-dramático, mas o uso que a encenação faz desses textos. Segundo o próprio ensaísta, as encenações que Grüber realizou de Tchékhov, por exemplo, lembravam mais autocelebrações do *métier* teatral que propriamente representações das peças do dramaturgo russo, chegando a incluir referências às cenas lendárias do Teatro de Arte de Moscou. Em certo sentido, é o que Cibele Forjaz observa a respeito da montagem de *Cacilda!*, com texto

---

16 Op. cit., p. 108.

e direção de José Celso Martinez Corrêa, em que o teatro da atriz e o do próprio diretor são o principal tema da representação. Um projeto que se inicia, no caso de Zé Celso, muito antes, quando encena *Na Selva das Cidades*, de Brecht. Márcio Aurélio considera o espetáculo uma ruptura no teatro brasileiro, pela forma autoral de tratamento do texto e pela contradição histórica que expõe na destruição da cena. É interessante constatar a complementaridade dos textos de Márcio Aurélio e Cibele Forjaz sobre o tema. Ao escolherem dois espetáculos do mesmo diretor, separados por três décadas, definem os limites temporais do pós-dramático nos palcos brasileiros[17].

Voltando a Lehmann, e a Grüber, outra característica do encenador é a escolha de espaços públicos para a realização de seus espetáculos. A Deutsche Halle de Berlim para a montagem do *Prometeu* de Ésquilo, a igreja de Salpetrière para o *Fausto* de Goethe, o cemitério de Weimar para uma adaptação de Jorge Semprun, *Mãe Pálida, Irmã Frágil*, em 1995. Em todos os trabalhos, o encenador alemão transforma o espaço em protagonista do espetáculo, criando uma situação teatral semelhante a das encenações do Teatro da Vertigem, que também escolhe espaços públicos para potencializar suas temáticas, como observa Rosangela Patriota na análise da dramaturgia de *Apocalipse 1,11*.

Quanto a Robert Wilson, Lehmann acredita que, em seus trabalhos, o artista americano substitui o esquema tradicional da ação pela estrutura mais geral da metamorfose. Jogos de surpresa, com diferentes sequências de luz e a aparição e a desaparição de objetos e silhuetas, fazem do espaço cênico uma paisagem em movimento, que leva o espectador a um novo modo de percepção. Comparando os procedimentos de Wilson às categorias filosóficas de Deleuze, Lehmann conclui que o encenador desloca o espectador para um universo composto de platôs, sugeridos pelos corredores paralelos que dividem o palco de modo a situar as figuras e os deslocamentos em diferentes profundidades, e permitir a leitura de forma

17 Os textos foram publicados em J. Guinsburg; S. Fernandes (orgs.), *O Pós-Dramático*, com os títulos "A Encenação no Teatro Pós-Dramático *in Terra Brasilis*" e "A Linguagem da Luz": A Partir do Conceito de Pós-Dramático Desenvolvido por Hans-Thies Lehmann, p. 71-86 e p. 151-172, respectivamente.

combinada ou autônoma, conforme acontecem as transições e as correspondências. É um procedimento semelhante ao que Cibele Forjaz descreve em *Electra com Creta*, encenação de Gerald Thomas estreada em São Paulo em 1987. No espetáculo, Daniela Thomas também dividia o palco em corredores separados por telas de filó, solução que já adotara na ópera *Mattogrosso*, estreada no ano anterior no Teatro Municipal de São Paulo. Como nas encenações de Thomas na época, também no teatro de Bob Wilson a ausência de hierarquização dos meios teatrais caminha paralela à dissolução das personagens enquanto seres individualizados e à perda dos contextos cênicos coerentes. Lehmann nota que as silhuetas desse teatro movem-se no palco como emblemas incompreensíveis e, auxiliadas por iluminações, cores e objetos disparatados, criam uma textura heterogênea e descontínua, que em lugar de garantir algum tipo de interpretação definitiva, cria uma esfera poética de conotações opacas, bastante distantes das denotações claras da narrativa dramática. Apesar disso, ao fundir motivos históricos, religiosos e literários, os quadros teatrais de Wilson comporiam uma espécie de caleidoscópio multicultural, etnológico e arqueológico da história universal[18].

É visível que, na abordagem dos três artistas, Lehmann privilegia Wilson. E fica à vontade para pôr em prática o conceito de escritura cênica e deslocar o foco para os procedimentos propriamente teatrais: a qualidade da presença, do gestual e do movimento dos atores, a semiótica dos corpos, as componentes estruturais e formais da língua enquanto campo de sonoridades, o desenvolvimento musical e rítmico do espetáculo, com sua temporalidade própria, e a iconografia dos procedimentos visuais, que, em lugar de ilustrar um texto, compõe "superfícies de linguagem antinômicas"[19].

18 É visível o fascínio de Lehmann pelo trabalho de Robert Wilson, em quem reconhece a via teatral para uma cena pós-antropocêntrica, que reuniria o teatro de objetos sem atores vivos ao teatro que, apesar de integrar a forma humana, usa-a como elemento de composição de estruturas espaciais semelhantes a paisagens. Essas figurações estéticas seriam uma alternativa ao ideal antropocêntrico, que coloca o homem como dominador da natureza. H.-T. Lehmann, op. cit., p. 119-127.
19 Quando analisa a escritura cênica pós-dramática, Lehmann recorre a Richard Schchner para distinguir três níveis de representação teatral: o texto linguístico, o texto da encenação e o texto da performance (*performance text*). O

Mas para Lehmann o teatro pós-dramático não é apenas um novo tipo de escritura cênica. É um modo novo de utilização dos significantes no teatro, que exige mais presença que representação, mais experiência partilhada que transmitida, mais processo que resultado, mais manifestação que significação, mais impulso de energia que informação. E está presente não apenas nos teatros de Tadeusz Kantor, Klaus Michael Grüber e Robert Wilson, mas também nos trabalhos de Eimuntas Nekrosius, Richard Foreman, Richard Schechner, Wooster Group, John Jesurun, Anatoli Vassiliev, Jerzi Grotóvski, Eugenio Barba, Tadashi Suzuki, Heiner Müller, Frank Castorf, Mathias Langhoff, Michel Deutsch, Bernard-Marie Koltès, Pina Bausch, Maguy Marin, DV8 Physical Theatre, Jan Fabre, Théâtre du Radeau , Robert Lepage e La Fura dels Baus. Estes são alguns exemplos entre os inúmeros que o teórico alemão mobiliza e que incluem, no teatro brasileiro, José Celso Martinez Corrêa, Gerald Thomas, Luiz Roberto Galízia, Renato Cohen, Márcio Aurélio, Newton Moreno, Rubens Corrêa, Marilena Ansaldi, Denise Stoklos, Cristiane Paoli Quito, Hugo Rodas, Udigrudi, Fernando Vilar, Eliana Carneiro, XPTO, Companhia dos Atores, Teatro da Vertigem, Armazém e Cena 11.

PALHETA ESTILÍSTICA

Depois de analisar os três encenadores, Lehmann relaciona algumas características da "palheta estilística" do teatro pós-dramático[20]. Inicialmente a parataxe, que determina estruturas teatrais não-hierarquizadas, em que os elementos cênicos não se ligam uns aos outros de forma evidente, além de

> modo de relação com os espectadores, a posição temporal e espacial, o lugar e a função do processo teatral no campo social são os fatores que constituem o "performance text". Ver a respeito R. Schechner, Drama, Script, Theater, and Performance, *Performance Theory*, p. 68-105.

20 A partir da página 133 de seu livro, Lehmann apresenta onze procedimentos que atribui ao pós-dramático: parataxe; simultaneidade; jogo com a densidade dos signos; pletora; *mise en musique*, que preferimos deixar em francês, e que equivaleria a "colocar em forma de música" ou, em tradução ainda menos exata, musicalizar; dramaturgia visual; calor e frieza; corporeidade; teatro concreto; irrupção do real; situação/acontecimento (*événement/situation*).

não se ilustrarem nem funcionarem por mecanismos de reforço e redundância. Em geral conservam suas características próprias, o que permite que uma luz chame mais a atenção que um fragmento de texto, como no teatro de Robert Wilson ou em algumas montagens de Felipe Hirsch, como *Avenida Dropsie*; ou que um figurino transforme a configuração cênica, como no teatro de Kantor ou nos *Sertões* de José Celso; ou que a tensão entre música e texto multiplique os sentidos, como na encenação de *A Paixão Segundo GH*, de Clarice Lispector, por Enrique Diaz. Esse teatro construído da distância entre os elementos permite ao espectador separar os diferentes enunciadores do discurso cênico. Além do mais, nele convivem, de modo simultâneo, uma dramaturgia visual e uma "cena auditiva" de ruídos, música, vozes e estruturas acústicas, que levam o espectador a uma experiência diferenciada de percepção, criando um paralelismo de estímulos semelhante ao da *Oresteia* da Societas Raffaello Sanzio, ou de *A Vida é Cheia de Som e Fúria* de Felipe Hirsch.

Outro procedimento de composição que Lehmann discrimina é o jogo com a densidade dos signos. Para resistir ao bombardeio de informações no cotidiano, o teatro pós-dramático adota uma estratégia de recusa, que pode se explicitar na economia dos elementos cênicos, em processos de repetição e ênfase na duração ou no ascetismo dos espaços vazios de Jan Fabre e do Théâtre du Radeau, por exemplo, e também nas encenações depuradas de Antunes Filho e Márcio Aurélio. Esse teatro que privilegia o silêncio, o vazio e a redução minimalista dos gestos e dos movimentos, cria elipses a serem preenchidas pelo espectador, de quem se exige uma postura produtiva. Outro recurso ligado à mesma matriz é a multiplicação dos dados de enunciação cênica, que resulta em espetáculos sobrecarregados de objetos, acessórios e inscrições, cuja densidade desconcertante chega a desorientar o público, como acontece nas encenações de Frank Castorf ou nos espetáculos de Gabriel Villela.

Por outro lado, no teatro pós-dramático a música se transforma numa espécie de dramaturgia sonora, que ganha autonomia nas óperas de Robert Wilson, por exemplo, como *Four Saints in Three Acts*, encenação do texto de Gertrude Stein.

Esse texto musical também pode ser composto da melodia das falas dos atores, de timbres e acentos diversificados que têm origem em particularismos étnicos e culturais, como acontece nos trabalhos de Peter Brook e Ariane Mnouchkine.

Segundo Lehmann, a dramaturgia visual em geral acompanha a sonora no teatro pós-dramático. Ela não precisa ser organizada exclusivamente de modo imagético, pois se comporta, na verdade, como uma espécie de cenografia expandida que se desenvolve numa lógica própria de sequências e correspondências espaciais, sem subordinar-se ao texto, mas projetando no palco uma trama visual complexa como um poema cênico. Até a frieza formalista de certas imagens dessa dramaturgia pode funcionar, segundo Lehmann, como provocação, e é compensada pela corporeidade intensiva do ator, que se torna absoluta quando a substância física dos corpos e seu potencial gestual são o centro de gravidade da cena. Pode-se incluir, nessa tendência, a presença de corpos desviantes no teatro contemporâneo que, pela doença, pela deficiência, pela alteração da normalidade, podem chegar a formas trágicas de expressão como a encenação de *Ueinz*, de Renato Cohen, realizada com os doentes mentais do Hospital-Dia "A Casa".

Ao analisar esse teatro de corporeidades, Lehmann introduz a categoria mais polêmica do pós-dramático: a pura presença. Já no prólogo de seu livro, faz referência a ela como o resultado mais visível da crise da representação. A utopia da presença não só apagaria a ideia de representação da realidade mas, no limite, instauraria um teatro não referencial, em que o sentido seria mantido em suspensão. Quase no final do livro, o ensaísta retoma a mesma ideia, observando que o "corpo físico torna-se uma realidade autônoma no teatro pós-dramático, uma realidade que não conta, por meio de gestos, esta ou aquela emoção mas, por sua presença, se manifesta como local onde se inscreve a memória coletiva"[21].

Para ilustrar sua proposição, Lehmann menciona o diretor alemão Einar Schleef que, em seus espetáculos, incentiva o contato corporal direto dos atores com os espectadores, com a intenção de provocar reações físicas imediatas por meio de

---

21   Op. cit., p. 153.

coros perigosamente agressivos e de ações brutais do elenco. Em um espaço cênico sem separações, o público de Schleef compartilha o esforço, o suor e o sofrimento do ator, submetido a exigências físicas extremas, como os atores do Teatro da Vertigem de Antonio Araújo, especialmente nos espetáculos *O Livro de Jó* e *Apocalipse 1, 11*.

Lehmann também usa o termo "teatro concreto" para referir-se ao imediatismo dos corpos humanos, das matérias e das formas nas produções pós-dramáticas. Empresta a terminologia de Kandisnky para sublinhar a qualidade palpável que se expõe, por exemplo, nos corpos dos atores e bailarinos e nas estruturas formais de movimento e luz do teatro de Jan Fabre. Essa arte da cena exige do espectador um novo tipo de "perceptibilidade concreta e intensificada", pois seus dados sensoriais são extremados mas incompletos enquanto significado, e permanecem à espera de resolução. O ensaísta acredita que, ao sublinhar o inacabado, o teatro pós-dramático realiza sua própria fenomenologia da percepção. Consegue ultrapassar os princípios da mimese e da ficção exatamente por manter-se em constante estado de potência, sem apoio numa ordem representativa[22].

A irrupção do real é outra constante que Lehmann discrimina no teatro pós-dramático. Para explicitar a ideia polêmica, que Maryvonne Saison também defende em *Les Théâtres du réel*, o ensaísta recorre a Mukarovsky, para quem o teatro é uma prática em que não existem limites claros entre o domínio estético e o não estético, já que seu processo não pode ser separado da materialidade real, extraestética, dos meios produtivos. Essa materialidade é ressaltada no teatro pós-dramático, que vive da oscilação entre presença e representação, performance e mimese, real sensorial e ficção, processo criativo e produto representado. É no vai-e-vem dessas polaridades que se estrutura a percepção do espectador desse novo teatro, colocado na posição instável de responder esteticamente ao que se passa em cena, como se assistisse a uma ficção teatral e, ao mesmo tempo, fosse obrigado a reagir a ações extremas, reais, que exigem dele uma resposta moral. Se no palco o ator é realmente martirizado com choques elétricos, como acontece em

---

22 Idem, p.156.

Qui Exprime ma pensée, de Jan Fabre, e em *Regurgitofagia*, de Michel Melamed, estamos diante de uma prática teatral que problematiza o "estado de espectador" como comportamento social inocente[23].

São tantos os procedimentos e os exemplos de que Lehmann lança mão em seu exaustivo panorama que não seria possível discriminá-los em um texto breve. As narrações, os poemas cênicos, a interdisciplinaridade, os ensaios teóricos encenados, o teatro cinematográfico, o hipernaturalismo, a tendência à paródia como variante da intertextualidade, os monólogos e as performances-solo, a emergência dos coros como manifestação de coletivos parciais, tribais, o teatro do heterogêneo, que nasce do encontro entre uma concepção teórica, um dado técnico, uma expressão corporal e uma imagem poética, como nos processos colaborativos do teatro brasileiro, são outras ocorrências que o estudioso percebe no teatro pós-dramático. Mas, para além dessa exaustiva cartografia, talvez seja o epílogo do livro o ponto mais discutível da argumentação de Lehmann. Na tentativa de encontrar conotações políticas no teatro pós-dramático, o ensaísta afirma que o político desse teatro é o político da percepção. Seu engajamento, portanto, não se situa nos temas, mas na revolução perceptiva que promove com a introdução do novo e do caótico na percepção ordenada pela sociedade de consumo e pelas mídias de informação. A proposta de depreender o político da hermenêutica das formas, de tendência eminentemente adorniana, soa como tentativa forçada de alçar o teatro pós-dramático à categoria de prática revolucionária. O pós-dramático não precisa dessa justificativa. Mantém-se na integridade de suas formalizações transgressoras como desejo insistente de superar o teatro.

---

23 idem, p. 164.

Parte II

Processos Colaborativos

1. O Lugar da Vertigem

Antonio Araújo e o Teatro da Vertigem completam dez anos de uma trajetória marcada pela investigação do ator, da linguagem e dos limites da cena. É um percurso coerente de experimentação de ideias em espaços públicos, que se inicia com *Paraíso Perdido*, em 1992, e se desenvolve em processo colaborativo até *Apocalipse 1, 11*, estreado em 2000. A marca mais radical dessa proposta é a concepção do teatro como pesquisa coletiva de atores, dramaturgo e encenador em busca de resposta a questões urgentes do país, especialmente das grandes metrópoles brasileiras, projetadas, porém, num pano de fundo amplo, retalhado de inquietações metafísicas, ligadas a uma tradição de teatro sagrado que, nesse caso, paradoxalmente, dramatiza a insegurança social e a criminalização sistemática das questões públicas. Numa combinação inusitada, o grupo associa preocupações espirituais, evidentes na prospecção contínua dos textos bíblicos, a um tratamento que talvez se pudesse chamar de hiper-realismo alegórico, na falta de termo melhor para designar a sobreposição de literal e figurado que define, desde o princípio, em doses distintas, essa mistura de testemunho e abstração[1].

---

[1] Este texto foi o primeiro de uma série de escritos sobre o Teatro da Vertigem, cujo trabalho acompanho desde 1992. Em "Teatro-Cidade", "Cartografia de BR-

Talvez por isso Araújo seja, ao mesmo tempo, herdeiro e profanador de tudo que o precedeu no teatro brasileiro recente. Certamente não é por acaso que as vertentes mais importantes da cena contemporânea, representadas por Antunes Filho, José Celso Martinez Corrêa e Gerald Thomas, de certa forma têm continuidade nesse trabalho, que é uma síntese e uma transformação daquilo que seus antecessores criaram nas últimas décadas.

A continuidade é visível sobretudo na postura semelhante diante do teatro. Como Antunes, Zé Celso e Thomas, os pesquisadores do Teatro da Vertigem encaram o trabalho teatral como uma investigação constante de procedimentos e temas filtrados das preocupações mais urgentes da atualidade. Além do mais, todos consideram o processo teatral uma pesquisa coletiva, que só tem sentido se experimentada em parceria e, em geral, criam a cena em simbiose com o ator, ainda que haja distinções marcantes de concepção. Os trabalhos de Antonio Araújo são bastante diferentes dos espetáculos desses encenadores, especialmente os estreados nos anos de 1980. Nesse período, mesmo dirigindo produções em equipe, eles funcionavam como principal eixo de concepção dos espetáculos e concebiam uma escritura cênica autoral, de grafia inconfundível, às vezes altamente formalizada, como nos casos de Antunes e Thomas. Para Araújo, ao contrário, a concepção cênica acontece a *posteriori*, e funciona como uma espécie de edição das contribuições individuais dos parceiros de criação. O que não diminui a marca forte de sua dramaturgia cênica, indisfarçável no transbordamento barroco, no resgate da expressividade integral do corpo do ator e na habilidade para compor trajetórias físicas e metafóricas em espaços urbanos que, desde o princípio da década, encantam e desestabilizam o espectador. Além disso, Antonio compõe uma cena mais impaciente que a de seus antecessores, dando uma resposta vital, agressiva e muitas vezes anárquica ao formalismo teatral da década de 80.

No caso de José Celso, uma exceção nesse panorama, as semelhanças com Antonio Araújo vão mais longe, denunciando a influência artaudiana comum, escancarada pelo primeiro

---

3" e "Poética da Cena Contemporânea", retomo ideias e comentários explicitados nesse ensaio inicial.

em *Pra Dar um Fim no Juízo de Deus*, de 1997, e atualizada pelo segundo especialmente em *O Livro de Jó*, de 1995, que cumpria quase todas as exigências do teatro da crueldade. A começar pelo hospital desativado, um ambiente rigorosamente verdadeiro, como Artaud desejava, com as macas e os aparelhos de atendimento de emergência semelhantes a instrumentos de tortura. Matheus Nachtergaele, que interpretava Jó, fazia um trabalho real sem realismos, excessivo na falta de limites e na aterrorizante autoexposição que lembrava Cieszlak no primeiro Grotóvski, do Teatro Laboratório de Wroclaw. Já de início mergulhado num banho de sangue literal e figurado, assumia diante do espectador um risco físico que contaminava, apavorava, e talvez, pela primeira vez no teatro brasileiro, esclarecia Artaud, na potente imagem do ator como um supliciado que faz sinais a seus carrascos dentro da fogueira. Nesse caso, o suplício real indicava o figurado, pois o ator permanecia boa parte do tempo pendurado numa espécie de pau-de-arara armado num dos leitos, para compor, na violência ao próprio corpo, parte do suplício do Jó impaciente, que interrogava Deus sobre as causas de seu padecimento. O espectador que, naturalmente, sempre havia feito a mesma pergunta, ainda que não fosse para Deus, percebia que aquela caminhada coletiva pelos corredores do hospital não era um simples espetáculo. Ao viver de perto uma violência não representada media, pelo altíssimo grau de entrega dos atores, o limite mínimo que separava o teatro do ato público. Pois o público que seguia a personagem, que não podia viver sem Deus, formava uma espécie de coro de cidadãos envolvidos num ritual catártico, sem dúvida, mas ao mesmo tempo crítico, cujo tema era a perda de fé nos tempos que correm. A metáfora da Aids entrecortava essa discussão metafísica, pavimentando o chão contemporâneo da peça.

O texto poético, mescla de drama e narrativa, foi escrito por Luiz Alberto de Abreu com o Teatro da Vertigem. Pautado em quadros autônomos, interligados pelo protagonista, apontava para o trabalho de regulação espacial planejado por Araújo no Hospital Humberto I, organizando o enredo numa trajetória ascensional que reforçava a passagem para o final transcendente, ambientado na sala cirúrgica. Como espectadora assídua de teatro, poucas vezes vivi um desconforto semelhante ao dessa cena, que mergulhava o espectador numa experiência radical. Dividindo o espaço em duas fileiras de arquibancadas, a mesa de cirurgia formava uma espécie de palco-sanduíche, destacado por uma luz intensa dirigida a Jó, deitado, e ao público sentado a seu lado. As portas trancadas, o cheiro de formol, a impossibilidade de olhar para o ator sem ver, ao mesmo tempo, como que formando um ciclorama humano, os espectadores sentados à frente, criavam uma relação teatral inédita que transformava o público numa comunidade cúmplice, solidária naquele espaço da cura e da morte.

Como autor de *O Livro de Jó*, Abreu foi um dos precursores da dramaturgia de muitas vozes que resulta do processo colaborativo, hoje bastante comum entre os grupos de teatro. A prática tem semelhanças com a criação coletiva, mas não se confunde com ela. Sem dúvida, seus antecessores imediatos foram os grupos cooperativados da década de 1970, que também dividiam entre os participantes as funções práticas e artísticas de criação, como principal estratégia para garantir a posse dos instrumentos de trabalho. Asdrúbal Trouxe o Trombone, Ornitorrinco, Mambembe e Pod Minoga, para citar apenas os casos exemplares, seguiam, em geral, o famoso princípio do "todo mundo faz tudo", que resultou em espetáculos memoráveis, como *Trate-me Leão*, mas também foi responsável por uma quantidade considerável de cenas prolixas, repletas de referências em que cada participante se sentia democraticamente representado.

Diferindo dessa prática, o processo colaborativo do Teatro da Vertigem mantém a criação conjunta, mas preserva as diferenças, como se cada criador – ator, dramaturgo ou diretor – não precisasse abdicar de uma leitura própria do material experimentado em conjunto. O que se nota, nesse caso, é que a participação ativa de atores, dramaturgo e diretor na concepção do texto e do espetáculo não impede que os envolvidos construam dramaturgias específicas da atuação, da palavra e da encenação, que às vezes podem não estar em completa sintonia. As fricções e as dissonâncias são bem recebidas pelo grupo, pois abrem espaço para leituras insuspeitadas.

Apocalipse 1, 11 é o produto mais recente desse processo de parcerias interdisciplinares. A mobilização para o trabalho se fez a partir do testemunho de fatos brutais, como a queima de um índio pataxó, em Brasília, e o massacre de 111 detentos no presídio do Carandiru, em São Paulo[2]. Associando essas atrocidades ao momento brasileiro de violenta exclusão social, o grupo chegou à analogia com o *Apocalipse* de São João, iniciando a primeira etapa da pesquisa, centrada na composição do texto. Instrumentos adicionais de dissecação temática foram as visitas feitas pelos atores a locais de referência para ações e personagens, como delegacias da periferia de São Paulo, boates da boca-do-lixo, rodoviárias e hotéis baratos, que fundamentaram o testemunho do submundo urbano. Ao mesmo tempo, experiências com estados-limite de insanidade e de demência contribuíram para aproximar o elenco do registro interpretativo sugerido pelo diretor, mantendo a duplicidade no tratamento do tema. Daí resultou a versão inicial do texto, marcada pelo confronto entre as imagens poéticas, muitas delas de cunho alegórico, e o realismo cru característico da dramaturgia de Fernando Bonassi, que acentuava a tensão enunciativa presente desde o início do processo.

Depois de concluída a primeira versão da peça, com seis horas de duração, o grupo incorporou novos componentes à equipe inicial. Cenógrafo, *designer* de luz, figurinista e sonoplasta iniciaram a segunda etapa dos ensaios em abril de 1999. Agora o foco de criação era o espetáculo, trabalhado em oficinas públicas onde o diálogo entre as diversas especialidades se alargava para permitir uma troca mais efetiva, estimulada pelas diferenças. Nesse momento, os ensaios se transformaram em verdadeira oficina coletiva, onde a dramaturgia, a cenografia, a interpretação e a encenação eram experimentadas em conjunto, num mecanismo de socialização dos instrumentos de trabalho teatral. Foi também nessa fase que o Teatro da Vertigem passou a realizar oficinas com os detentos do Carandiru. Paulatinamente, um novo texto cênico de atores, dramaturgo

---

2 Em entrevista a Sérgio de Carvalho, Antonio Araújo lembra que estava fora do país, cumprindo um programa de bolsa de estudos, quando soube que alguns jovens da classe média alta de Brasília atearam fogo no índio, que dormia num ponto de ônibus, e morreu em consequência das queimaduras: "A ideia do *Apocalipse* aconteceu no momento em que eu li a notícia da queima do índio pataxó. Foi a partir desse sentimento de indignação". (O Diálogo do Apocalipse, *Bravo!*, n. 28, p. 105).

e diretor foi sendo agregado às primeiras soluções, num processo contínuo que garantiu a presença coletiva na escritura das cenas e levou a modificações sucessivas do roteiro. A última etapa do trabalho foi a adaptação ao espaço do presídio. A insistência em conseguir uma ala do Carandiru facilitou a realização das oficinas com os detentos, mas as negativas sucessivas acabaram levando o Teatro da Vertigem a estrear a peça no Presídio do Hipódromo.

No espetáculo, Antonio Araújo criava ambientes distintos, aproveitando as celas, os pátios, os corredores, as grades, os muros e a entrada do presídio para organizar uma frenética e aterrorizante movimentação processional, exacerbada pela interpretação tensa dos atores e pela sonoplastia agressiva. Cortes quase brechtianos, geralmente feitos por palhaços, afastavam o espectador, por alguns minutos, desse ataque aos sentidos, que lhe permitia experimentar fisicamente o tema tratado e o colocava numa zona fronteiriça, entre o teatro e o espaço real do presídio. No texto, Fernando Bonassi projetava soluções também cênicas – espaciais, gestuais, cinéticas – como se compartilhasse com o diretor o papel de escritor de ações, imagens e movimentos. É interessante notar que essas projeções invadiam as falas das personagens, compondo uma cena imaginária quase independente, como se o dramaturgo usasse a prática coletiva, os improvisos do elenco e as descobertas da pesquisa de campo para a composição de um roteiro de falas, espaços e gestos, em que a personificação de ideias ganhava o contraponto de um naturalismo feroz, e alegorias como Talidomida do Brasil, a prostituta Babilônia e o Anjo Poderoso conviviam com as cenas desconcertantes de um negro espezinhado pelo preconceito racial.

Em *Apocalipse 1, 11*, mais uma vez o Teatro da Vertigem escolhia um espaço público para apresentar seu trabalho. A Igreja de Santa Ifigênia para o *Paraíso Perdido*, o Hospital Humberto I para *O Livro de Jó* e agora um presídio. São bastante conhecidos os resultados, no final de 1992, do que seria a primeira etapa de ocupação de alguns marcos da cidade pelo grupo. Manifestações de católicos fundamentalistas acusaram os atores de profanar o espaço sagrado da igreja e foram seguidas de ameaças que tentavam intimidar o diretor e o elenco. Em resposta, a militância católica progressista organizou atos de resistência, em que defendia o espetáculo e endossava a autorização para as apresentações, vinda do cardeal-arcebispo de São Paulo, dom Paulo Evaristo Arns. Não por acaso, a peça discutia a perda do paraíso a partir da descrença do homem contemporâneo. Inaugurando, já nesse início, seu produtivo movimento de contradições, o grupo associava a investigação da condição humana e do plano divino – talvez a mais metafísica entre as quais realizou – a uma pesquisa sobre o movimento corporal, pesquisado com base nas leis da física clássica. O espetáculo era uma fusão de linguagens de dança e música que se aproximava do teatro físico, especialmente na intensidade corporal dos atores, cuja energia reativava a sacralidade da igreja e a discussão da fé.

Em grandes cidades como São Paulo, onde a decomposição do corpo urbano reflete, em grau apavorante, o esgarçamento do tecido social, espaços públicos como a igreja, o hospital e o presídio ainda funcionam como marcos efetivos de localização física e imaginária. Quem trabalha com história do teatro, como é o meu caso, sempre sente uma certa nostalgia desses lugares fortes, impregnados de memória coletiva, em certo sentido sagrados, pois neles a cena funciona como núcleo emocional e imaginário da comunidade. Esses lugares lembram um pouco o anfiteatro da polis grega, incorporado à vida cívica e religiosa da cidade, destinado à discussão de leis e crenças comuns e, por isso mesmo, aberto ao redor do altar e rodeado por cidadãos. O desenho semicircular de sua arquitetura e o lugar que ocupa na geografia urbana refletem um padrão de solidariedade. Trata-se de uma cenografia sociométrica, como lembrou Richard Schechner, que mapeia a cultura e a estrutura social da cidade, além de preservar sua memória[3].

Refazendo o percurso do Teatro da Vertigem por São Paulo, é possível perceber claramente esse projeto de sociometria,

---

3 *Performance Theory*, p. 161. Atualizando as observações de Schechner, Johannes Birringer observa em *Invisible Cities, Transcultural Images* que os modernos edifícios teatrais, em contraste com o anfiteatro clássico ou mesmo com o teatro elisabetano, perderam sua posição central na cidade. Estão concentrados nas áreas destinadas ao lazer, os chamados distritos artísticos ou centros culturais, e não definem uma cultura de produção e solidariedade. B. Marranca; G. Dasgupta, *Interculturalism and Performance*, p. 113-131.

que passa pela ocupação do lugar público. Na economia simbólica de uma cidade violenta como a nossa, descontínua, sem coerência estrutural nem marcos efetivos de localização, a trajetória do grupo é quase uma inversão da geografia urbana, na medida em que invade espaços coletivos para reativá-los por meio do trabalho de teatro. A igreja tradicional, quase ao lado da Catedral da Sé, o hospital desativado na vizinhança da avenida Paulista, o presídio, também desativado, num bairro afastado, fora do circuito teatral previsível, são espaços reais, concretos, com memória e história, que preservam os vestígios do uso público e, por isso mesmo, colocam o espectador numa zona fronteiriça entre a cidade e o teatro.

O Paraíso Perdido
   DRAMATURGIA: Sérgio de Carvalho
   ROTEIRIZAÇÃO: Antônio Araújo e Sérgio de Carvalho
   CONCEPÇÃO E DIREÇÃO GERAL: Antonio Araújo
   COMPOSIÇÃO E DIREÇÃO MUSICAL: Laércio Rezende
   FIGURINOS, ADEREÇOS E VISAGISMO: Fábio Namatame
   ILUMINAÇÃO: Guilherme Bonfanti e Marisa Bentivegna
   ELENCO: Cristina Lozano, Daniella Nefussi, Eliana César, Evandro Amorim, Johana Albuquerque, Lucienne Guedes, Marcos Lobo, Marta Franco, Matheus Nachtergaele, Sérgio Mastropasqua, Vanderlei Bernardino
   CRIAÇÃO: Teatro da Vertigem
   ESTREIA: 1992

O Livro de Jó
   DRAMATURGIA: Luís Alberto de Abreu
   CONCEPÇÃO E DIREÇÃO GERAL: Antônio Araújo
   COMPOSIÇÃO E DIREÇÃO MUSICAL: Laércio Resende
   FIGURINOS E VISAGISMO: Fábio Namatame
   ILUMINAÇÃO: Guilherme Bonfanti
   AMBIENTAÇÃO cenográfica: Marcos Pedroso
   ELENCO: Daniella Nefussi, Joelson Medeiros, Lismara Oliveira, Luciana Schwinden, Marcos Lobo, Mariana Lima, Matheus Nachtergaele, Miriam Rinaldi, Roberto Audio, Sergio Siviero, Siomara Schröder, Suia Legaspe, Vanderlei Bernardino
   CRIAÇÃO: Teatro da Vertigem
   ESTREIA: 1995

Apocalipse 1,11
   DRAMATURGIA: Fernando Bonassi
   CONCEPÇÃO E DIREÇÃO GERAL: Antônio Araújo
   CENOGRAFIA: Marcos Pedroso
   DIREÇÃO MUSICAL E TRILHA SONORA: Laerte Resende
   FIGURINOS: Fábio Namatame
   ILUMINAÇÃO: Guilherme Bonfanti
   ELENCO: Aline Arantes, Amanda Viana, Joelson Medeiros, Luciana Scwinden, Kleber Vallim, Luís Miranda, Mariana Lima, Miriam Rinaldi, Roberto Audio, Sergio Siviero, Vanderlei Bernardino, Wagner Viana
   CRIAÇÃO: Teatro da Vertigem
   ESTREIA: 2000

2. Teatro-Cidade

Nos dias que correm, viver em São Paulo, como em qualquer outra grande cidade brasileira, é risco de vida. Não apenas no sentido evidente da vizinhança com o crime e a violenta exclusão social, mas também no metafórico, que Sartre sugeriu com tamanha maestria. A morte na alma é o resultado mais danoso da anestesia sensível e social que o cidadão paulistano experimenta, gota a gota, pelo simples fato de viver num espaço público que recusa sua destinação precípua, sonegando a seu habitante justamente a coisa pública. Os esforços ingentes da administração local para a resolução de um problema geral do país ainda não conseguiram evitar que a alusão brechtiana da selva da cidade seja cada vez mais adequada ao estado de espírito e à inserção física do cidadão nesse caos urbano de princípio de milênio.

Não me lembro que artista, em viagem recente a São Paulo, referiu-se à semelhança do *skyline* paulistano com as paisagens catastróficas de *Blade Runner*, projeção cinematográfica de uma civilização de andróides do final dos tempos. A comparação com São Paulo não é de todo descabida se pensarmos na progressiva disjunção que, como no imaginário apocalíptico do filme, parece cavar diferenciações no espaço urbano paulistano, criando ilhas de convívio social restrito nos cada vez mais comuns condomínios fechados, autônomos nas grades e nas guaritas, com áreas verdes, esporte e lazer vendidos a peso de ouro em folhetos promocionais que alardeiam a intenção explícita dessas micro-cidades de separar-se da cidade. Os condomínios, da mesma forma que os shopping centers, os hotéis transcontinentais, os bancos e certos tipos de centros culturais, não querem fazer parte da cidade mas, ao contrário, pretendem ser seu equivalente e substituto.

Descrevendo o Hotel Bonaventure de Los Angeles, Fredric Jameson liga esses procedimentos de privatização à cidade pós-moderna, destacando que, ao contrário das obras-primas e monumentos do modernismo canônico, que introduziam uma linguagem utópica no tecido urbano, destacando-se intencionalmente do entorno, tanto simbólica quanto arquitetonicamente – o Masp de São Paulo é um bom exemplo –, os ostensivos edifícios contemporâneos representam uma nova categoria de fechamento, na medida em que aspiram a ser espaço total, mundo completo, uma espécie de cidade em miniatura regida por padrões próprios e segregativos. Jameson observa, com argúcia, que a arquitetura dessas cidades autônomas tem nos revestimentos de vidro sua contrafação: ao mesmo tempo que espelham, repelem a cidade do lado de fora. Nesse sentido, chama a atenção, na descrição do ensaísta, a busca de similitude entre os lugares internos dos edifícios e os espaços de fora, entre as atividades públicas e as atividades supostamente privadas, realizadas na segurança das cidadelas fechadas, mas não destinadas à intimidade. Os elevadores envidraçados, por exemplo, funcionariam como módulos mínimos do que Guy Débord chamou de "sociedade do espetáculo", na medida em que seriam projetados exatamente para permitir e prodigalizar visibilidade. Essas "esculturas cinéticas gigantes" seriam uma entre muitas maneiras de construir modelos narrativos que o visitante é solicitado a preencher, como acontece com as escadas rolantes, as praças de alimentação, os corredores/ruas, os declives, os marcos de localização interna, todos compondo narrativas virtuais que pretendem substituir os equivalentes urbanos. Segundo Jameson, esse percurso sinaliza uma intensificação da autorreferência da cultura pós-moderna, que sempre tende a se voltar sobre si mesma, designando sua produção cultural como seu conteúdo. Nesses espaços fechados, seguros e caros, a cidade é transformada em imagem anódina e inofensiva ou, como prefere o autor, no "espetáculo contemplativo da cidade"[1].

Não por acaso, o teatro tem encontrado cada vez mais espaço em edifícios que, se não chegam a constituir microcidades fortificadas, sem dúvida se oferecem em espetáculo, não apenas simbolicamente, mas também fisicamente, já que salas luxuosas e ostentatórias têm se instalado com certa assiduidade em redutos urbanos supostamente seguros. Fugindo da criminalidade e da dolorosa visão dos excluídos sociais, o espectador das classes média e alta procura abrigo nesses territórios resguardados, onde o policial, o manobrista, o estacionamento, o caixa eletrônico, o bar, o conforto e o ingresso alto garantem uma discriminação que distritos especificamente teatrais de São Paulo, como o bairro do Bexiga, nunca puderam nem quiseram sustentar. Trata-se do mais recente mecanismo de elitização de uma arte que nunca foi exatamente popular neste país. Acentuando esse processo, o Teatro Alfa, o Credicard Hall, a Sala São Luís e o Teatro Renaissance vêm se agregar a outras casas de espetáculo que sempre se distinguiram por ingressos caros e público bem pagante, como o Teatro Abril, o Teatro Jardel Filho, o Teatro Procópio Ferreira ou o Teatro Hilton.

No outro polo de ocupação teatral da cidade aparece o Teatro Oficina, não por acaso em recidiva oposição ao Grupo Sílvio Santos, que não desiste de construir nada menos que um shopping center para engolir a rua teatral idealizada por Lina Bo Bardi para ligar a Jaceguai ao vale do Anhangabaú. Como nota José Celso, o projeto de construção do *Bela Vista Festival Center* "desbexiga o Bexiga" e impede a realização do "estádio teatro pau-brasil imaginado pelo morador do Bexiga, o poeta Oswald de Andrade"[2]. A polêmica construção do centro de consumo liga-se a um projeto mais amplo de reforma

---

1 O Pós-modernismo e a Sociedade de Consumo, em A. Kaplan, (org.), *O Mal-estar no Pós-modernismo*. p. 25-44.
2 José Celso Martinez Corrêa, texto integral da entrevista concedida à *Folha de S. Paulo* em 1º de junho de 2001, p. 3.

da região da Bela Vista encampado por grupos como o CIE [Corporação Interamericana de Desenvolvimento], o Hudson [Petróleo] e o próprio Sílvio Santos com vistas à criação do que seria uma "Broadway paulista". A proposta provinciana de transplante do modelo teatral novaiorquino para o bairro paulistano diz muito do discutível conceito de revitalização subjacente ao projeto. A esse respeito, a indignação de Zé Celso ainda é o melhor argumento de acusação contra um modelo que se aproxima perigosamente daquele referido por Jameson, descaracterizando uma história teatral paulista que se engasta nas ruas estreitas do bairro, e tem no Teatro Brasileiro de Comédia da Major Diogo e no Teatro Oficina da Jaceguai seus marcos mais efetivos de localização. Como observa Zé Celso, as três empresas financiadoras do projeto,

uma de postos de gasolina, outra multinacional de importação de musicais empacotados da Broadway, e outra de TV comercial do vice-rei do Brasil, Sílvio Santos, que pretendem atingir uma vastíssima área deste território, não podem transformá-lo em lugar nenhum, numa Broadway. Não foi esse tipo de teatro careta que floriu aqui. Temos obrigação ética, ecológica, de respeito à soberania em vastas áreas de vazios verdes, na tradição mais generosa da arquitetura moderna brasileira e principalmente da renascentista Lina Bardi, que queria construir com o poder de Sílvio Santos um lugar Bexiguense que realimentasse grandes e fartos espaços públicos. O Bexiga deu para o Brasil e para o mundo, naturalmente, uma Ágora que merece agora ser revitalizada como é o vão do Masp, local de encontro dos que querem descobrir saídas, dos que gritam, discursam, projetam e cantam na rua, nos teatros-virando-ruas, não se engavetando no espetáculo único do "shopping way of life"[3].

A defesa da "ágora dos escravos libertos" ou, dito de outro modo por Zé Celso, da cidade pública que seja um lugar de encontro e mistura de classes, e onde se promova uma revitalização cultural de autoria coletiva, vinda da mobilização de movimentos populares como o dos sem-teto, é a utopia maior do projeto do Oficina e funciona como uma espécie de paradigma da união de artistas e cidadãos em organizações comunitárias, não governamentais, teatrais ou não, buscando

---

3 José Celso Martinez Corrêa, na entrevista mencionada.

interferir na cidade e também no espaço que o teatro ocupa nela. Um movimento amplo de mobilização teatral, como o "Arte contra a Barbárie", é um dos exemplos mais recentes dessa militância, e conseguiu reunir artistas e estudantes numa atuação conjunta inédita nos últimos anos, na defesa de uma política pública para o teatro.

É sintomático que as últimas e amplas reuniões do "Arte contra a Barbárie" tenham acontecido exatamente no Teatro Oficina que, em geral, tem sido escolhido como local de apresentação de espetáculos distantes anos-luz dos mais recentes pacotes da Broadway. É o caso de *Ueinzz, Viagem a Babel*, trabalho criado por Renato Cohen e Sérgio Penna em 1996, sucedido por *Dédalus* (1999) e *Gotham SP* (2002), todos realizados com pacientes psiquiátricos do Hospital-Dia A Casa, ligando-se à tendência emergente de um teatro de minorias, como o dos homossexuais, dos presidiários e mesmo dos deficientes físicos. A verdade é que a criação desses territórios de alteridade acaba multiplicando os sentidos da cena e age como mecanismo de resistência contra o preconceito e a discriminação, na medida em que dá voz e visibilidade a grupos que não teriam condições de manifestar-se em outros espaços.

Ligando-se ao Oficina nessa democratização do lugar do teatro, está o Galpão do Folias, espaço cultural ativo no centro da cidade, ocupado pelo grupo Folias d'Arte; o Tusp da Maria Antonia, que tem feito jus à tradição libertária de sua sede; o novo Teatro do Centro da Terra, nascido com vocação de polo cultural, assemelhando-se nessa postura ao Teatro Ágora, com atuação intensa nos últimos anos; da mesma forma que os núcleos do Sesc de São Paulo – o Anchieta, na região central, o Belenzinho, o Pinheiros, o Ipiranga, o Pompeia –, que conseguiram, com sucesso, descentralizar apresentações teatrais, atividades culturais e discussões de arte, aproximando-se, nesse aspecto, do Teatro Popular do Sesi, do Centro Cultural São Paulo e, como não poderia deixar de ser, do Teatro de Arena da Teodoro Baima que, desde o final da década de 50, com inevitáveis e infelizmente longas interrupções, tem sido um espaço de luta por um teatro público no país.

A referência a esse termo leva à questão intrincada de decidir o que seria um teatro público. Bernard Dort analisou a expressão em seu livro mais famoso, que leva esse título e liga esse conceito aos grandes momentos históricos de manifestação de um teatro da cidade, quando a cena era uma discussão coletiva da polis, como na Grécia do século V e na Inglaterra elisabetana. De certa forma, esses teatros são precursores de toda uma linhagem que pretende conjugar arte e popularidade, renovando o diálogo entre quem vê e quem faz, na ultrapassagem da matemática óbvia da quantidade de espectadores[4]. Seguindo as argumentações de Dort, pode-se concluir que promover um teatro público não é simplesmente lotar plateias. Trata-se de formar espectadores dotados de características comunitárias fortes, ampliando o círculo de conhecedores e defendendo não apenas um espaço público para o teatro, mas também um público-cidadão. Como observa Jean-Pierre Sarrazac, discípulo de Dort, trata-se de refazer o contrato social entre a comunidade de artistas e espectadores, recuperando a vocação transitiva e interventora do ato teatral[5]. De acordo com o ensaísta, os criadores do teatro popular contemporâneo, ao menos do francês, sentem-se depositários de uma missão pedagógica para o teatro, preocupando-se, antes de tudo, em difundir valores seguros para atrair a atenção do público. Isso explicaria o fosso que costuma separar o chamado "teatro de arte" do teatro público. Sarrazac procura avaliar "em que medida o argumento pedagógico – ou 'pedagogista' – não serviu, em certo momento, como álibi para encenadores mais preocupados em brilhar com Shakespeare do que em se tornar humildes e rigorosos com Beckett". Continuando sua argumentação, o crítico considera que o teatro de arte – e a referência a Beckett é esclarecedora – pode representar uma estratégia de reconstituição de forças, que permita ao teatro público encarar de novo seu destino[6].

A miscigenação dos territórios do teatro público e do teatro de arte, sugerida por Sarrazac, é evidente nos espetáculos do Teatro da Vertigem de Antonio Araújo, que também costuma enveredar por zonas fronteiriças do teatro sagrado. Completando dez anos de um percurso de investigação cuja marca

4   B. Dort, *Théâtre Public*.
5   *Critique du théâtre. De l´utopie au désenchantement*, p. 20.
6   Idem, p. 22.

mais forte é a experimentação de ideias em espaços públicos, o grupo inicia sua trajetória com *Paraíso Perdido*, em 1992, passa pelo polêmico *O Livro de Jó*, estreado em 1995 e, sempre em processo colaborativo, cria *Apocalipse 1, 11*, cujas primeiras apresentações, no início do ano 2000, acontecem em um presídio desativado. Concebendo seu trabalho como pesquisa coletiva de atores, dramaturgo e encenador em busca de resposta a questões urgentes do país, especialmente das grandes metrópoles brasileiras, o Teatro da Vertigem dramatiza a insegurança social e a criminalização sistemática das questões públicas, filtrando-as no véu dos temas sagrados, geralmente prospectados nos livros bíblicos. A despeito da qualidade da pesquisa, talvez os espetáculos não tivessem tanto impacto se o grupo não se apropriasse de alguns marcos simbólicos da cidade, espaços públicos com destinação social precípua e caráter político claro. A Igreja de Santa Ifigênia, o Hospital Humberto I e o Presídio do Hipódromo, escolhidos para as apresentações de *Paraíso Perdido*, *O Livro de Jó* e *Apocalipse 1, 11*, são locais contaminados pelo uso público e focos do imaginário urbano, já que a cidade os reconhece como territórios da fé, da doença e da exclusão. É evidente que nesses lugares de memória coletiva, a cena tem condições maiores de funcionar como núcleo emocional e político da comunidade.

A perigosa carga social desses espaços ficou evidente desde as primeiras apresentações do Teatro da Vertigem. São bastante conhecidos os resultados, no final de 1992, do que seria a etapa inicial de ocupação desses marcos da cidade, com a apresentação de *Paraíso Perdido* na Igreja de Santa Ifigênia. Em manifestações públicas, católicos fundamentalistas acusaram os atores de profanar o espaço sagrado e, não satisfeitos, prosseguiram com ameaças e intimidações ao diretor e ao elenco que variaram de cartas anônimas a telefonemas ameaçadores e culminaram com o aviso de que uma bomba explodiria durante o espetáculo. Apesar de mobilizar policiais e bombeiros, e de aterrorizar o grupo, o atentado acabou não se confirmando. Em resposta, a militância católica progressista organizou atos de resistência, em que defendia o trabalho e endossava a autorização para as apresentações, vinda do cardeal-arcebispo de São Paulo, dom Paulo Evaristo Arns. Não por acaso, a peça discutia a perda do paraíso a partir da descrença do homem contemporâneo.

O Livro de Jó foi apresentado num hospital desativado, o Humberto I, na região central de São Paulo, e seu impacto público não foi menor. Matheus Nachtergaele, que interpretava o protagonista, iniciava o espetáculo com um banho de sangue literal e figurado, assumindo diante do espectador um risco físico que contaminava e indicava, na violência ao próprio corpo, parte do suplício do Jó impaciente, que interrogava Deus sobre as causas de seu padecimento. O espectador que acompanhava o protagonista no questionamento e no percurso pelos corredores do hospital intuía que a caminhada coletiva não era um simples espetáculo. Ao viver de perto uma violência não representada, media, pelo altíssimo grau de entrega dos atores, o limite mínimo que separava o teatro do ato público. Os espectadores que seguiam a personagem, que não podia viver sem Deus, formavam uma espécie de coro de cidadãos unidos num ritual catártico, sem dúvida, mas também crítico, ao projetar a metáfora da aids e, simultaneamente, tematizar a perda da fé.

Apocalipse 1, 11 foi o movimento mais recente de ocupação de espaços públicos empreendido pelo grupo. A mobilização para o trabalho se fez a partir do testemunho de fatos brutais, como a queima do índio pataxó, em Brasília, e o massacre dos cento e onze detentos no presídio do Carandiru, em São Paulo. Associando essas atrocidades ao momento brasileiro de violenta exclusão social, os criadores chegaram à analogia com o *Apocalipse* de São João. Para ampliar o espectro temático, abarcando a cidade, visitaram locais de referência para ações e personagens, como delegacias de periferia, boates da boca-do-lixo, rodoviárias e hotéis baratos, fundamentando, em percursos reais, o testemunho do submundo urbano de São Paulo. Foi também nessa fase que o Teatro da Vertigem passou a realizar oficinas com os detentos do Carandiru, empreendendo, ao mesmo tempo, desgastantes gestões para conseguir uma ala desativada do presídio para as apresentações. Negativas sucessivas acabaram levando a peça a estrear no Presídio do Hipódromo, onde Antonio Araújo soube aproveitar as celas, os pátios, os corredores, as grades, os muros e a entrada para organizar uma apavorante movimentação processional de quedas e ascensões, exacerbada pela interpretação tensa dos atores e pela sonoplastia de sirenes e tiroteios. Cortes quase brechtianos, geralmente feitos por palhaços, afastavam o espectador, por alguns minutos, desse ataque aos sentidos, que lhe permitia experimentar fisicamente o tema tratado e o colocava numa zona fronteiriça, entre a cena e o espaço real do presídio, entre o teatro e a cidade. Outros artistas e grupos fazem percursos semelhantes ao do Teatro da Vertigem. Seguindo trilhas comuns, apropriam-se de espaços urbanos, usando o corpo da cidade como material para intervenção. A intenção primeira desses trabalhos também é ativar certos marcos simbólicos, na sondagem dos mitos que eles possam conter e na esperança de restaurar as muitas cidades invisíveis que se escondem na poluída metrópole paulistana. É interessante observar, nesse sentido, como a combinação entre alguns marcos históricos da cidade e o trabalho de grupos ligados a minorias acaba funcionando, mesmo à revelia de seus protagonistas, como foco de resistência e de crítica ideológica. É o caso da emocionante cerimônia dos trinta guerreiros xavantes da aldeia de Pimentel Barbosa, apresentada no parque da Independência em 1999. A dança em frente ao Museu do Ipiranga foi um momento de iluminação na história de resistência indígena ao genocídio, e, talvez involuntariamente, teve o caráter de resgate de uma tradição soterrada e esquecida, que ganhou visibilidade pública, em suprema ironia, num dos marcos maiores da suposta autonomia nacional.

Outras vezes a prospecção dos espaços urbanos não teve esse impacto libertário mas, em contrapartida, ganhou sentido literal, como foi o caso da performance *Viagem ao Centro da Terra*, criada por Ricardo Karman e Otávio Donasci sob o túnel do rio Pinheiros, em princípios de 1992. Da mesma forma, outros eventos da última década usaram a linguagem da cena para investigar relações possíveis com o espaço da cidade, no questionamento dos territórios familiares e dos circuitos fechados das casas de espetáculo, ganhando a rua, como os Parlapatões, as praças, como o Galpão em *Romeu e Julieta* (1992), os jardins de uma Casa Modernista, como o grupo Orlando Furioso em *Tempestade e Ímpeto* (1992), as varandas de um palacete na rua Maranhão, como o Grupo XIX de Teatro em *Hysteria* (2002), os galpões, como Romero de Andrade Lima no *Auto da Paixão* (1993), o Vale do Anhangabaú, como a *Missa dos Quilombos* (1995), iluminada procissão católico-africana de que participaram Zezé Motta e Milton Nascimento. Essa ocupação chegou ao marco zero da cidade, o Pátio do Colégio, com o *Santeiro do Mangue*, de Oswald de Andrade e José Celso Martinez Corrêa, apresentado durante o carnaval de 1994, que o crítico Nélson de Sá comenta com emoção.

É o renascimento. O que se prenunciava no teatro brasileiro, nos primeiros anos da década, explodiu anteontem no centro de São Paulo. Na terça-feira gorda, de Carnaval, uma apresentação de teatro derrubou finalmente a barreira do público de elite, branco e *"highbrow"*, e terminou com alguns milhares de pessoas dançando e cantando, muitas delas no palco, numa grande massa de atores e público. [...] *Mistério Gozoso* [conseguiu] mostrar que a festa carnavalesca e a festa teatral têm uma fonte única num Brasil de festas de massa. As quatro mil pessoas que viram e participaram do musical foram guiadas por um Oficina que, através de Marcelo Drummond, como um ídolo pop, e Paschoal da Conceição, como um corifeu clássico, é voltado para as arquibancadas[7].

Por fim, não se pode esquecer que a cidade tem sido assunto predileto da dramaturgia paulista recente, que tematiza um submundo de marginalizados, prostitutas, policiais corruptos e subempregados envolvidos em tragédias de rua da metrópole. O que se percebe é que o escrever sucinto e direto, típico de dramaturgos como Fernando Bonassi e Mário Bortolotto, se impõe como modelo de um novo teatro urbano, herdeiro violento dos romances de Rubem Fonseca e dos flagrantes dramáticos de Plínio Marcos. Essa nova dramaturgia reforça a prática comum no teatro de hoje de filtrar as vozes heterogêneas da cidade numa espécie de roteiro urbano, cruel e poético ao ligar a violenta exclusão social brasileira ao espaço público, em princípio aberto ao cidadão.

---

7 Zé Celso Faz Teatro de Massa com "Mistério", *Folha de S. Paulo*, p. E-2.

POST SCRIPTUM, ABRIL DE 2007

Já se passaram quatro anos* desde a publicação de "Teatro-cidade" e, se houvesse tempo, seria interessante atualizar as referências que usei. Como não foi possível, gostaria de indicar apenas, entre os coletivos que analiso, o ciclo dos *Sertões* que o Oficina encerrou no ano de 2007, e que trata exatamente da luta por um território público, além de incorporar novos agentes teatrais, como os adolescentes do Núcleo Bixigão. A luta de José Celso, em certo sentido, é paradigmática desse movimento de invasão da cidade pelo teatro de grupo, seja pelo contato direto com núcleos de cidadania, como o Projeto Oficina Boraceia realizado pela Companhia São Jorge de Variedades, em convívio com usuários de albergues municipais, que resultou na montagem de *As Bastianas* (2002-2004), seja pela experiência com a cultura de rua do Núcleo Bartolomeu de Depoimentos, com intervenções urbanas de fronteira, como *Urgência nas Ruas*, ou as *Vigílias Culturais* organizadas em regiões centrais da cidade, como o Minhocão e a praça do Patriarca, em memória dos moradores de rua assassinados nas vizinhanças. Também é sintomática a ocupação teatral da praça Roosevelt pelos Satyros, seguidos pelos Parlapatões, que abrem um circuito independente de criação de teatro de grupo, atualmente apresentado na mostra *E se Fez a Praça Roosevelt em 7 Dias*.

Quanto ao Teatro da Vertigem, estreou no ano de 2006, em barcos no Tietê, seu trabalho de maior risco, BR-3, ancorado no desejo de que o espectador vivenciasse, no rio morto, a metáfora concreta da destruição do país.

---

* Essa contagem tem como referência o ano em que *Post Scriptum* foi escrito (N. da E.)

3. Teatros do Real

"Como Representar, no Teatro, o Mundo em que Vivemos?". O título de um seminário recente de Jean-Pierre Sarrazac, emprestado de um texto de Brecht, parece ganhar atualidade na cena contemporânea paulista[1]. Talvez uma resposta transgressiva dos criadores a essa inquietação esteja no fato de que seu teatro combine um forte impulso de aproximação com o real à mais completa rejeição da representação da realidade, ao menos nos moldes realistas. É visível que uma parcela considerável das práticas cênicas de hoje, especialmente dos grupos de teatro, pauta-se menos pela reprodução naturalista e pelo enfoque temático dos problemas sociais, procedimento comum na dramaturgia engajada dos anos de 1960, preferindo envolver-se em longos processos de pesquisa que não visam à fabricação de um produto teatral de caráter político explícito. A postura política dos grupos aparece, ao contrário, na investigação das realidades sociais do outro e na interrogação dos muitos territórios da alteridade e da exclusão social.

[1] O seminário foi apresentado na Universidade de Paris III, Sorbonne Nouvelle, no primeiro semestre de 2003. O título do texto, "Teatros do Real", foi emprestado do livro de Maryvonne Saison, *Les Théâtres du réel*, editado em Paris pela Harmattan, em 1998.

Desviando-se do domínio relativamente seguro da experimentação cênica e da dramaturgia engajada, esses coletivos teatrais invadem, cada vez mais, espaços de natureza política, antropológica, ética ou religiosa, aparentemente deixando em segundo plano tanto as exigências estéticas quanto o dogmatismo militante.

Talvez por isso os processos de criação teatral se desdobram em recidivos mecanismos de intervenção direta na realidade que, em certos casos, chegam a adquirir autonomia, funcionando como microcriações dentro do projeto maior de trabalho. Essas intervenções pontuais de teatralidade operam um desvio sistemático no que se considera o mais genuíno resultado do trabalho teatral, o espetáculo, e são sintoma da multiplicação de práticas criativas não ortodoxas, cuja potência de envolvimento no território da alteridade social parece superar a força da experimentação artística. Examinando esses longos processos criativos, tem-se a impressão de um deslizamento do teatro em direção a manifestações híbridas, em que as pesquisas da cultura e os jogos do ator adquirem igual ou maior importância que a resultante especificamente cênica.

O movimento é definido de forma precisa pelo encenador francês Georges Lavaudant, para quem o lugar do teatro contemporâneo é uma "estrada até o fim do mundo", uma espécie de cena *on the road* que tenta mapear as muitas cidades escondidas na cidade destruída pela violência, pela fome e pelas oportunidades desiguais. São exemplos dessa migração do teatro do palco para a cidade as exaustivas pesquisas de campo dedicadas à coleta de depoimentos dos mais diversos cidadãos, as viagens exploratórias a bairros de periferia, o convívio em zonas urbanas de tráfico, criminalidade e prostituição, a ocupação teatral de albergues de moradores de rua, hospitais psiquiátricos e prisões, as muitas oficinas abertas, os debates, os ensaios públicos e, principalmente, os processos colaborativos cada vez mais socializados, que fazem questão de incluir interlocutores tradicionalmente alijados da produção teatral. Daí a complexidade do coro dissonante que resulta dos trabalhos colaborativos, formados pela sobreposição de vozes, saberes e culturas marginais, em que se explicita uma fragmentação cênica que funciona como mimese exata da fratura social. Para citar apenas casos exemplares desse processo, basta lembrar o Teatro da Vertigem, em *Apocalipse 1, 11* e em BR-3, a Companhia São Jorge de Variedades, em *Bastianas*, o Grupo Panóptico de Teatro, na criação de *Muros*, a Companhia Ueinzz, em *Gotham São Paulo*.

Não por acaso, os grupos mencionados buscam espaços urbanos de uso público para suas apresentações, em geral contaminados de alta carga política e simbólica, além de apresentarem um desvio geográfico de interesses, do centro para as periferias urbanas e nacionais e, especialmente, recusarem-se a funcionar em circuitos fechados de produção e recepção teatral. A autonomia e a autorreferência das encenações dos anos de1980, por exemplo, de alto calibre estético e baixa voltagem política são, dessa forma, substituídas pela vontade explícita de contaminação com a realidade social mais brutal, em geral explorada num confronto corpo a corpo com o outro, o diferente, o excluído, o estigmatizado.

Nos casos mais radicais, as resultantes dessa busca da alteridade são transplantadas em estado bruto para a cena, gerando manifestações teatrais extremamente incômodas para o espectador, que podem acontecer por várias vias, mas em geral passam pelo impacto sensorial, chegando às vezes a reatualizar alguns princípios do teatro da crueldade de Antonin Artaud, como acontecia, por exemplo, em *O Livro de Jó*, do mesmo Teatro da Vertigem. Supurar coletivamente os abscessos é, sem dúvida, o modo turbulento de expressão política desse teatro, em que problemas candentes do Brasil contemporâneo, como a violência, a exclusão, a desigualdade e o preconceito são vivenciados pelo espectador em situações de aprisionamento real em hospitais, presídios, albergues, meios concretos de atualização do mundo lá fora.

Esse teatro de vivências e situações públicas não pretende, evidentemente, representar alguma coisa que não esteja ali. Ao contrário, a tentativa é de escapar do território específico da reprodução da realidade para tentar a anexação dela, ou melhor, ensaiar sua *presentação* sem mediações. É perceptível, nesse impulso de captura do real, o desejo dos criadores de levar o espectador a confrontar-se com as coisas em estado bruto, seja por colocá-lo num espaço concreto, contaminado de imaginário próprio, seja por misturar atores a não atores nas apresentações, que podem envolver presidiários, loucos ou moradores de rua, como acontecia, por exemplo, com as *Bastianas*. Em todos os casos, o que se constata é que a inclusão dos excluídos – os não atores e os não cidadãos –, é a última gota de desarranjo nos paradigmas da representação. Pois é evidente que a presença de um corpo desviante, pela doença, pela exclusão, pela transgressão da norma, coloca em causa a representação, na medida em que interfere na cena com uma presença extracênica, que se apresenta mais como sintoma do que como símbolo. *Gotham São Paulo*, criado por Renato Cohen e Sérgio Penna com pacientes do Hospital-Dia A Casa, talvez seja o exemplo mais contundente desse processo, em que o corpo funciona quase como realidade autônoma, não teatral, e manifesta em si a memória de um corpo coletivo rejeitado, que entra em contato direto com o espectador.

"É essencial que os artistas consigam sair do simbólico", costuma dizer Ariane Mnouchkine. Sem dúvida, alguns grupos de teatro brasileiro têm se esforçado por fazê-lo.

4. Cartografia de BR-3

Os trabalhos do Teatro da Vertigem, dirigidos por Antonio Araújo, são um campo de teatralidade fértil para se pensar o teatro brasileiro contemporâneo. A divisão da autoria dos espetáculos entre atores, dramaturgo, diretor e demais criadores, os longos processos respaldados em pesquisa conjunta, a ausência de um treinamento específico que garanta a sintonia dos desempenhos, o recurso a procedimentos de composição individualizados, que podem tangenciar a autobiografia e funcionam, em geral, como filtros idiossincráticos da experiência comum, a troca de dramaturgo a cada novo processo, o convite a colaboradores externos, que se juntam ao núcleo original apenas para a realização de um projeto, e, especialmente, a potência da escritura cênica de Araújo, vetor de unificação de linguagem mantido desde o primeiro espetáculo, *Paraíso Perdido,* talvez sejam os principais fatores de definição da teatralidade híbrida do Vertigem.

A carga simbólica e política dos espaços públicos escolhidos para as apresentações da *Trilogia Bíblica* – uma igreja para *Paraíso Perdido*, um hospital para *O Livro de Jó*, um presídio para *Apocalipse 1, 11* – e a agressiva ocupação desses lugares, com marcações de movimentos expandidos em largura, profundidade e altura, e um desempenho que agredia o espectador pela violenta exposição corporal do ator, mantido nos limites da resistência física e psíquica, sempre deram aos espetáculos a contundência de eventos de risco, de formalização instável, quase fluxos processuais de teatralidade, inacabados e atualizados a partir dos vetores referidos de ocupação espacial e fisicalidade.

Neste novo trabalho do Vertigem, BR-3, o movimento de incorporação de situações públicas atinge um outro patamar. O primeiro objetivo do projeto foi investigar possíveis identidades brasileiras, ou não-identidades, a partir da pesquisa e da vivência em três lugares do país, unidos por um radical de nacionalidade e por localizações em pontos-limite físicos e imaginários. Em todos os sentidos, Brasilândia, bairro da periferia de São Paulo, Brasília, no Distrito Federal, e Brasileia, pequena cidade da fronteira do Acre com a Bolívia, formavam territórios de exceção, em que a ideia de país era posta em xeque, bem como conceitos definidos de periferia e centro, arcaico e moderno, exclusão e cidadania, espetacular e não espetacular, que se confundiam numa rede complexa de vertentes culturais, sociais, históricas e políticas. A cidade planejada, a cidade de fronteira e a cidade periférica projetavam territórios em que a ideia de pertencimento nacional era enfraquecida por noções de borda, margem e travessia, e identidades instáveis, processuais e híbridas substituíam os sujeitos seguros da brasilidade.

Cabia, portanto, à coordenação teórica do projeto, desenhar, no início dos trabalhos, uma espécie de cartografia de microterritórios, abandonando as ideias abrangentes de leitura do país, que compunham sistemas até certo ponto seguros de orientação, como os de Sérgio Buarque de Holanda, Caio Prado Júnior, Gilberto Freyre e Paulo Prado, para aventurar-se na singularidade dos estudos locais, que pareciam, desde o princípio, fadados a produzir versões instáveis dos lugares e do país, polemizadas a cada novo encontro com arquitetos, historiadores, sociólogos, antropólogos, psicanalistas e escritores que compareceram às segundas-feiras na Casa 1, durante o primeiro e parte do segundo semestres de 2004, nos muitos seminários e mesas-redondas de BR-3.

Como a pesquisa começara em Brasilândia, uma das primeiras convidadas foi a geógrafa Márcia Aparecida da Silva, autora de uma pesquisa de doutorado sobre o bairro, além de moradora e professora de uma escola local. Mapas, informações sobre taxas de natalidade e mortalidade, divisões distritais, tipo de ocupação e migração, além de uma história sucinta da ocupação do local, foram parte da colaboração de Márcia Aparecida, que serviu de guia ao grupo nos primeiros reconhecimentos de território e chamou a atenção dos artistas-pesquisadores para o horizonte estreito dos habitantes, espremidos entre o córrego e a serra da Cantareira, e muitas vezes com dificuldade de reconhecer os limites de seu próprio distrito. Como notou a geógrafa, as referências espaciais dos moradores de Brasilândia em geral se limitam às pequenas áreas subdistritais do Jardim Carumbé, Vila Penteado, Jardim Damasceno ou Jardim Guarani. Em sua maioria descendentes de migrantes nordestinos, esses homens e mulheres muitas vezes são incapazes de localizar, no mapa do país, até mesmo a região em que suas famílias nasceram. De posse dessas informações iniciais, o Teatro da Vertigem começava a constatar que, se a noção de pertinência ao próprio bairro era frágil e o país não passava de uma abstração, ficava difícil investigar ali um perfil de identidade nacional.

Outra convidada para os encontros, a socióloga e professora da Faculdade de Engenharia e Arquitetura de São Carlos, Cibele Ryzek, foi das primeiras a chamar a atenção do grupo para o desenho tentacular do modelo de crescimento de São Paulo, que se expande por agregação de periferias, produzindo formas inéditas de discriminação e isolamento nas bordas da metrópole, onde a afluência desordenada de autoconstruções cria pequenas cidades informais como a Vila Brasilândia. Ao mesmo tempo em que constatava a quase total ausência do Estado nessas áreas, Ryzek tornava relativos alguns paradigmas iniciais da pesquisa, como a divisão centro/periferia, observando que se até os anos de 1970 os modelos de segregação socioespacial ainda obedeciam a essas categorias, hoje elas não conseguem descrever realidades urbanas complexas como a de São Paulo. No Morumbi, por exemplo, um dos bairros mais ricos da cidade, as favelas convivem com mansões de luxo, enquanto nas proximidades, na avenida Luiz Carlos Berrini, a metrópolole globalizada dos hotéis transcontinentais faz fronteira com a favela Monte Azul. Por outro lado, a reclusão das classes médias e altas em condomínios de luxo colabora para a progressiva disjunção do espaço urbano, isolando microcidadelas fortificadas, que parecem alardear a intenção explícita de separar-se da cidade. Como nota Fredrik Jameson, em relação a outro contexto, da mesma forma que os shopping centers, os hotéis transcontinentais, os bancos e certos tipos de centros culturais, os condomínios de luxo não querem fazer parte da cidade, mas pretendem ser seu equivalente e substituto[1]. De forma semelhante a Jameson, Cibele Ryzek definiu a história da produção habitacional paulistana como resultado da exclusão social. E lembrou a ocorrência simultânea de diversas cidades no mesmo espaço urbano, procedimento que a dramaturgia de Bernardo Carvalho acentua no texto de BR-3 e a direção de Antonio Araújo intensifica no Tietê, ao criar uma espécie de heterotopia no percurso espetacular, justapondo uma série de lugares estranhos uns aos outros, estranhamento potencializado pela deterioração do rio. Brasília associada ao monumental e aos viadutos, Brasilândia abrigada sob as pontes e Brasileia dispersa nas margens são espaços heterodoxos, forçados a conviver no mesmo leito-estrada, e absolutamente outros em relação às cidades reais a que se referem e de que falam. Filtrados pelo olhar coletivo e deformados por essa modalidade contemporânea de representação, fragmentária e explodida, tornam-se lugares de "desvio", irreconhecíveis em sua identidade original[2].

Quanto a Brasília, outro vértice do triângulo urbano de BR-3, foi igualmente objeto de seminários e encontros de trabalho. Campo de prova da utopia moderna, como observou o historiador Francisco Foot Hardman, o projeto da nova capital definiu, desde o princípio, o avesso do Brasil incivilizado, inculto, selvagem e rústico, que era preciso desbravar e fecundar por dentro. Por outro lado, a cidade planejada por Lúcio Costa e pela arquitetura moderna de Oscar Niemeyer foi construída por camponeses nordestinos, vitimados em exaustivas jornadas de trabalho e canteiros de obra precários, como

1 O Pós-modernismo e a Sociedade de Consumo, em A. Kaplan, (org.), *O Mal-estar no Pós-modernismo*. p. 25-44.
2 Jean-Pierre Sarrazac trabalha com a dramaturgia do "desvio" em vários ensaios, especialmente no livro *Jeux de rêves et autres détours*.

observou o arquiteto Pedro Arantes, outro dos conferencistas, lembrando que os operários nunca puderam residir no plano piloto, proposta inicial do urbanista, formando cidades-satélites como Taguatinga, Ceilândia ou Núcleo Bandeirante, a antiga Cidade Provisória, criada no início das obras, em 1959. No documentário de Wladimir Carvalho, *Conterrâneos Velhos de Guerra*, que o grupo assistiu por indicação de Arantes, é possível constatar as péssimas condições de trabalho a que os operários foram submetidos na construção velocíssima da cidade. No entanto, para o arquiteto Guilherme Wisnik, outro convidado para as discussões, a distorção das propostas iniciais de Lúcio Costa não desmerece o projeto radical do urbanista, nem a utopia de que todos pudessem residir no plano piloto, que analisa exemplarmente em seu livro *Lúcio Costa*. Foi graças a Wisnik que se conheceu a coletânea de artigos *Com a Palavra, Lúcio Costa*, organizada por sua filha Maria Elisa Costa, cujos excertos Bernardo Carvalho aproveita em algumas falas da personagem Zulema Muricy, no fascinante processo de deslocamento e superposição de camadas ficcionais e reais que compõe a dramaturgia de BR-3.

Também Brasileia foi motivo de vários seminários. Nesse caso, a professora da Pontifícia Universidade Católica de São Paulo, Maria Antonieta Antonacci, foi a primeira pesquisadora a se encontrar com o Vertigem. Por indicação de Antonieta, o grupo chegou ao antropólogo Airton Rocha que, por sua vez, fez contato com os pesquisadores da Universidade Federal do Acre, Gérson Albuquerque e Els Lagrou, importantes para o reconhecimento da região. Situada nos confins da Amazônia boliviana, Brasileia é uma das cidades mais híbridas do Brasil, na língua, na religião, na cultura, e talvez por isso resista, como nenhuma outra, à definição de identidades estáveis. Em seu seminário, Antonacci lembrou que a herança histórica do Acre colabora para essa não identidade. No início do século XX, o futuro estado brasileiro ainda pertencia à Bolívia, e as guerras de saque e roubo do território vizinho marcam sua configuração política e geográfica. Ao mesmo tempo, sobretudo depois do assassinato do líder seringueiro Chico Mendes em Xapuri, cidade vizinha de Brasileia, a área tornou-se foco de interesse de ambientalistas e de luta pela preservação da floresta contra a exploração das madeireiras, quando o discutível projeto de manejo dos recursos florestais entrou na ordem do dia. Além do mais, no Acre a questão religiosa aparece de forma mais densa que em outros lugares visitados. O pluralismo, o conflito e o poder religiosos, forjados na convivência de religiões autóctones, como o Centro Daimista Alto Santo, de mestre Irineu, atualmente dirigido por sua viúva, Peregrina, algumas correntes evangélicas e o cristianismo da igreja Nuestra Señora Del Pilar, de Cobija, com seus ícones índios, já haviam sido apontados por Flávio Pierucci, em palestra realizada na Casa 1, no princípio de junho de 2004. Ao comentar a cristianização crescente do povo brasileiro, o antropólogo afirmou que o Acre é o sexto estado mais evangélico do Brasil e se liga, como o restante do país, a uma vertente religiosa protestante e monoteísta, que recusa a miscigenação e agride principalmente as religiões afro-brasileiras. Essa violência religiosa marca a passagem de um campo sincrético para um pluralista, em que se acentua a diferença e o afastamento em relação à crença do outro. O conceito sociológico de desenraizamento ou desencaixe foi pensado nesse contexto e dá conta da mudança constante que se processa, no Brasil, entre os fiéis, que parecem migrar de uma religião a outra.

Precedida pelos seminários teóricos, a pesquisa de campo nas três regiões desenvolveu-se em várias frentes de ação. Em relação à Brasilândia, a aproximação aconteceu por meio de oficinas artísticas, que envolveram criadores de várias áreas, e de um intenso processo de vivências no lugar. Em determinados dias da semana, o diretor Antonio Araújo propunha improvisações e exercícios aos atores, centrados no reconhecimento e na interação com o cotidiano do bairro. O dramaturgo Bernardo Carvalho participou do processo e, numa das visitas, foi deixado em uma igreja evangélica, onde sofreu intimidações de um pastor e de uma evangelista. A experiência serviu como ponto de partida para uma das cenas mais interessantes do texto e foi relatada no artigo "Liturgia do Medo", em que o autor menciona o "mundo do terror em que você sobrevive acuado entre a autoridade do tráfico, da polícia e da igreja", três vertentes contextuais que atuam como personagens de BR-3[3].

---

3   O texto "Liturgia do Medo" foi publicado no livro *O Mundo Fora dos Eixos*.

No caso de Brasília e Brasileia, o procedimento de pesquisa foi uma viagem de quarenta dias e mais de quatro mil quilômetros, feita em julho de 2004, em que dezoito integrantes do Teatro da Vertigem atravessaram o país, unindo as três regiões investigadas. A experiência foi relatada em diários de viagem e minuciosamente documentada em fotos e vídeos.

No retorno a São Paulo, Bernardo Carvalho propôs um roteiro, trabalhado pelos atores em *workshops* e improvisações, em que lugares e personagens se entrelaçavam na saga de uma família[4]. Composto por meio de sucessivos deslocamentos da narração para a ação, das vigílias de Evangelista para o drama familiar, o texto se aproxima do procedimento que Jean-Pierre Sarrazac chama de rapsódico, conceito transversal no teatro contemporâneo, indicativo de uma montagem híbrida de elementos líricos, épicos e dramáticos e de uma construção oscilante, tramada no vaivém entre tempos e lugares distintos[5]. Partindo da atualidade

---

4 A matriarca Jovelina, grávida de um filho, deixa o nordeste para procurar o marido que trabalha na construção de Brasília, em 1959. Ao saber de sua morte no canteiro de obras do Congresso Nacional, e a conselho de uma médium local, Zulema Muricy, embarca em um ônibus com destino a São Paulo. Muda de vida e de identidade e, em dez anos, passa a controlar o tráfico na Brasilândia, com o codinome Vanda. Tem dois filhos que se envolvem numa relação incestuosa, Helienay e Jonas, herdeiro natural dos negócios da mãe. Convertido por Evangelista, Jonas entra para uma igreja local e se casa com uma crente, com quem tem um casal de filhos, Patrícia e Douglas. Em 1980, numa guerra familiar, Vanda é assassinada a mando do Dono dos Cães, um antigo policial interessado no controle da área, agora amante de Helienay. Jonas é preso e mantido em cativeiro pelo pastor do bairro, comparsa do ex-policial, que lhe revela o destino da mãe e a suposta morte dos filhos em um incêndio criminoso, parte da mesma ação de extermínio de sua família, planejada para evitar uma possível vingança. No entanto, Evangelista descobre o cativeiro e liberta Jonas. Sem saber que os filhos foram salvos e separados na adoção, ele parte para uma longa viagem pelo país e funda uma seita em um seringal nas proximidades de Brasileia. Em 1997, dezessete anos depois de ser adotado e criado no estrangeiro, Douglas volta à Brasilândia à procura da família. Orientado por Evangelista, parte em busca do pai na fronteira do Acre. Quarenta dias depois, sua irmã Patrícia foge de um reformatório e é forçada a cuidar de Helienay, agora drogada e decrépita, de quem ouve sua própria história. Ao saber da identidade de Patrícia, o Dono dos Cães, que tomara conhecimento das intenções de Douglas, decide matá-lo usando a irmã como instrumento. Convence a menina, que não o conhece, de que o Dono dos Cães foi para a fronteira com o propósito de matar seu pai. Patrícia não sabe que o suposto matador é, na verdade, seu irmão Douglas. O reencontro de Jonas com os filhos é o desfecho da trama.
5 Sarrazac trabalha o conceito, pela primeira vez, no texto "L'Auteur-rhapsode de l'avenir", publicado no livro *L'Avenir du drame*. Consultei a reedição de bolso da Circé, de 1999.

para chegar à construção de Brasília, em 1959, passando pelas décadas de 80 e 90, a peça acrescenta a essa temporalidade datada o tempo mítico. Nesse caso, os ecos do Jonas bíblico e seu rastro de maldições – "tudo em que eu toco morre" é um dos motivos recorrentes da personagem – lembram as tragédias familiares de Sófocles e Shakespeare, com suas obsessões de incesto, cegueira, inação e vingança. Motes arcaicos que não escondem a turbulência temática de hoje, presente nas guerras de tráfico, na pregação dos pastores evangélicos, na corrupção política e na miséria das periferias urbanas e nacionais. A narrativa espacial, que se organiza na travessia dos lugares, os *flash-backs* temporais, os espelhamentos temáticos recorrentes em palavras e personagens de dupla identidade como Jovelina/Vanda, Zulema Muricy/Tia Selma ou Douglas/ator, e especialmente Jonas, sem voz nem rosto, criam uma espécie de jornada expressionista no avesso, pois definem o perfil do protagonista a partir dos lugares por onde passa. Superposição do mito bíblico, de figuras beckettianas e de anti-heróis de hoje, Jonas funciona como uma espécie de personagem-camaleão, sem definição precisa, que muda de contorno à medida que contracena com os espaços, num mecanismo sucessivo de mutações radicalizado pelo ator Roberto Áudio, numa atuação próxima da performance. Talvez por isso BR-3 possa ser considerado um teatro de espaços, projetados de forma diferente na dramaturgia e na encenação, mas inseparáveis da experiência dos lugares por onde passaram os atores e os criadores do Teatro da Vertigem. E por onde passam as identidades migratórias de BR-3.

BR-3
 DRAMATURGIA: Bernardo Carvalho
 CONCEPÇÃO E DIREÇÃO GERAL: Antonio Araújo
 CENOGRAFIA: Márcio Medina
 ILUMINAÇÃO: Guilherme Bonfanti
 FIGURINOS: Marina Reis
 CRIAÇÃO E DIREÇÃO MUSICAL: Marcus Siqueira e Thiago Cury
 ELENCO: Bruna Lessa, Bruno Batista, Cácia Goulart, Daniela Carmona, Denise de Almeida, Ivan Kraut, Luciana Schwinden, Marília de Santis, Rodolfo Henrique, Roberto Audio, Sérgio Pardal, Sergio Siviero
 CRIAÇÃO: Teatro da Vertigem
 ESTREIA: 2006.

5. Poética da Cena Contemporânea

A proposta deste texto é esboçar uma cartografia do último espetáculo do Teatro da Vertigem, BR-3, com direção de Antonio Araújo e dramaturgia de Bernardo Carvalho, que se apresenta em um trecho do rio Tietê, em São Paulo.

A escolha do espetáculo se justifica por algumas razões. Em primeiro lugar, pela constatação de que a poética do Teatro da Vertigem é um campo de teatralidade fértil para uma abordagem da cena de hoje. Não apenas porque o grupo escolhe espaços não convencionais para a apresentação de seus trabalhos, mas especialmente porque desenvolve sua teatralidade com base na ocupação desses lugares, a partir de vetores de movimento e de corporeidade dos atores. Talvez por isso, nenhum trabalho do Teatro da Vertigem deixe de construir uma cena desviante, que se afasta dos procedimentos convencionais de criação para se valer de recursos da performance, do cinema, da arquitetura, além de obrigar-se à invenção de dramaturgias marcadas por um poderoso hibridismo de gêneros, projetado por absoluta necessidade dos espaços e da turbulência temática, associada a questões candentes da atualidade.

Além disso, BR-3 é um espetáculo que se conforma a partir de um inventário de espaços. O primeiro objetivo do projeto foi investigar possíveis identidades brasileiras, ou não identidades, com base na cartografia de três lugares do país: Brasilândia, bairro da periferia de São Paulo, Brasília, capital do país, e Brasileia, pequena cidade da fronteira do Acre com a Bolívia.

Precedida por seminários teóricos com especialistas de várias áreas, a pesquisa de campo nas três regiões desenvolveu-se por dois anos, e em várias frentes de ação. Na Vila Brasilândia, a aproximação aconteceu por meio de oficinas artísticas que envolveram criadores de várias áreas em um intenso processo de vivências no lugar. Em relação a Brasília e Brasileia, o procedimento de pesquisa foi uma viagem por terra, de quarenta dias e mais de quatro mil quilômetros, feita em julho de 2004, em que dezoito integrantes do grupo atravessaram o país para unir as três regiões investigadas.

No retorno a São Paulo, o dramaturgo Bernardo Carvalho propôs um roteiro em que a saga familiar de três gerações, representadas pela matriarca Jovelina, o filho Jonas e os netos Patrícia e Douglas, entrelaçavam os lugares inventariados em um percurso de situações, temporalidades e geografias. Trabalhado pelos atores e pelo diretor em *workshops* e improvisações, o texto final mantém essa estrutura. Parte da construção de Brasília, em 1959, passa pelas décadas de 80 e 90 em Brasilândia, chega a Brasileia na atualidade e retorna a Brasília para fechar um ciclo distendido temporal e espacialmente. Não por acaso, principia com uma mulher à procura do pai de seu filho em gestação. A busca do pai ausente se associa, desde o princípio da peça, à procura da identidade brasileira moderna, projetada na cidade de Lúcio Costa e Oscar Niemeyer. É significativo que a utopia maior de Lúcio Costa fosse um projeto urbanístico em que a destinação socializada dos espaços coletivos procurava minimizar as distinções de classe, talvez na crença de superar, com o projeto da ágora moderna, a desigualdade econômica e social do Brasil arcaico. A degradação desse princípio igualitário é indicada em várias cenas de BR-3, especialmente na sequência em que Jovelina consegue reaver a mala do marido, onde encontra uma carta de Juscelino convidando os brasileiros à construção do futuro. No texto, a ironia seca e contundente de Bernardo Carvalho superpõe a procura do pai vitimado à construção de um futuro que todos sabemos trágico, e que repercute na sequência final da peça, em que os filhos partem para Brasileia também em busca de um pai ausente, Jonas, engolido pelas entranhas do país. Neste caso, a prospecção da origem leva Patrícia e Douglas até onde "o Brasil acaba", na fronteira do Acre com a Bolívia. Mais uma vez, a resposta à busca de identidade é o lugar onde a identidade escapa: Brasileia é a cidade de fronteira, de indefinição, de exploração indiscriminada de florestas, índios e seringueiros, de religiões autóctones, de passagem entre culturas e nacionalidades. Quanto à Brasilândia, sede do núcleo familiar da trama, é a periferia paulistana das guerras de tráfico, das religiões evangélicas e dos policiais corruptos, vertentes contextuais que o texto mascara em personagens sem rosto, para indicar a ausência de qualquer traço definidor de identidades, individuais ou públicas.

Essa trama de lugares compõe uma dramaturgia expandida, que se espraia em ramificações como os afluentes de um rio, e talvez por isso tenha no espelhamento seu principal mecanismo construtivo. É como se a trama inicial se repetisse com outros protagonistas, em ciclos recorrentes de definição de uma herança maldita, construídos por meio de um teatro da memória, que se apropria de recursos tradicionais para deformá-los e desviá-los para novo curso. É o que acontece com o inventário e a citação dos mecanismos da tragédia, como os reconhecimentos e as peripécias do destino do herói cego, que destrói o outro quando procura salvá-lo – "tudo em que eu toco morre" é um dos motivos recorrentes da personagem Jonas –, presentes nas tragédias familiares de Sófocles e Shakespeare, com suas obsessões de incesto, cegueira, inação e vingança. Também em BR-3 a destruição e a culpa são um destino familiar inexorável. A diferença essencial é que Jonas é um herói desenraizado, que não pertence à cidade e não encontra alívio nas igrejas evangélicas da periferia paulistana, nas seitas esotéricas do Planalto Central ou nos cultos indígenas da ayahuasca revividos pelos seringueiros do norte. Enquanto na tragédia grega e em Shakespeare o substrato social dá cidadania ao protagonista e sentido ao seu destino, ao inseri-lo na discussão das leis privada e pública, no caso de BR-3 a separação irremediável da coisa pública é a grande falha trágica de um herói como Jonas.

À semelhança da tragédia, também em BR-3 há um complemento coral da saga familiar. Não por acaso, o coro é desempenhado por uma única figura, a Evangelista, que testemunha ou sonha os episódios, e conduz, no barco, o culto encenado para o público/congregação. Mas, desviando-se da função canônica do coro trágico ou do moderno coreuta épico, cabe à personagem a tarefa de confundir os tempos para melhor uni-los por analogia, e poder interferir, ligar e atuar na trama, reforçando ou desfazendo a moldura ficcional – "pensei que fosse um rio" é uma das falas dirigidas à avassaladora realidade do rio Tietê.

A partir dessas observações, pode-se perceber que o espetáculo apresenta duas coordenadas, associando o drama pessoal e suas ramificações a uma visada épica, que amplifica esse plano primeiro. Mas os dois eixos não são regidos com equilíbrio, e nenhum submete o outro, fazendo-o repercutir simbolicamente, como acontece em *Mãe Coragem e seus Filhos*, de Bertolt Brecht, por exemplo, como notou com agudeza Louis Althusser. Enquanto na peça de Brecht a realidade da guerra funciona como pano de fundo crítico destinado a denunciar a cegueira da comerciante, que vende os filhos para a guerra que a sustenta, em BR-3 os dois planos se entretecem e se mantêm, o tempo todo, em equilíbrio precário. Bernardo Carvalho não coloca a ênfase nos dramas pessoais de Jonas, ainda que o "mantenha sob o fogo cerrado das circunstâncias", nem denuncia a falência histórica, coletiva, "do corpo morto desse país, que sepultamos dia a dia"[1]. A estratégia formal do texto não ambiciona à totalização e seu movimento interno não busca a síntese nem a economia, mas, ao contrário, alimenta a proliferação de cenas, personagens e ações nos dois planos, projetando uma dramaturgia de ramificações distendidas. Sem dúvida é uma dramaturgia que responde ao espaço em que se abriga, pois a distensão é orgânica em relação ao rio e à encenação de Antonio Araújo.

---

1   Kil Abreu faz essas observações em texto inédito sobre o espetáculo, enviado a Antonio Araújo e à autora.

Na verdade, é essa encenação que garante a ambientação do espetáculo. No espaço aberto do rio e das marginais do Tietê, Antonio Araújo consegue enquadramentos cinematográficos, auxiliado pela edição de luz de Guilherme Bonfanti, e dirige os pontos de vista do espectador. As econômicas inserções cenográficas ou as "provocações imagéticas" organizadas com precisão na trajetória sob as pontes e viadutos, terminam com a "imagem poderosa do novo-riquismo que se instala com a desfaçatez histórica que todos conhecemos – o político no pedalinho em forma de cisne"[2]. Imagem de Brasília, que conduz o espetáculo ao princípio do percurso, em que Antonio Araújo apresenta a construção de Brasília junto às enormes barragens do "cebolão", anunciando, em *off*, intenções grandiosas que, nesse cenário, parecem sinistras, como a "incorporação do bucólico ao monumental", palavras de Lúcio Costa ao descrever o Plano Piloto de Brasília. Em sua viagem, Jonas atravessa as ruínas do Brasil das favelas, do narcotráfico, dos agronegócios, do culto dos evangélicos e do Vale do Amanhecer, dos índios depauperados e da Virgem de Copacabana, "sobre um terreno movente e pantanoso que o alegoriza e que, no entanto, é flagrantemente real, com seus despojos flutuantes"[3].

Nesse espaço movediço e instável o diretor cria uma espécie de heterotopia. Brasília associada ao monumental e aos viadutos, Brasilândia abrigada sob as pontes e Brasileia dispersa nas margens são espaços heterodoxos, forçados a conviver no mesmo leito-estrada, e absolutamente outros em relação às cidades reais a que se referem e de que falam. Filtrados pelo olhar coletivo e deformados por essa modalidade contemporânea de teatralidade, fragmentária e explodida, tornam-se lugares de "desvio", irreconhecíveis em sua identidade original. Mas, ao mesmo tempo, propostos ao espectador como uma forma inédita de reconhecimento. Como observa Antonio Araújo:

Eu acho que quando o espetáculo quer trazer o espectador para dentro do rio e quer fazer o espectador olhar para esse rio, é um pouco como olhar para o próprio cancro, olhar para a veia infla-

---

2 Crítica inédita de Luiz Fernando Ramos enviada ao Teatro da Vertigem.
3 Essas observações fazem arte de artigo de Guilherme Wisnick publicado na *Folha de S. Paulo* logo após a estreia da peça.

mada que é esse rio. Eu sinto que o Tietê é uma artéria inflamada dentro dessa cidade. Talvez como no *Livro de Jó*, é um pouco olhar a doença por dentro, é mergulhar na doença. E talvez com isso, provocar uma ressensibilização do espectador através dessa experiência. Mais do que ressignificar o rio como espaço teatral, para mim tem a importância de ressensibilização do rio para o espectador. Esse rio que é um rio-esgoto. É olhar para a merda, é ver uma merda que é também a nossa identidade[4].

---

4 Entrevista concedida à autora e parcialmente publicada no livro *Teatro da Vertigem*. BR-3.

6. Teatralidade e Textualidade

a relação entre cena e texto
em algumas experiências de teatro
brasileiro contemporâneo.

Para que serve o conceito de teatralidade? Esta é a questão que inicia um texto recente de Patrice Pavis, e antecede um esboço de teatralidades plurais, em que o ensaísta discrimina a ideia do especificamente teatral a partir de práticas cênicas concretas, em geral divergentes, apresentadas no Festival de Avignon de 1998. Com base em alguns espetáculos da mostra, Pavis projeta vetores múltiplos de teatralidade, parecendo reconciliar-se, ou até mesmo liberar-se do conceito que considerava, em seu dicionário, algo mítico, excessivamente genérico e idealista[1]. Na operação de leitura das teatralidades plurais de Avignon, mostra como é possível dissociar o termo de qualidades abstratas ou essências inerentes ao fenômeno teatral, para trabalhá-lo a partir do uso pragmático de certos procedimentos cênicos e, especialmente, da materialidade espacial, visual, textual e expressiva de escrituras espetaculares específicas.

---

1 Em seu *Dicionário de Teatro*, Pavis define teatralidade como "aquilo que, na representação ou no texto dramático, é especificamente teatral (ou cênico)", ressaltando, logo a seguir, que "o conceito tem algo de mítico, de excessivamente genérico, até mesmo de idealista e etnocentrista" (p. 372). Em estudo posterior, La Théâtralité en Avignon, publicado na edição revista e ampliada de *Voix et images de la scène*, p. 317-337, o ensaísta retoma o conceito para operar a leitura a que me refiro.

Segundo Pavis, para o espectador aberto às experiências da cena, a teatralidade pode ser, por exemplo, uma maneira de atenuar o real para torná-lo estético, ou erótico, ou uma terapia de choque destinada a conhecer esse real, e a compreender o político, ou ainda um embate potente de regimes ficcionais que parecem disputar a primazia de constituição do teatro, ou simplesmente, e por que não, o discurso linear de um narrador tencionado para o final do mito, mas que volta sempre ao princípio. Ou uma categoria que se apaga sob formas outras de performatividade, descobrindo campos extracênicos, culturais, antropológicos, éticos. Ou a capacidade de mudar de escala, de sugerir e fabricar o real com a voz, a palavra, o som e a imagem.

Procuro, neste texto, examinar três experiências cênicas à luz dessa noção migratória de teatralidade, que oscila na forma e na função à medida que percorre espaços teatrais diferenciados. Tomo como ponto de partida o ensaio canônico de Roland Barthes, para especular sobre sua validade contemporânea. Se Barthes vê na teatralidade o teatro menos o texto, essa "espessura de signos e sensações" que liga a uma espécie de "percepção ecumênica de artifícios sensuais, gestos, tons, distâncias, substâncias, luzes, que submerge o texto sob a plenitude de sua linguagem exterior", hoje parece arriscado dissociar teatralidade de textualidade, já que muitas vezes a criação conjunta de cena e texto supera a polarização entre as duas instâncias e contribui para a diluição de fronteiras rígidas, abrindo espaço a um vasto campo de práticas que subsidia e informa tanto a produção do texto literário quanto do texto cênico[2]. É o que se percebe, por exemplo, nos chamados processos colaborativos de produção de dramaturgias e encenações baseadas em pressupostos construtivos semelhantes, o que não significa, evidentemente, uma perda total de especificidades, mas sem dúvida explica, ao menos em parte, a inclinação desses textos para a incorporação de alguns paradigmas cênicos.

Talvez os trabalhos do Teatro da Vertigem, dirigidos por Antonio Araújo, constituam um campo de teatralidade fértil para se pensar a relação entre texto e cena no teatro brasileiro

2 R. Barthes, *Essais critiques*, p. 41-42.

contemporâneo. A divisão da autoria dos espetáculos entre atores, dramaturgo, diretor e demais artistas agregados, os longos processos criativos respaldados em pesquisa conjunta, a ausência de um treinamento específico que garanta a sintonia dos desempenhos, o recurso a procedimentos de composição individualizados, que podem tangenciar a autobiografia e funcionam, em geral, como filtros idiossincráticos da experiência comum, a troca de dramaturgo a cada novo processo, o convite a colaboradores externos, que se juntam ao núcleo original apenas para a realização de um projeto e, especialmente, a potência da escritura cênica de Araújo, vetor de unificação de linguagem mantido desde o primeiro espetáculo, *Paraíso Perdido*, de 1992, talvez sejam os principais fatores de definição da teatralidade híbrida do Vertigem. A carga simbólica e política dos espaços públicos escolhidos para as apresentações e o desempenho dos atores, que agride os espectadores com sua violenta exposição corporal, transformam os espetáculos em fluxos processuais de teatralidade que se assemelham a eventos de risco. A par disso, ainda que a definição da escritura cênica de Araújo aconteça a *posteriori*, e funcione como uma espécie de edição das contribuições individuais, é indisfarçável sua marca forte no transbordamento barroco da cena, excessiva na movimentação ascendente, em espiral, na composição distorcida das figuras/personagens, paradoxalmente infiltradas de realidade e alegoria, no resgate da expressividade integral dos corpos distendidos até o limite, e potencializados no movimento coletivo acelerado e convulso, uma espécie de coralidade cinética que arrasta o espectador e o envolve no desconforto de um corpo-a-corpo real[3]. Talvez a teatralidade do Vertigem se deva, em

---

3 Ainda que a coralidade não seja o tema deste texto, é interessante constatar a força dessa figura no teatro dos anos de 1990, incluindo algumas criações de grupos brasileiros, como é o caso do Vertigem. A reivindicação da coralidade aparece como uma das raízes do trabalho do grupo, especialmente quando se leva em conta o fundamento coral que o sustenta. Como observa Christophe Triau em texto recente, "Ser em conjunto, falar da comunidade, falar do heterogêneo tanto quanto do grupo, e da dialética permanente entre os dois, abrir a representação para o espectador", são os fundamentos dessa noção que tem o modelo do coro antigo como referência, na medida em que reivindica um funcionamento coral da produção cênica, que se manifesta mais como aspiração e tensão do que como realização efetiva. Ver a respeito o número 76-77 de *Alternatives théâtrales*, Choralités.

parte, à habilidade de compor essas trajetórias físicas e metafóricas, que desestabilizam o espectador.

Em *O Livro de Jó* a proliferação descentrada de potencialidades cênicas era submetida ao vetor unificador da técnica dramatúrgica de Luís Alberto de Abreu, autor teatral de extensa prática e teorias precisas sobre o que um texto de teatro pode ser. Ainda que o dramaturgo se pusesse a serviço do processo colaborativo, funcionando a partir dos *workshops* e das improvisações dos atores, conseguia uma evidente unidade em seu texto, jogando, inteligentemente, com as fraturas de discurso surgidas da diversidade dos materiais expressivos, para transformá-las em procedimentos de composição. Amparado no fio condutor do livro bíblico, Abreu definia seu princípio construtivo na alternância entre a narrativa e a dramatização, compondo situações na leve oscilação entre as falas épico-líricas e as propriamente dramáticas, dialogadas e armadas no confronto entre as personagens. A passagem, entretanto, era feita sem cortes, num movimento silencioso que levava o ator-Jó, por exemplo, a iniciar um episódio narrando sua fé para, sem rupturas, opor-se dialogicamente à mulher que lastimava a perda dos filhos. É interessante observar que, na construção textual, esse diálogo, paulatinamente, cedia espaço à nova narrativa, pela alternância de tempos verbais no passado, em terceira pessoa, e no presente, em primeira, como se as figuras se projetassem por meio de um distanciamento elaborado, observando-se de fora para, na sequência, agirem as paixões narradas, mas mudassem de estatuto sem alarde, organicamente, conferindo ao texto a estranheza adequada à dissonância da performance, sem lhe impor, no entanto, uma estrutura totalmente harmônica[4]. Essa oscilação, que segundo

---

4 É o que acontece na passagem em que a mulher de Jó, a Matriarca, lastima a morte dos filhos: "Jó – Então Jó se levantou, rasgou seu manto, raspou sua cabeça, caiu por terra, inclinou-se no chão e disse: 'Nu saí do ventre de minha mãe. E nu para lá voltarei. Deus me deu, Deus me tirou. Bendito seja o nome de Deus'.
Matriarca – A mulher de Jó, porém, amaldiçoou o reto/o torto desígnio de Deus, que ainda não era morto. E aconteceu que a mulher de Jó e mãe de seus filhos, que agora estavam mortos, enlouqueceu de dor e gritou: 'Deus, devolve meus filhos!'
Jó – Bendito seja o nome de Deus!
Matriarca – Maldito!

Jean-Pierre Sarrazac é rapsódica, pois se faz da montagem de elementos líricos, épicos e dramáticos, resultava numa narratividade que, apesar de ostensiva, não procedia por mecanismos de epicização do tipo brechtiano[5]. Quando narravam seus papéis, os atores/personagens não assumiam um olhar crítico nem tinham pretensão de expor objetivamente os fatos. Ao contrário, filtrado pelo subjetivo, o texto ganhava um violento efeito poético, que lhe dava a qualidade de um poema dramático. Esse princípio lírico forçava um desdobramento dos desempenhos, já que os atores funcionavam como narradores, testemunhas e intérpretes de sujeitos de intensa expressividade.

A multiplicidade de relações salientava a ordenação estrutural do texto, fruto da admissão de pressupostos cênicos incontornáveis, pois atores-criadores evidentemente não prescindiriam de solos expressivos e nenhuma progressão dramática seria mais forte que a caminhada teatral num hospital desativado, do saguão de entrada à sala de cirurgia, no último andar. Incorporando, portanto, as exigências dessa teatralidade específica, o dramaturgo compôs seu texto como uma espécie de drama de estações, pautado em quadros autônomos interligados pelo protagonista. Dessa forma, apresentava a jornada ficcional de Jó em busca de Deus e, ao mesmo tempo, seguia a regulação espacial planejada por Araújo no hospital Humberto I, organizando o enredo numa trajetória ascensional, tencionada para o final transcendente, que encerrava o sofrimento numa epifania bastante discutível, uma espécie de *deus ex machina* literal.

Em *Apocalipse 1, 11* a entrada do novo dramaturgo, Fernando Bonassi, altera as coordenadas de criação. A falta de especialização de Bonassi no trabalho de teatro, aliada à experiência anterior no jornalismo, no romance, no conto minimalista e nos roteiros de cinema, coloca para o grupo, já de

---

Jó – Não blasfemes!
Matriarca – 'Alguém terá de beber minha fúria! Não sou filha de sua espúria resignação!' Assim falou a mulher de Jó, e o eco maior de seu grito sacudiu a terra e os homens aflitos choraram". Luís Alberto de Abreu, O Livro de Jó, em Teatro da Vertigem. *Trilogia Bíblica*, São Paulo: Publifolha, 2002, p.123-124.

5 Em vários estudos, Jean-Pierre Sarrazac trabalha o conceito de rapsódia ou de autor-rapsodo, como em L'Oeuvre hybride, em *L'Avenir du drame*, p.36-43.

saída, um parceiro avesso a modelos rígidos de composição e indica um exercício de correspondências entre dramaturgia e roteiro, prosa e reportagem, ou entre produção teatral, literária e visual, que realmente se efetivou. A par disso, o interesse pelo texto de Bonassi revela a preocupação do grupo com o momento brasileiro de extrema exclusão social e com a crescente violência urbana, medida nos índices alarmantes de criminalidade e insegurança pública. No texto de *Apocalipse 1, 11*, Bonassi transpõe esse imaginário do medo e da violência em duplo registro. Por um lado, persiste o realismo bruto de algumas criações anteriores, em que parece importar mais o referente extrateatral que os processos de elaboração ficcional, e prevalece a relação imediata, quase selvagem, com o real, que às vezes aproxima o texto de um mero registro da experiência urbana, como acontecia na cena de um negro espezinhado pelo preconceito racial. Por outro lado, ao associar a situação social brasileira a um imaginário apocalíptico, especialmente o do livro bíblico de João, o dramaturgo opõe a esse hiper-realismo soluções textuais de caráter visual, espacial, gestual, cinético, com projeções de imagens que Anne Ubersfeld considera microcenários de palavras, e que diluem o impulso documental anterior[6]. Essa oscilação permitia que texto e espetáculo transitassem da personificação de ideias a um naturalismo feroz, e alternassem figuras alegóricas, como Talidomida do Brasil e o Anjo Poderoso, a cenas de uma brutalidade desconcertante, que à primeira vista pareciam mais um recurso de reprodução do real. No entanto, um observador atento percebia uma alteração de estatuto nessas breves intervenções de realidade. Pois a impressão que se tinha era de que os criadores procuravam anexar fragmentos desse real ao tecido teatral que se apresentava. Era visível, por exemplo, que os traumas da mobilização inicial para o espetáculo, como a queima do índio pataxó, em Brasília, e o massacre dos cento e onze detentos no presídio do Carandiru, em São Paulo, ganhavam analogias brutais, como a

---

6 Anne Ubersfeld usa o conceito de hypotyposis, que empresta de Quintiliano, via Henri Morier, para referir-se à construção de microcenários de palavras, que contam histórias ou projetam quadros, por meio dos quais o espectador cria imagens sem o auxílio de estímulos visuais. De acordo com Ubersfeld, uma das características essenciais dessa figura é a preservação de certa autonomia em relação à fábula e à ação. Ver a respeito *Lire le théâtre* III, p.137-140.

cena do corredor polonês, em que os espectadores, pressionados contra a parede, no escuro, eram roçados pelos corpos que os atores carregavam sob rajadas de metralhadora, ou a cena do ator crucificado, suspenso pelos pés de uma altura alarmante, ou a da atriz escancarando o sexo diante de espectadores perplexos, ou sofrendo agressões físicas reais, depois que um ator urina em seu corpo. A sofrida experiência do elenco e a exposição de sua intimidade em estados extremos, em que os corpos pareciam manifestar o estado de guerra urbano, funcionava como fragmento do horror da vida pública brasileira das últimas décadas. Era como se a violência dessa teatralidade espetacular, às vezes próxima do monstruoso, abrisse frestas para a infiltração de sintomas dessa realidade, o que definia o parentesco da experiência com alguns dos processos mais radicais da performance contemporânea, pelo enfrentamento dos limites de resistência física e emocional dos atores, pela resposta agressiva às questões políticas e sociais da atualidade brasileira e, especialmente, pela diluição do estatuto ficcional. Era evidente que nesses momentos de intensa fisicalidade e autoexposição, a representação entrava em colapso, interceptada pelos circuitos reais de energia desses vários sujeitos[7].

É inevitável especular sobre o possível apagamento da representação nessa situação de turbulência expressiva. Pois parece claro que um teatro de vivências e situações públicas não pretende apenas representar alguma coisa que não esteja ali. A impressão que se tem é de uma tentativa de escapar do território específico da reprodução da realidade para tentar a anexação dela, ou melhor, ensaiar sua *presentação*, se possível sem mediações. Nesse movimento, o que parece evidente é a dificuldade de dar forma estética a uma realidade traumática, a um estado público que está além das possibilidades de representação, e por isso entra em cena como resíduo, como presença intrusa na teatralidade, indicando algo que não pode ser totalmente recuperado pela simbolização.

---

7 A respeito das referidas práticas da performance, ver especialmente R. Cohen, *Performance como Linguagem*; e idem, *Work in Progress na Cena Contemporânea*. Também de Cohen, consultar o ensaio Rito, Tecnologia e Novas Mediações na Cena Contemporânea Brasileira, *Sala Preta*, n. 3, p.117-124, além de A. Bernstein, A Performance Solo e o Sujeito Autobiográfico, *Sala Preta*, n. 1, p. 91-103.

De certa forma, faz parte do mesmo processo a incorporação de não atores a algumas manifestações cênicas contemporâneas, como acontecia em *Ueinzz – Viagem a Babel*, criado por Renato Cohen e Sérgio Penna com pacientes do hospital psiquiátrico "A Casa", em 1997, talvez um dos exemplos mais contundentes de uma experiência que inclui corpos desviantes, pela doença, pela exclusão, pela transgressão da norma, para que interfiram na cena com sua presença extracênica, que se apresenta mais como sintoma que como símbolo. A experiência cênica desses corpos no limiar da loucura define uma das etapas de um percurso que Renato Cohen denomina "teatro do inconsciente" e encerra com *Gotham São Paulo*, de 2003, seu último trabalho. No resgate de alguns pressupostos do teatro da crueldade de Antonin Artaud, Cohen aproxima essa "cena da loucura" de inúmeras experiências limítrofes do teatro contemporâneo como, por exemplo, o trabalho de Bob Wilson com o autista Christopher Knowles, na tentativa de instaurar o que Grotóvski chama de pararrepresentação. É evidente que, nesse tipo de teatro, fica difícil discernir texto e cena, e o tênue roteiro ficcional que o encenador descreve como a viagem de uma trupe nômade no deserto, em busca de esclarecimento do enigma primordial, ganha em cena uma dimensão quase trágica. Os atuantes cruzam mitos inaugurais, como os do labirinto, da travessia e dos percursos do herói, a fragmentos de Hesíodo, Paulo Leminski e Ítalo Calvino, propostos pelo encenador, que se rearticulam e se potencializam em seus corpos. Segundo Cohen, coube a ele e Sérgio Pena, os diretores-dramaturgos, a tarefa hermenêutica de trabalhar essa intertextualidade, dando conjunto cênico aos fragmentos cifrados que iam se apresentando no processo, e se aliavam aos excertos literários e filosóficos, formando um complexo textual feito de lógicas paradoxais como a do "labirinto que anda"[8].

Para o espectador, o que emergia dessa teatralidade assustadora eram densidades, pesos, signos opacos da experiência humana mais abissal que, entretanto, paradoxalmente, às vezes vinham organizados por princípios de condensação e deslocamento, mecanismos específicos da elaboração onírica

8 R. Cohen, Rito, Tecnologia e Novas Mediações na Cena Contemporânea Brasileira, *Sala Preta*, n. 3, p. 117-124.

que Freud discrimina e define como princípios de operação da arte contemporânea. Por meio deles, uma partitura instável de palavras, espasmos e movimentos se construía entre os atores, o espaço e o espectador. Era visível a tentativa dos encenadores de organizá-la em esquetes fixos, acompanhados por música ao vivo, mas os atores sempre preferiam a deriva. Interrompiam suas performances para assistir à cena dos outros, ou para encarar o público, e retomavam, mais tarde, as sequências inacabadas, improvisando monólogos em vozes inaudíveis, ou glossolalias estranhamente amplificadas pela eletrônica montada no espetáculo. O que Renato Cohen considerava uma "estridente partitura de erros", de achados e de reinvenções, ia constituindo, diante do público, uma espécie de ritual laico, plasmado numa temporalidade incomum, uma espécie de disritmia feita de pausas entre os monólogos e os movimentos, que colocava o espectador em estado de produção. A verdade é que a relação entre o texto e sua presentação ficava profundamente alterada por esses novos sujeitos da cena, que criavam uma espécie de suspensão da teatralidade, sustentando-se no acontecimento e não na representação. Talvez acontecesse, nessa experiência, o que Jean-François Lyotard chama de "teatro energético", para referir-se a um teatro que não procura a significação, mas as forças, as intensidades e as pulsões da presença. Uma proposta que, de certa forma, já se delineia na poética artaudiana, como uma teatralidade de gestos, figurações e encadeamentos, que procura evitar os signos de ilustração, indicação ou simbolização, na tentativa de projetar-se como corrente de energia que atua como sinalização de limiar[9].

A encenação de Enrique Diaz de *A Paixão Segundo GH*, interpretada por Mariana Lima em 2003, talvez esteja no outro extremo dessa linhagem de teatralidades do real. É um espetáculo que configura exemplarmente o que o ensaísta Hans-

---

9 É o que Antonin Artaud sugere, por exemplo, no final de "O Teatro e a Cultura", quando compara os atores a supliciados que fazem sinais a seus carrascos de dentro da fogueira. Evidentemente, o conceito de presença não é tão simples, e requereria tratamento específico. Basta lembrar, por exemplo, os argumentos de Jacques Derrida em "O Teatro da Crueldade e o Fechamento da Representação" ou mesmo em "A Palavra Soprada", ambos publicados no Brasil pela Perspectiva, em *A Escritura e a Diferença*. O ensaio de Jean-François Lyotard, Le Dent, la paume, foi publicado em *Des Dispositifs pulsionnels*.

-Thies Lehmann chama de teatro pós-dramático, referindo-se, entre outras coisas, à autonomia radical da linguagem cênica contemporânea, que usa o texto apenas como material de composição[10]. Não por acaso, o trabalho de Diaz foi criado a partir do romance de Clarice Lispector, adaptado por Fauzi Arap, o que indica a tendência dessa cena de apropriar-se de textos não dramáticos, para usá-los mais como matéria cênica que como matriz de atualização de tramas e personagens. No romance, Clarice esboça a via de ascese de uma mulher, em um percurso de conhecimento e superação da individualidade, que a conduz a uma espécie de união sensorial com uma identidade mais profunda, talvez cósmica. A quase fusão com a barata "tão velha quanto um peixe fossilizado", uma das passagens mais fortes do texto, revela um procedimento usual na obra da escritora, que é o de focalizar, em plano geral, os seres mais prosaicos, para aos poucos descobrir e ampliar a fresta que incita à passagem do campo da experiência ao da reflexão, e da transcendência. Evidentemente, a potência metafórica de um texto dessa natureza desaconselha todo tipo de concretização literal. Talvez por isso os criadores tenham optado pela construção de uma linguagem paralela, soma de incisões de luz, cenografia, figurinos e imagens projetadas, que tangenciavam, em alguns pontos, o romance, mas em geral permaneciam como escritura de segundo grau, que se justapunha a ele e o interceptava em alguns momentos. A performance de Mariana Lima talvez fosse a maior responsável por essa teatralidade quase autônoma. Amparada na técnica dos *viewpoints* da encenadora americana Anne Bogart, e no método do diretor Tadashi Suzuki, a atriz criava um corpo cênico que funcionava a partir de vários pontos de vista espaciais e construía relações elaboradas com os elementos à sua volta, sempre adensando o centro de gravidade. Seu corpo, sua voz, seus movimentos, produziam uma dramaturgia que se justapunha às palavras, gerando um novo fluxo de imagens de GH a partir de contextos cênicos e performáticos que, na maior parte do tempo, não funcionavam como ilustração da narrativa, ainda que a presença da atriz e seu estado emocional

---

10 Le Theatre postdramatique, p. 104.

evidentemente se relacionassem com o universo ficcional do romance. Se em alguns momentos a proliferação gestual incomodava, seja pelas tentativas malsucedidas de ilustrar o texto, seja por ocultar, sob a exuberância da partitura corporal, a fluidez de algumas metáforas, em geral constituía uma tessitura poética e sensorial amplificada pelas superfícies de linguagem superpostas, antinômicas. Sem nunca interpretar integralmente a personagem, agindo como uma espécie de suporte do texto, a atriz recriava as palavras com um ritmo e uma respiração particulares e, a partir deles, construía uma fala de síncopes, intervalos e silêncios estratégicos, justaposta à partitura física altamente elaborada que desenvolvia no espaço. No início, uma sala atulhada de roupas, e na sequência, o "quadrilátero de branca luz" referido no romance, que em cena servia como tela de projeção de imagens. Por exemplo, na cena em que o fundo de um armário revelava imagens da atriz se debatendo, caindo, pairando, até se dissolver no fogo. Ou, em outro vídeo, quando a disjunção corporal se acentuava, e a tela mostrava apenas os olhos de Mariana, em meio a fios suspensos e frestas que se superpunham a objetos, luzes e sons gravados. Essa proliferação de enunciadores se acentuava com a abertura de espaços contíguos à cena, pela utilização, entre outros recursos, de câmeras de segurança, que captavam imagens da atriz em um cômodo ao lado, ou de microfones colocados fora de cena, que abriam o espaço a outras dimensões.

Além de ampliar o contexto e o espaço cênico, a introdução das gravações sonoras e da imagem em movimento definiam o "impulso cinematográfico da escritura cênica" bastante comum no teatro contemporâneo, a que Béatrice Picon-Vallin se refere em ensaio recente. Associado à ação física da atriz, esse impulso era responsável pela criação de uma teatralidade complexa ao extremo, regida por uma lógica de atomização e fragmentação que resultava não apenas da ampliação dos suportes técnicos, mas da mistura de diferentes qualidades de imagem e de presença cênica, responsável pelas "visões de desequilíbrio" que levavam à constante relativização do que se passava no palco[11].

---

11 La Mise en scène: vision et images, em B. Picon-Vallin (org), *La Scène et les images*, p. 24.

7. Teatralidades Contemporâneas

O conceito de teatralidade tem se revelado um instrumento eficaz de operação teórica do teatro contemporâneo, especialmente por levar em conta a proliferação de discursos de caráter eminentemente cênico que manejam, em sua produção, e em diferentes graus, múltiplos enunciadores do discurso teatral. A proposta deste texto é examinar alguns conceitos de teatralidade que se apresentam nos estudos teatrais, especialmente das últimas décadas, em ensaios de teóricos do teatro e da performance. A abordagem precede a análise do trabalho do Teatro da Vertigem, visto pelo ângulo das teatralidades híbridas da cena contemporânea.

TEATRALIDADE E TEXTO CÊNICO

O questionamento do conceito de teatralidade e sua pertinência para a análise da cena de hoje são os motes iniciais de um texto de Patrice Pavis publicado há nove anos, "La Théâtralité en Avignon"[1]. Nele o ensaísta discute se é necessário o uso

---

1 Em *Voix et images de la scène*, p. 317-337.

do termo nos estudos teatrais diante de sua proximidade com a noção de encenação. Não faria sentido debruçar-se sobre concepções de teatralidade quando a teoria da encenação já descreve, há cem anos, o funcionamento dos signos cênicos enquanto objeto empírico, além de contemplar a constituição do sistema de sentido pelo espectador, o que marca a passagem da representação para a encenação. De acordo com Pavis, o sentido não é algo instituído apenas no processo criativo, mas uma prática significante construída a partir do esforço conjunto de produtores e espectadores, representação e recepção[2].

Mas o que importa a esta argumentação é refletir sobre a suposta sinonímia entre encenação e teatralidade, já que ambas contemplariam a utilização pragmática de todos os instrumentos cênicos e dos diversos componentes da representação. Com a desvantagem de esta última revestir-se de um traço idealista, remetendo, inapelavelmente, à velha questão da especificidade do teatro puro. Olhada por esse ângulo, estaria condenada a permanecer "não apenas abstrata e metafísica, mas inoperante"[3].

As ressalvas de Pavis ao conceito não são recentes. Remontam a seu dicionário de teatro, em que define a teatralidade como "aquilo que, na representação ou no texto dramático, é especificamente teatral (ou cênico)", enfatizando, logo a seguir, que "o conceito tem algo de mítico, de excessivamente genérico, até mesmo de idealista e etnocentrista"[4].

É interessante constatar como as reservas não impedem o estudioso de enfrentar o tema, talvez por levar em conta o acirramento das discussões da teoria teatral em torno da noção

2   Patrice Pavis já definira a representação como tudo aquilo que é visível e audível em cena, mas ainda não foi recebido e decodificado pelo espectador. Enquanto objeto empírico, abrange tanto o conjunto de materiais cênicos quanto a atividade do encenador e de sua equipe dentro do espetáculo. Já a encenação é o sistema de relações que a produção e a recepção mantém com os materiais cênicos, constituídos enquanto sistemas significantes. Ao contrário da representação, é um objeto de conhecimento, um sistema estrutural que só existe uma vez recebido e reconstituído pelo espectador, cuja leitura, evidentemente, toma por base os sistemas significantes produzidos em cena pelos criadores. Ver Do Texto para o Palco: Um Parto Difícil, *O Teatro no Cruzamento de Culturas*, p. 22-23.
3   *Voix et images de la scène*, p. 318.
4   *Dicionário de Teatro*, p. 372.

de teatralidade, especialmente nas últimas décadas do século XX. Ele não se furta à polêmica, mas recusa definições unívocas e projeta um esboço de teatralidades plurais, discriminando a ideia do especificamente teatral a partir de práticas cênicas concretas, em geral divergentes, apresentadas no Festival de Avignon de 1998. Na instigante operação de leitura dos espetáculos da mostra, prova que é possível dissociar o termo de qualidades abstratas ou essências inerentes ao fenômeno teatral para trabalhá-lo com base no uso pragmático de certos procedimentos cênicos e, em particular, da materialidade espacial, visual, textual e expressiva de escrituras espetaculares peculiares.

Nesse sentido, e na defesa da não pertinência de uma definição normativa de teatralidade, ele passa a discernir teatralidades plurais, que se ligam a determinados contextos e se fundamentam em trabalhos cênicos específicos. Sustenta que para um espectador aberto às experiências da cena contemporânea a teatralidade pode ser, por exemplo, uma maneira de atenuar o real para torná-lo estético e erótico; ou um modo de sublinhar esse real em seu traçado obsessivo e repetitivo, que se aplica como terapia de choque para reconhecer o real e compreender o político; ou um embate de regimes ficcionais distintos, mas igualmente potentes, que impede a cena de estabelecer uma enunciação estável, construída a partir de um único ponto de vista, e abre múltiplos focos de olhar em disputa pela primazia de observação do mundo. A teatralidade pode ser também o discurso linear de um narrador tencionado para o final do mito, ou o canteiro de obras de um *work in progress* teatral, ou uma categoria que se apaga sob formas outras de performatividade, revelando campos extracênicos, culturais, antropológicos e éticos.

Como se vê, de acordo com a abordagem do ensaísta, a teatralidade é um termo polissêmico, que depende da leitura de determinados espetáculos para se constituir e tem, de fato, íntima proximidade com o conceito de encenação. Seguindo essa linha argumentativa, pode-se especular em que medida a teatralidade se aproxima da noção de texto cênico ou espetacular, amplamente explorada pela semiologia teatral das décadas de 1970 e 80, de que o ensaísta foi um dos maiores expoentes. Para Pavis, o texto cênico é fruto da composição de vários códigos que o encenador mobiliza na estruturação de uma gigantesca partitura, em que espaço, ator, texto verbal, música e demais matérias teatrais traçam figuras, ritmos, organizações formais, cadeias de motivos e atitudes, quadros estáticos e em movimento, mutações de situação e de ritmo, na organização de um discurso teatral de múltiplos enunciadores. Parece evidente que esse discurso constrói aquilo que é especificamente cênico, ou seja, a teatralidade.

A despeito da pluralidade semântica que abre a partir dos espetáculos de Avignon, Patrice Pavis não se furta a constituir dois principais vetores de leitura dos espetáculos da mostra. Em primeiro lugar, define a vertente da teatralidade denegada, que em geral funciona a partir da figuração naturalista e dos "efeitos de real", da interpretação psicológica de vivência e autenticidade das emoções, da clareza e da linearidade fabulares, amparadas na construção verossímil da ação, das personagens e dos diálogos. No polo oposto coloca a teatralidade da convenção consciente, em geral sublinhada na atuação abstrata, na exibição dos modos de escrita teatral, no desvelar dos procedimentos criativos e no espaço cênico reinventado.

TEATRALIDADE E ANTITEATRALIDADE

A distinção entre teatralidade denegada e consciente remete o leitor, por outra via, às correntes tradicionais de oposição e defesa da teatralidade, em disputa declarada no teatro moderno, especialmente por meio das tendências representadas por Stéphane Mallarmé e Richard Wagner, não por acaso artistas ligados ao simbolismo[5]. Talvez por isso Martin Puchner tenha escolhido ambos como balizas de demarcação de diversas questões teóricas ligadas ao problema, que analisa exemplarmente em seu já clássico *Stage Fright,* a partir da vertente que considera

---

5 O movimento simbolista tem sido reavaliado por vários teóricos, que passaram a considerá-lo a primeira vanguarda. Ver a respeito o excelente estudo de F. Deak, *Symbolist Theater*.

antiteatralista[6]. O argumento avançado por Puchner, defendido anteriormente por estudiosos como Jonas Barish e Evlyn Gould, começa por indicar a gênese platônica do antiteatralismo. A partir dos diálogos da *República*, projeta a extensa linhagem dos opositores à "arte do engano", demonstrando que a suspeita contra a representação é tão antiga quanto a defesa da ação teatral concreta, que opõe as concepções de Platão e Aristóteles já na nomeação do ator – *hýpokrites* e *prattontes*. Mas para Puchner, o antagonismo só adquire foros de luta estética a partir do modernismo, quando um assalto avassalador desestabiliza o fundamento dominante da enunciação teatral – a representação da realidade sustentada pela coerência da personagem e da ficção dramática.

No entanto, o ensaísta sublinha que, no contexto de quebra de paradigmas que definiu o teatro moderno, a dinâmica antiteatral funcionou a partir de um processo de resistência acionado no interior do próprio teatro – e não fora dele –, e foi responsável pela definição de mudanças substantivas no texto dramático, na concepção das personagens e no trabalho do ator[7].

Nesse sentido, pode-se especular se o antiteatralismo não foi, mais que uma oposição, uma força produtiva de criação de experiências radicais de outro tipo de teatralidade. Vista desse ponto de vista, a antiteatralidade de criadores como Stéphane Mallarmé, Gertrude Stein e mesmo Bertolt Brecht, que Puchner alinha à tendência, pode ser vista como um modo inventivo de oposição ao paradigma teatral em vigor. Considerados antiteatralistas, esses artistas entraram em conflito com os princípios vigentes no teatro de sua época, confrontando-se, entre outras coisas, com a atualização cênica do drama pela metamorfose do ator em personagem.

A esse respeito, vale lembrar que Maurice Maeterlinck, por exemplo, dirige suas críticas mais ácidas ao trabalho do ator individual e humano, que considera, nessa etapa da cena

---

6 O livro de Puchner foi publicado em 2002 pela Johns Hopkins University Press. O professor da Universidade de Columbia retorna ao tema na coletânea *Against Theatre*, que edita com Alan Ackerman, em que reúne ensaístas como Arnold Aronson, Elinor Fuchs e Herbert Blau.

7 Para os objetivos deste texto, não interessa discutir uma das expressões mais marcantes do pensamento teórico antiteatralista, representada pelo crítico de artes plásticas Michael Fried, especialmente no livro *Absorption and Theatricality*.

moderna, um dos maiores responsáveis pela impossibilidade de atualização efetiva da poesia dramática. Por paradoxal que possa parecer, a sintonia de princípios em relação ao ator é o vínculo de união entre Maeterlinck e Edward Gordon Craig, artistas tradicionalmente considerados antípodas em suas posições teatrais que, no entanto, se aproximam na recusa da personificação do ator e na defesa de um teatro abstrato de androides e super-marionetes. Seja por considerarem os atores incapazes de encarnar obras-primas da dramaturgia, como é o caso de Maeterlink, seja por acreditarem que seres humanos são instrumentos pouco eficazes na definição de uma linguagem cênica rigorosa, tramada por espaço, luz e movimento, como é o caso de Craig, é inegável que a encarnação da personagem pelo ator foi um dos principais alvos de ataque dos antiteatralistas que, olhados por esse ângulo, podem ser considerados precursores de uma nova teatralidade, não mais baseada na interpretação de um texto dramático por atores, mas na mobilização de recursos de espaço, luz e movimento, ou da palavra concreta e poética, para a constituição da teatralidade[8].

Levando-se em conta essas colocações, é perfeitamente compreensível que Hans-Thies Lehmann considere alguns artistas mencionados como os precursores das manifestações plurais que caracterizam o teatro que vai dos anos 70 aos 90 do século XX, e que chama de pós-dramático. Naquilo que define como pré-história da tendência, dá atenção especial a Antonin Artaud e o teatro da crueldade, a Gertrude Stein e as peças-paisagem e ao teatro simbolista do final do século XIX, que a seu ver representa uma etapa decisiva na via de oposição à dinâmica linear e progressiva do drama, graças ao caráter estático de sua dramaturgia, com tendência ao monólogo poético. Segundo o autor, o teatro estático de Maurice Maeterlinck é a primeira dramaturgia antiaristotélica da modernidade europeia, cujo esquema não é mais a ação, mas a situação[9].

8 Ver a respeito o ensaio de Maurice Maeterlinck, Menu propos: um théâtre d'androïdes, *Introduction à une psychologie des songes(1886-1896)*. Gordon Craig tem vários estudos sobre a über-marionette, sendo o principal deles «The Actor and the Über-marionette», publicado em seu livro *On the Art of the Theatre*, p. 54-94.
9 *Postdramatisches Theater*, de Hans-Thies Lehmann, foi publicado pela Verlag em Francfort-sur-le-Main, 1999, e no Brasil pela editora Cosac Naify em 2007, com tradução de Pedro Süssekind.

Como se vê, Lehmann compartilha com Puchner o reconhecimento dos processos literários e cênicos multifacetados que forçam os limites do que se considera especificamente teatral, para avançar as fronteiras de criação da teatralidade até constituir, no final do século XX, a pluralidade fragmentária da cena contemporânea. Especialmente essas espécies estranhadas de teatro total que, ao contrário da *gesamtkustwerk* wagneriana, rejeitam a totalização, e cujo traço mais evidente talvez seja a frequência com que se situam em territórios híbridos de artes plásticas, música, dança, cinema, vídeo, performance e novas mídias, e a opção por processos criativos descentrados, avessos à ascendência do drama para a constituição de sua teatralidade e seu sentido.

É importante observar como esse tipo de análise ganha atualidade não apenas nas reflexões de Lehmann, mas também nas pesquisas de outros estudiosos, como Béatrice Picon-Vallin, que analisa fenômenos relativamente recentes que pressionam o teatro para além de seu território tradicional de manifestação. Uma das mais conceituadas estudiosas do teatro de V. Meierhold, Picon-Vallin tem se interessado pela pesquisa de formas teatrais contemporâneas, como é o caso das experiências de Romeo Castelucci com a Societas Raffaello Sanzio, de Robert Lepage com o Ex-Machina e do Théâtre du Radeau, para ficar nos casos exemplares[10].

A aproximação entre tendências artísticas do princípio e do final do século XX, apontada pela estudiosa, é compreensível quando se leva em conta a mutação de paradigma teatral que a ascensão do encenador representou, e que resultou no deslocamento do ator e do dramaturgo, movendo-os do núcleo central de constituição do teatro. Portanto, não é gratuito que a defesa da teatralidade se dê na forte tradição dos encenadores das primeiras décadas do século passado, a que Meierhold pertenceu. A celebração sem precedentes da teatralidade, que ficou conhecida como reteatralização do teatro, sem dúvida é caudatária da emergência desse poderoso criador

---

10 Béatrice Picon-Vallin organizou duas coletâneas sobre o tema. A primeira foi publicada pela editora L'Age d'Homme em 1998 com o título *Les Écrans sur la scène*. A segunda, *La Scène et les images*, foi editada pelo CNRS em 2001, na coleção Les Voies de la création théâtrale.

que reúne as funções de compositor, poeta, diretor, cenógrafo e teórico da "obra de arte total". Vsevolod Meierhold, Edward Gordon Craig, Adolphe Appia e Nicolai Evreinov são exemplos do esforço de composição de uma arte cênica relativamente independente do texto dramático, tornando-se os principais modelos da teatralidade centrada no moderno diretor teatral.

TEATRALIDADE E LITERALIDADE

Não é a primeira vez que se define a revolução teatral do princípio do século XX colocando-se o acento sobre a emergência do encenador e o fim da tutela absoluta do dramático sobre o teatral. É o que faz Bernard Dort no ensaio "A Representação Emancipada", em que considera os encenadores como os responsáveis pela criação de um texto cênico que suplanta o dramático e faz deles os verdadeiros autores do teatro das últimas décadas. Partindo de Wagner e Craig para chegar a Robert Wilson, Dort propõe uma síntese esclarecedora da trajetória de independência paulatina da cena em relação ao drama, que leva à emancipação progressiva dos elementos da representação e à renúncia à unidade orgânica da obra teatral. A nova concepção de representação, especialmente dominante no teatro dos anos 70 e 80 do século passado, não postula a união das artes visando a um efeito comum, como na *gesamtkustwerk* wagneriana, mas defende a relativa independência das várias fontes de enunciação do teatro, que se deslocam e se confrontam. O ensaísta qualifica essa concepção de agonística, pois supõe um combate pelo sentido de que o espectador é juiz. A partir dessa constatação, conclui que, nesse caso, a teatralidade não é apenas a "espessura de signos e sensações" de que falava Barthes, essa espécie de "percepção ecumênica de artifícios sensuais, gestos, tons, distâncias, substâncias, luzes, que submerge o texto sob a plenitude de sua linguagem exterior"[11]. Na verdade, ela é a impossível conjugação desses signos diante do olhar do espectador. Na emancipação progressiva de seus elementos, a teatralidade deixa de ser uma unidade orgânica prescrita *a*

11   Le Théâtre de Baudelaire, *Écrits sur le théâtre*, p. 123.

priori para tornar-se uma polifonia significante, aberta sobre o espectador não para figurar um texto ou organizar um espetáculo, mas para ser uma crítica em ato da significação. Enquanto construção, "a teatralidade é interrogação do sentido"[12].

Jean-Pierre Sarrazac continua as reflexões de Bernard Dort quando observa que a construção compartilhada do sentido convida os espectadores a se interessarem não apenas pelo que acontece na narrativa cênica, mas pela ocorrência do próprio teatro no seio da representação. O teatro de Brecht seria um dos marcos dessa transformação, por incorporar o espectador à criação do simulacro cênico e ao seu processo produtivo, definindo uma mudança decisiva no regime do espetáculo. A partir dessa virada, o que se põe em ação é um mecanismo de revelação da teatralidade pelo esvaziamento do próprio teatro, semelhante ao que Roland Barthes detecta no bunraku, uma forma teatral em que "as fontes do teatro são expostas em seu vazio" e o que se coloca em seu lugar é a ação necessária à produção do espetáculo[13].

É uma concepção próxima à do filósofo Denis Guénoun, para quem o teatro contemporâneo acentua esse gesto de mostrar e costuma oferecer ao espectador a "sobriedade lúdica e operatória" do jogo, e não o efeito de ilusão da representação. Observa que, atualmente, ver um espetáculo é ter contato com a teatralidade em sua operação própria de materialização do visível, "de exibição enquanto exibição, autônoma e singular em relação às entidades imaginárias cuja existência, até então reservada, ela materializa. Operação que é um modo do que se tenta definir como jogo"[14]. Ou, dito de outra forma, é o movimento de passagem para o jogo, o gesto de mostrar a coisa em si, em sua fenomenalidade, pois "o aparecer-aí da coisa é a sua teatralidade"[15].

Nesse processo, o que passa a determinar o trabalho de construção da cena é o princípio de literalidade, responsável por colocar em jogo, ou em confronto, a materialidade dos elementos que constituem a realidade específica do teatro. Ao pôr

---

12 B. Dort, *La Réprésentation émancipée*, p. 171-173.
13 *O Império dos Signos*, p. 67-81.
14 D. Guénoun, *A Exibição das Palavras*, p. 140.
15 Idem, p. 68.

em cena um objeto literal, que não tem por função dramatúrgica e cênica simbolizar, mas simplesmente estar presente e produzir situações de linguagem, teatros da literalidade como os de Tadeusz Kantor, Bob Wilson, Romeo Castelucci, Jan Lauwers, Gilles Maheu e Heiner Goebbels, por exemplo, acionam um gigantesco efeito de estranhamento, posto a serviço da intensificação e da manifestação extremada da matéria teatral.

Segundo Guénoun, no caso de Kantor e Wilson a teatralidade parece confrontar-se com uma suposta essência do teatro, e pode ser vista até mesmo como um movimento de saída da linguagem teatral para fora de si mesma, ou de sua especificidade[16]. Sem dúvida, é bastante evidente que o teatro das últimas décadas foi mobilizado pelo desejo de colocar à prova seus limites, tencionando até o ponto de ruptura as fontes tradicionais de sua produção. As formalizações transgressoras dos experimentos cênicos de Tadeusz Kantor, Klaus Michael Grüber, Robert Wilson, Richard Foreman, Wooster Group, Frank Castorf, Théâtre du Radeau e Robert Lepage são apenas alguns exemplos entre os inúmeros dessa vertente que, no teatro brasileiro, inclui José Celso Martinez Corrêa, Gerald Thomas, Luiz Roberto Galízia, Renato Cohen, Márcio Aurélio, Denise Stoklos, Felipe Hirsh, Michel Melamed, a Companhia dos Atores e o Teatro da Vertigem, entre outros. O que se constata é que todos põem em ação uma teatralidade em que o sensível torna-se significante e é "a pura presença teatral o que me dá a ver um objeto, um corpo, um mundo em sua hipersensibilidade fragmentária"[17].

TEATRALIDADE E PERFORMATIVIDADE

Sem dúvida Josette Féral é uma das maiores estudiosas da questão da teatralidade. Em ensaio publicado pela primeira vez em 1988, "Theatricality: On the Specificity of Theatrical Language", a ensaísta recusa-se a definir a teatralidade como uma qualidade no sentido kantiano, pertinente exclusivamente à arte do teatro e pré-existente ao objeto em que se investe. Ao

---

16 *Actions et acteurs*, p. 55-56.
17 J. P. Sarrazac, *Critique du théâtre*, p. 62.

contrário, defende a ideia de que ela é consequência de um processo dinâmico de teatralização produzido pelo olhar que postula a criação de outros espaços e outros sujeitos. Esse processo construtivo resulta de um ato consciente que pode partir tanto do *performer* no sentido amplo do termo – ator, encenador, cenógrafo, iluminador – quanto do espectador. Portanto, a ensaísta sustenta que a teatralidade tanto pode nascer do sujeito que projeta um outro espaço a partir de seu olhar, quanto dos criadores desse lugar alterno, que requerem um olhar que o reconheça. Mas é mais comum que a teatralidade nasça das operações reunidas de criação e recepção. De qualquer forma, ela é fruto de uma disjunção espacial instaurada por uma operação cognitiva ou um ato performativo daquele que olha (o espectador) e daquele que faz (o ator). Tanto *ópsis* quanto *práxis* é um vir a ser que resulta dessa dupla polaridade.

Em ensaio anterior, "Performance et theatralité, le sujet desmistifié", Féral opunha o conceito de teatralidade ao de performatividade[18]. Publicado em 1985, o texto apresentava uma de suas primeiras reflexões sobre o tema e definia a performance como uma força dinâmica cujo principal objetivo é desfazer as competências do teatro, que tende a inscrever o palco numa semiologia específica e normativa. Caracterizando-se por estrutura narrativa e representacional, o teatro maneja códigos com a finalidade de realizar determinada inscrição simbólica do assunto, ao contrário da performance, que expressa fluxos de desejo e tem por função desconstruir o que o primeiro formatou.

Ainda que oponha os dois conceitos, percebe-se que uma das principais intenções da ensaísta é definir a teatralidade como o resultado de um jogo de forças entre as duas realidades em ação: as estruturas simbólicas específicas do teatro e os fluxos energéticos – gestuais, vocais, libidinais – que se atualizam

---

18 O texto de Josette Féral foi publicado em francês, no livro *Théâtralité, écriture et mise em scène*, editado pela autora. Doze anos mais tarde, em 1997, Timothy Murray inclui o ensaio na importante coletânea *Mimesis, Masochism and Mime*, em que reúne ensaios dos principais fillósofos pós-estruturalistas tratando de questões relativas ao conceito, como Gilles Deleuze, Jacques Derrida, Jean-François Lyotard, Michel Foucault e Julia Kristeva. Nesta coletânea o ensaio saiu com o nome de "Performance and Theatricality: the Subject Demystified".

na performance e geram processos instáveis de manifestação cênica. Por recusar a adoção de códigos rígidos, como a definição precisa de personagens e a interpretação de textos, a performance apresenta ao espectador sujeitos desejantes, que em geral se expressam em movimentos autobiográficos – o sempre citado *self as context* de Richard Schechner – e tentam, a qualquer custo, escapar à representação e à organização simbólica que domina o fenômeno teatral, lutando por definir suas condições de expressão a partir de redes de impulso.

Outro princípio de distinção entre teatro e performance é o fato de esta última constituir-se enquanto evento supostamente não repetível, que se apresenta no aqui/agora de um espaço indissoluvelmente ligado à proposta de criação. Em certo sentido, nessa acepção a performatividade aproxima-se do conceito de teatro energético de Jean-François Lyotard, um teatro de intensidades, forças e pulsões de presença, que tenta esquivar-se à lógica da representação. Performatividade que já se delineia na poética artaudiana, como produção de gestos, figurações e encadeamentos, que procura evitar os signos de ilustração, indicação ou simbolização, na tentativa de projetar-se como corrente de energia e presença real, que atua como sinalização de limiar[19].

Em texto mais recente, elaborado para a apresentação de uma coletânea dedicada à questão da teatralidade, Féral atenua a oposição estabelecida nesse ensaio inicial, sustentando que a performatividade é um dos elementos da teatralidade e todo espetáculo é uma relação recíproca entre ambos. A ensaísta sublinha que enquanto a performatividade é responsável por aquilo que torna uma performance única a cada apresentação, a teatralidade é o que a faz reconhecível e significativa dentro de um quadro de referências e códigos. Não apenas o teatro,

---

19 Antonin Artaud sugere esse tipo de operação em toda sua obra, mas um bom exemplo é o final de "O Teatro e a Cultura", em que compara os atores a supliciados que fazem sinais a seus carrascos de dentro da fogueira, em *O Teatro e seu Duplo*, p. 18. Evidentemente, o conceito de presença não é tão simples, e requereria tratamento específico. Basta lembrar, por exemplo, os argumentos de Jacques Derrida em "O Teatro da Crueldade e o Fechamento da Representação" ou mesmo em "A Palavra Soprada", ambos publicados no Brasil pela Perspectiva, em *A Escritura e a Diferença*. O ensaio de Jean-François Lyotard, "La Dent, la paume", está incluído em *Des Dispositifs pulsionnels*, p. 91-98.

mas outras formas de arte como a dança, o circo, o ritual e a ópera procedem da combinação entre diferentes instâncias de performatividade e teatralidade, e o que varia é exatamente o grau de preponderância de uma ou outra[20].

Féral avança uma nova etapa dessa discussão em ensaio publicado há um ano, em que projeta o conceito de "teatro performativo"[21]. Discordando de Hans-Thies Lehmann a respeito do termo pós-dramático, a autora considera algumas das experiências analisadas pelo teórico alemão como resultado da contaminação radical, que acontece no teatro contemporâneo, entre procedimentos da teatralidade e da performance, o que Lehmann já havia observado em seu estudo, quando notava a emergência de um "campo de fronteira entre performance e teatro à medida que o teatro se aproxima cada vez mais de um acontecimento e dos gestos de autorrepresentação do artista performático"[22]. A despeito da aparente sintonia de princípios, Féral considera a nomeação de Lehmann excessivamente genérica e pouco efetiva. Por isso prefere a terminologia "teatro performativo", definindo a performance a partir do conceito de *performance art*, em lugar de utilizar a noção ampliada de Richard Schechner, que aborda o termo especialmente a partir da visão antropológica dos *performance studies*, incorporando rituais, cerimônias cívicas e políticas, apresentações esportivas, além de outros aspectos da vida social[23].

Para a ensaísta, o teatro contemporâneo beneficiou-se amplamente de algumas conquistas da arte da performance, já que as práticas performativas redefiniram os parâmetros que permitem pensar a arte e, evidentemente, tiveram influência radical sobre a cena teatral, que adotou alguns de seus princípios. O principal deles está na origem do termo performatividade e foi prospectado a partir das pesquisas de Austin e Searle, que difundiram o conceito pela via dos verbos performativos, colocando a ênfase na realização da própria ação performática e

---

20 J. Féral, Theatricality: the Specificity of Theatrical Language, *Substance*, n. 2 e 3, p. 3-12.
21 Idem, Entre Performance et théâtralité: le théâtre performatif, *Théâtre/Public*, n. 190, p. 28-35.
22 H.-T. Lehmann, *Teatro Pós-dramático*, p. 223.
23 Ver a respeito os livros *Performance Theory* e *Performance Studies. An introduction*, ambos de Richard Schechner.

não sobre seu valor de representação. Com base nesses estudos, passou-se a considerar a execução de uma ação o ponto nevrálgico de toda performance, que se estrutura com base em um fazer e não no ato de representar. Sem dúvida, as operações performativas de produção e transformação cênica de situações são as maiores responsáveis pelo desvio paulatino das exigências da representação enquanto processo centrado na ilusão e no traçado ficcional, em proveito da ação cênica real e do acontecimento instantâneo e não repetível. Esse desvio determina outro tipo de endereçamento ao receptor, transformando o apelo puramente especular em encorajamento de percepções sensoriais, por meio do mergulho em experiências imersivas próprias às novas tecnologias. Segundo Féral, essa mutação cênica define uma ruptura epistemológica de tal ordem que é necessário adotar a expressão teatro performativo para qualificá-la.

TEATROS PERFORMATIVOS

Féral enumera uma série de grupos e criadores que assumem as práticas diversificadas do teatro performativo, entre os quais inclui Jan Lauwers, Gilles Maheu, Robert Lepage, Guy Cassiers, Heiner Goebbels, Frank Castorf, Marianne Weems, o Wooster Group e a Societas Raffaello Sanzio.

No caso da cena brasileira, os espetáculos do Teatro da Vertigem constituem um campo fértil de produção dessa teatralidade performativa. Não apenas porque o grupo escolhe espaços não convencionais para suas apresentações, mas especialmente porque desenvolve sua teatralidade com base na ocupação desses lugares a partir de vetores de movimento e de corporeidade dos atores. Valendo-se de recursos da performance, do cinema e da arquitetura cria dramaturgias marcadas por um poderoso hibridismo de gêneros, projetado por absoluta necessidade dos espaços e da turbulência temática, associada a questões candentes da atualidade brasileira.

A natureza dos espaços públicos escolhidos para as apresentações, com carga simbólica e política explícita – uma igreja para *Paraíso Perdido*, um hospital para *O Livro de Jó* (1995), um presídio para *Apocalipse 1, 11* (2000), as margens e o leito de um rio para BR-3 (2006) – e a agressiva ocupação desses lugares, nos desvãos mais íntimos e nas dimensões mais perigosas, com marcações de movimentos expandidos em largura, profundidade e altura, e um desempenho que agride o espectador pela violenta exposição corporal do ator, mantido nos limites de resistência física e psíquica, dão aos espetáculos a contundência de eventos de risco, de formalização instável, quase fluxos processuais de performatividade, inacabados e atualizados a partir dos vetores referidos, de ocupação espacial e fisicalidade.

A par disso, ainda que a definição da escritura cênica de Araújo aconteça *a posteriori*, e funcione como uma espécie de edição das contribuições individuais, é indisfarçável sua marca forte no transbordamento barroco da cena, excessiva na movimentação ascendente, em espiral, na composição distorcida das figuras/personagens, paradoxalmente infiltradas de realidade e alegoria, no resgate da expressividade integral dos corpos distendidos até o limite, e potencializados no movimento coletivo acelerado e convulso, uma espécie de coralidade cinética que arrasta o espectador e o envolve no desconforto de um corpo a corpo real. Talvez a teatralidade do Vertigem se deva, em parte, à habilidade de compor essas trajetórias físicas e metafóricas, que desestabilizam o espectador.

Um bom exemplo é *Apocalipse 1, 11*, trabalho que associa a situação brasileira de violência e exclusão social a um imaginário apocalíptico, especialmente o do livro bíblico de João. O espetáculo oscilava entre a apresentação de figuras alegóricas, como Talidomida do Brasil e o Anjo Poderoso, e a exibição de cenas de uma brutalidade desconcertante, que à primeira vista pareciam mais um recurso de reprodução do real. No entanto, um observador atento percebia uma alteração de estatuto nessas breves intervenções de realidade. Pois a impressão que se tinha era que os criadores procuravam anexar fragmentos desse real ao tecido teatral que se apresentava.

A sofrida experiência do elenco e a exposição de sua intimidade em estados extremos, em que os corpos pareciam manifestar o estado de guerra urbano, funcionava como fragmento do horror da vida pública brasileira das últimas décadas. Era como se a violência dessa teatralidade espetacular, às vezes próxima do monstruoso, abrisse frestas para a infiltração de sintomas dessa realidade. O que definia o parentesco da experiência com alguns dos processos mais radicais da performance contemporânea, pelo enfrentamento dos limites de resistência física e emocional dos atores, pela resposta agressiva às questões políticas e sociais da atualidade brasileira e, especialmente, pela diluição do estatuto ficcional. Era evidente que nesses momentos de intensa fisicalidade e autoexposição, a representação entrava em colapso, interceptada pelos circuitos reais de energia desses vários sujeitos.

É inevitável especular sobre a possível diluição do estatuto da representação nessa situação de turbulência expressiva. Pois parece claro que um teatro de vivências e situações públicas não pretende apenas representar alguma coisa que não esteja ali. A impressão que se tem é de uma tentativa de escapar do território específico da reprodução da realidade para tentar a anexação dela, ou melhor, ensaiar sua *presentação*, se possível sem mediações. Nesse movimento, o que parece evidente é a dificuldade de dar forma estética a uma realidade traumática, a um estado público que está além das possibilidades de representação, e por isso entra em cena como resíduo, como presença performativa na teatralidade, indicando algo que não pode ser totalmente recuperado pela simbolização.

De certa forma, faz parte do mesmo processo o último trabalho do Teatro da Vertigem, *BR-3,* apresentado no rio Tietê, em São Paulo. O primeiro objetivo do projeto foi investigar possíveis identidades brasileiras com base na pesquisa em territórios de exceção, em que a ideia de brasilidade fosse posta em xeque. Brasilândia, bairro da periferia de São Paulo, Brasília, a capital do país, e Brasileia, localizada na fronteira do Acre com a Bolívia, a despeito de apresentarem no nome o radical de nacionalidade, "BR", são locais de identidade instável, em que a ideia de pertencimento nacional não se sustenta.

A partir de exaustiva pesquisa de campo, que incluiu uma viagem de quatro mil quilômetros pelo país, e um intenso processo de *workshops* do elenco, o dramaturgo Bernardo Carvalho propôs um roteiro em que a saga familiar de três gerações entrelaçava os lugares inventariados em um percurso de situações, temporalidades e geografias protagonizado por

Jonas, sua mãe e seus filhos. O texto parte da construção de Brasília, em 1959, passa pelas décadas de 1980 e 1990 em Brasilândia, chega a Brasileia no início do século XXI e retorna a Brasília para fechar o ciclo de busca do pai ausente, associado à procura frustrada da identidade.

Essa trama de lugares compõe uma dramaturgia expandida pela estratégia de proliferação de cenas, personagens e ações em vários planos, com ramificações semelhantes aos afluentes do rio em que se abriga. No leito e nas margens do Tietê, o encenador Antonio Araújo, auxiliado por edição de luz e amplificação sonora de sons e vozes dos atores, recorta enquadramentos cinematográficos na tentativa de concentrar os sentidos dispersos do espectador, exposto ao odor do rio poluído, ao trânsito ruidoso das marginais e à silhueta luminosa da metrópole paulistana.

Teatralidade e performatividade encontram-se nesse espaço movediço e instável em que Araújo cria uma espécie de heterotopia. Brasília associada ao monumental e aos viadutos, Brasilândia abrigada sob as pontes e Brasileia dispersa nas margens são espaços heterodoxos, forçados a conviver no mesmo leito-estrada, e absolutamente outros em relação às cidades reais a que se referem e de que falam. Filtrados pelo olhar coletivo e deformados por essa modalidade contemporânea de teatralidade, performativa e fragmentária, tornam-se lugares de "desvio", irreconhecíveis em sua identidade original, mas propostos ao espectador como uma experiência radical de mergulho e reconhecimento de sua cidade e seu país.

8. O Discurso Cênico da Companhia dos Atores

Comparados às últimas tendências do teatro brasileiro, a Companhia dos Atores e Enrique Diaz parecem, à primeira vista, situar-se na confluência de duas vertentes. Por um lado, há a matriz que o grupo exibe no nome, a do ator-criador, o artista múltiplo capaz de revolucionar o trabalho teatral conduzindo um processo hoje chamado de colaborativo. O procedimento, comum no teatro brasileiro contemporâneo, parece recuperar, em novos moldes, a criação coletiva dos anos de 1970, quando a responsabilidade por funções artísticas e de produção garantia a posse dos instrumentos de trabalho teatral, como acontecia nos grupos cariocas Asdrúbal Trouxe o Trombone e Manhas e Manias, ambos, como Enrique Diaz, saídos do Tablado. O percurso desses grupos hoje se repete de outro modo, pois o centro do processo criativo é o ator ou uma função próxima do *performer* por seu caráter híbrido, que funciona como fusão de diversas propostas contemporâneas de atuação. Um dos eixos da performance, e também do trabalho da Companhia, é a ostensão da presença do atuante e de sua habilidade na metamorfose e na exposição do que alguns críticos chamam de "metacorpos", por meio da utilização de aparatos interpretativos que, mesmo incorporando personas, revelam seu artificialismo[1].

Além da forte presença do *performer*, é impossível não notar em alguns espetáculos da companhia, como *A Bao a Qu*, de 1990, a concepção de um encenador. O termo, que Enrique Diaz abomina por tratar-se de "coisa de esteta", define bem uma tendência forte do teatro brasileiro na década de 80, quando Antunes Filho, Gerald Thomas, Moacir Góes, Ulisses Cruz, Márcio Aurélio, Bia Lessa e Renato Cohen, para citar alguns casos exemplares, criaram espetáculos autorais, em geral independentes do texto dramático, introduzindo no país um movimento que, há pelo menos uma década, reunia encenadores norte-americanos, como Robert Wilson e Richard Foreman, e europeus, como Patrice Chéreau, Jacques Lassalle e J. Lavaudant. E que de certa forma continua, ainda hoje, nos espetáculos de Robert Lepage, Mathias Langhoff, François Tanguy e Filipe Hirsch. A marca comum de criações cênicas tão diversas é uma escritura teatral autônoma, em que o artista responsabiliza-se pela concepção, direção e roteiro do espetáculo, como acontece com Enrique Diaz em *A Bao a Qu*. Segundo Bernard Dort, esse texto cênico duplica ou mesmo suplanta o texto dramático, constituindo uma prova da transformação do espetáculo em arte autônoma[2]. Ou em discurso cênico, como prefere Patrice Pavis, a maneira pela qual o encenador organiza a representação no espaço e no tempo, fazendo uso de uma série de enunciadores, que incluem atores, cenários, objetos, textos e todos os outros elementos por meio dos quais é estruturado esse discurso[3].

Aliando essas duas vertentes, a Companhia dos Atores opera um reequilíbrio de forças que, ao combinar os modos anteriores de criação, inaugura um novo paradigma. Já não se trata da criação coletiva dos grupos, nem tampouco da escritura autoral dos encenadores. É evidente que Diaz faz parte de uma companhia em que também é ator, demarcando um territó-

---

1 "Metacorpos" foi o título de uma exposição realizada no Paço das Artes de São Paulo, em 2002, com curadoria de Daniela Bousso, em que se discutiam questões da sexualidade, da vida íntima, da dor, da bioarte e, especialmente, das inúmeras maneiras de o corpo relacionar-se com outros corpos no contemporâneo.
2 *La Réprésentation émancipée*, p. 174.
3 Towards a Semiology of the Mise em Scène, *Languages of the Stage*, p. 138.

rio de escolhas de encenação sem deixar de compartilhar os meios de criação da performance. No entanto, a interferência decisiva de seu olhar na seleção dos elementos trabalhados em conjunto e no desenho final da escritura cênica não diminui a força colaborativa do processo, que prevê sua participação ativa, junto aos atores e ao dramaturgo Filipe Miguez, em sua concepção geral. Paradoxalmente, a autoria coletiva é garantida pela delimitação de funções claras, e caminha *pari passu* com uma autoria individual que aparece, por exemplo, na composição original de cada ator, reconhecido por uma marca própria, sem que por isso deixe de funcionar como um dos enunciadores do coletivo.

Levando em conta esses pressupostos, e tentando resumi-los, o que se percebe na Companhia é o convívio das escrituras de um encenador-ator e de atores-criadores que, numa longa trajetória de colaboração artística, acabam definindo uma linguagem reconhecível por sua qualidade híbrida, prismática, evidente para qualquer espectador familiarizado com o teatro contemporâneo, caso do crítico norte-americano D. J. Bruckner que, assistindo a *Melodrama*, afirmou que parecia olhar a vida por um caleidoscópio[4]. Essa refração da escritura cênica resulta, em parte, da combinatória referida há pouco, que alia encenação e performance, e justapõe processos de composição autorais e dissonantes.

A associação não é inédita no teatro contemporâneo e pode ser encontrada, em outra calibragem, em espetáculos que combinam visualidade elaborada, edições de luz, inserções musicais, multimídia e, especialmente, a fisicalidade dos atores, numa tessitura conjunta de corpos, sons e imagens em que cada enunciador do discurso cênico tem um peso de "carne teatral concreta" no espaço de representação[5]. Essa concretude, evidente nas criações da Companhia dos Atores, é responsável pela qualidade física e plástica de seu teatro, em que se revela um modo material e rigoroso de compor o discurso cênico,

---

4 Festival de Teatro Hispânico Fluente em Fermentação Cultural, *The New York Times*.
5 Béatrice Picon-Vallin avalia dessa forma os espetáculos mais recentes de Patrice Chéreau no ensaio La Mise en scène: vision et images, em B. Picon-Vallin (org.), *La Scène et les images*, p. 24.

distante da abstração dos espetáculos visuais de Bob Wilson, por exemplo, e também de algumas criações de Gerald Thomas nos anos de 1980, que também se distinguiam por graus diversos de desrealização cênica.

Talvez *A Bao a Qu* seja o exemplo mais feliz dessa cena concreta, que pode ser encarada, a partir de certo ângulo, como uma atualização de alguns princípios do construtivismo e da biomecânica de Meierhold, que a Companhia trabalhara na origem e que retomará em várias etapas de seu percurso. Para o encenador russo, a criação de uma peça é a "construção de um edifício de ação no espaço", por meio de um trabalho teatral que se apoia em princípios de simplificação, de geometrização expressiva e de tratamento rítmico e arquitetural das superfícies e dos volumes[6]. Não por acaso, *A Bao a Qu* se apresenta como um "canteiro de obras teatral", onde os atores desempenham partituras de ação, empilhando no palco a desordem de suas múltiplas referências culturais[7]. Quase quinze anos depois da estreia, a montagem ainda funciona como súmula de procedimentos que o grupo retoma e modifica em sua trajetória, e que ainda surpreendem pela radicalidade.

Da mesma forma que espetáculos seus contemporâneos, como M.O.R.T.E., de Gerald Thomas (1990), e *Exercício n.1*, de Bia Lessa (1987), também *A Bao a Qu* trata de expor o processo da criação artística num *work in progress* animado por um autor-criador interpretado por Enrique Diaz. Inspirado especialmente no conto homônimo de Borges, que faz parte do *Livro dos Seres Imaginários*, e no revolucionário poema de Mallarmé, "Um Lance de Dados", o premiadíssimo trabalho da companhia alia as duas fontes, traduzindo a metáfora da criação em um poema cênico concreto em que a carne da palavra, a fisicalidade do ator, a materialidade do objeto e a difração do espaço são decisivos na composição de uma linguagem que parece postular a "suspensão de um ato inacabado"[8].

---

6 Para o aprofundamento dessa questão em Meierhold ver B. Picon-Vallin, *Meyerhold, les voies de la création théâtrale*, especialmente p. 96-107.

7 Em "La Mise en scène: vision et images", Béatrice Picon-Vallin usa a expressão referindo-se a outro contexto. Ver B. Picon-Vallin (org.), op. cit, p. 31.

8 A citação de Mallarmé está no ensaio de Haroldo de Campos Lance de Olhos sobre um Lance de Dados, em A. de Campos; D. Pignatari; H. de Campos, *Mallarmé*, p.188.

Em São Paulo, o trabalho foi apresentado no teatro João Caetano, em 1991, e o espaço vazio do palco italiano, cercado ao fundo por grades, era paulatinamente preenchido por cadeiras, tijolos, um praticável e uma poltrona lateral e, especialmente, por vários tipos de pneus, cujo trajeto aleatório agia como fator de desestabilização de partituras de atuação e iluminação absolutamente rigorosas. O princípio construtivo, simples na aparência, resultava da combinatória desses elementos, instaurando um movimento incessante de construção e desconstrução que às vezes envolvia os atores em fragmentos de tramas, supostamente dramáticas, intercaladas a partituras de ações concretas e rítmicas, que prescreviam tarefas objetivas e relações pontuais com os objetos.

Se, pelo lado das tramas, a tipologia gestual se repetia com exagero e saliência – já estava ali a matriz de *Melodrama* – por outro, a composição de frases coreográficas envolvia os atores e os objetos num processo incessante de recombinações, que alterava as situações espaciais. As atividades frenéticas de empilhamento de cadeiras e tijolos, os atores que se transformavam em objetos, ao congelar posturas, os pneus que abriam, com suas trajetórias casuais, zonas de turbulência nas partituras rigorosas, os breves fragmentos de trama, todos os elementos revelavam a propensão concreta dessa escritura autônoma, uma atualização contemporânea da linguagem matemática professada por Mallarmé e também da "matemática minúcia" que Antonin Artaud projetou para o teatro da crueldade, e nunca chegou a realizar.

Por esse aspecto, *A Bao a Qu* se aproximava dos hieróglifos vivos que Artaud descrevia com precisão no ensaio sobre o teatro balinês, e que nesse caso desenhavam no palco espécies de haicais cênicos, líricos e lúdicos, projetando a Torre de Chitor do conto de Borges como um lugar construtivista e plástico, um espaço de performance entremeado pelos esboços de trama referidos há pouco[9]. Mimados, de cunho paródico, eles se entrelaçavam para diluir melhor um estatuto ficcional que raramente alcançavam, mesmo quando se aproximavam do traçado enfático do melodrama. Os enredos breves,

---

[9] O texto de Antonin Artaud, "Sobre o Teatro do Bali", faz parte de *O Teatro e seu Duplo*.

fragmentários, baseavam-se, por exemplo, em clichês de filmes policiais, e permitiam ao elenco apresentar contrafações de figuras comuns nos romances de Dashiel Hammet, como fazia Marcelo Valle de forma hilariante. Outras facetas do mesmo procedimento apareciam nas tramas protagonizadas por um casal típico do neorrealismo italiano, que Suzana Ribeiro e Gustavo Santos Rocha indicavam com humor corporal, ou na pseudo-narrativa envolvendo um trio de chineses, cuja contenção oriental Bel Garcia ressaltava. Alternando-se aos princípios dominantes de construção física e rítmica, esses núcleos dramatúrgicos abriam espaço para que o ator exercitasse um desempenho debochado, que funcionava como esboço prematuro das futuras opções da Companhia.

É interessante notar que as figuras-clichê dos enredos mimados comunicavam-se em linguagem corporal clara, acintosamente denotativa, indicando brigas de casais, perseguições policiais, suicídios, assassinatos, mas encontravam equivalência sonora em dialetos incompreensíveis, inventados, de combinação fonética que lembrava o francês, o italiano ou o alemão. Ao optar por essa inversão cômica, em que o gesto falava com clareza e a palavra não tinha significado, os criadores faziam da trama mimada a responsável pela denotação, enquanto o diálogo, que supostamente deveria subsidiá-la e esclarecê-la, era tratado como um *grammelot** de fonética sugestiva e opaca, numa reversão paródica da construção dramática tradicional.

Além dessa alteração de princípios, outro mecanismo contribuía para desestabilizar a ficção que se ensaiava: pouco a pouco as figuras de uma trama invadiam as outras, criando combinatórias inéditas de ações e personagens, numa intertextualidade caótica em que era difícil distinguir as situações iniciais. O estrago que essa intervenção indiscriminada causava nos frágeis contextos de origem e nas narrativas, já de saída improváveis, funcionava como um mecanismo a mais de revelação da ficção apresentada no palco. E repetia, em outro canal, o movimento do criador interpretado por Enrique Diaz, que

---

* Termo proveniente da *Commedia dell'Arte* que designa um linguajar macarrônico, incompreensível, como no exemplo citado aqui, em geral usado em associação com a mímica (N. da E.).

ensaiava histórias e personagens sem nunca conseguir chegar ao fim: interrompia as ações, revelava seus procedimentos, acionava o movimento aleatório dos pneus e, principalmente, hesitava na escolha das muitas possibilidades que esse quebra-cabeças concreto propiciava.

O processo de instabilidade cênica exigia que os *performers* da companhia mudassem constantemente de forma e função, acompanhando as contrações do espaço que se expandia ou encolhia de acordo com os cortes de luz. Esse princípio comum de mutações, extensível ao ator e ao espaço, aparecia no desempenho como paralisação de gestos, que se congelavam antes de se completar, para se desenvolverem em etapas posteriores, num processo de idas e vindas em que o circuito do movimento era acrescido de novos módulos.

Em seu estudo sobre a Companhia dos Atores, José da Costa nota, com razão, que a hesitação do criador de *A Bao a Qu* configura "a atividade mental de um ficcionista em processo de composição criativa"[10]. De fato, ligada ao não acabamento da cena, a hesitação parece indicar um processo de reflexão teatral feita à base de teatralidade, em que os corpos, os objetos e os volumes cenográficos compõem um discurso organizado a partir de conexões, com os blocos de ações funcionando como as associações e as relações de um criador em processo, que expõe no palco a vitalidade de sua consciência imaginante.

Ao mesmo tempo, é quase impossível não associar o autor da escritura cênica de *A Bao a Qu*, interpretado por Marcelo Olinto, a um encenador que organiza seu processo criativo, como acontecia, por exemplo, com Tadeusz Kantor nos espetáculos do Cricot 2. Leitores de Kantor desde a formação da Companhia, os atores confessam a influência do encenador polonês em seu trabalho, que talvez não se apresente apenas por essa via. Mas é evidente a presença, no palco, do autor do processo artístico que se organiza diante do olhar do espectador. Como Kantor, também esse criador interfere na cena de forma incisiva, movimentando atores, paralisando ações, acionando objetos ou mesmo operando um refletor de mão, foco de enquadramento das situações, que revela um "impulso

---

10 *Teatro Brasileiro Contemporâneo*, p. 295.

cinematográfico da escritura cênica" recorrente na trajetória da companhia[11]. É verdade que, no caso de Kantor, o procedimento é mais radical, pois prescinde da máscara do teatro: é o próprio encenador que, no palco, rege o movimento dos atores e desestabiliza os mecanismos da ficção e da representação[12]. Mas, no caso de Enrique Diaz, por outros caminhos, na via positiva do humor e do deboche, o princípio de intervenção é semelhante e parece atingir o mesmo fim.

De qualquer forma, como Kantor, também o criador de *A Bao a Qu* é um maestro de movimentos e se apoia no ritmo para montar e desmontar situações. Pode-se dizer que esse encenador-artista-poeta é um compositor de ações e imagens concretas, e desenha, com os corpos dos atores e o deslocamento dos objetos, fios de ação que recortam o espaço em todas as dimensões, como se operassem uma teatralidade multiforme, que segue as leis da proporção, da densidade, da sincronicidade e do ritmo. O resultado é um espaço gestual e coreográfico desenhado pela ação concreta e rítmica dos atores, dos objetos e da luz, que não define uma narrativa consequente e funciona como uma espécie de instalação cênica, uma "massa pulsante e física" formada de tessituras de expressão e indicação de trajetórias que cabe ao espectador completar.

Ao abrir a cena às múltiplas leituras do espectador, *A Bao a Qu* adota um dos processos mais interessantes do teatro contemporâneo, analisado por estudiosos da estética da recepção, como Herbert Blau[13]. Trata-se de reconhecer o espectador como um parceiro do que se apresenta no palco, alguém que necessariamente precisa dialogar com o projeto para produzir hipóteses de leitura e poder fruí-lo mais intensamente. A mobilidade das proposições, o estado provisório das soluções cênicas, em processo de construção e mutação, o "jogo de esconde-esconde com o sentido que se constrói e descontrói" são traços evidentes do trabalho, que o filiam aos processos construtivos da cena contemporânea[14]. Mas, sem dúvida,

---

11 B. Picon-Vallin, La Mise en scène: vision et images, op. cit., p. 26.
12 A respeito da presença de Kantor na cena do Cricot, ver a análise de Marie--Thérèse Vido-Rzewuska, Retour à la baraque de foire, em D. Bablet; J. Bablet; M.-T. Vido-Rzewuska, *T. Kantor. Les voies de la création théâtrale*, p. 19-33.
13 *The Audience*.
14 J.-P. Ryngaert, *Ler o Teatro Contemporâneo*, p. 32.

ecoam as pesquisas das vanguardas plásticas do princípio do século XX, e se aproximam da cena arquitetônica de Craig e da Bauhaus, e do palco construtivista de Meierhold.

Quando criou *A Bao a Qu* com a Companhia dos Atores, Enrique Diaz provavelmente não conhecia o trabalho de Anne Bogart, com quem veio a estagiar anos depois, no Saratoga International Theatre Institute. Mas revelando uma sintonia de princípios, aproxima-se dos *viewpoints* da encenadora americana quando estimula o ator a desenvolver a mestria dos movimentos e a definir seu desempenho também como domínio de formas plásticas no espaço, orientando-se por pontos de vista como o espaço, o tempo, a repetição, a duração, o gesto, a forma, o padrão de trajetórias e as respostas cinestésicas[15].

Esses princípios reaparecem em *A Morta*, de Oswald de Andrade, de 1992, em que a Companhia, de certa forma, continua a proposta iniciada em *A Bao a Qu*. Em tratamento que se aproxima do concretismo – Haroldo de Campos dá assessoria informal à montagem – os diálogos de Oswald são tratados como matéria concreta de linguagem, em sua dinâmica plástica, rítmica e de musicalidade. Mais uma vez a presença material do teatro é sublinhada e o traçado épico de Oswald é usado como ponto de partida para a criação de uma escritura paralela, que intercepta o texto mas mantém sua autonomia.

No estrato mais visível da composição, o que se sublinha é o "grande espetáculo de fantasia e ilusão" que apresenta a caminhada teatral do poeta, enamorado e autor de sua musa. A trajetória onírica de Beatriz para a morte parece, assim, mero pretexto para a projeção do percurso lírico e cômico desse poeta que, outra vez em cena, como em *A Bao a Qu*, usa o texto de Oswald como fonte de imagens e situações, encenando, como observa Diaz, "o movimento adolescente de expansão, de epopeia, [...] passando da (in)consciência do indivíduo ao país da gramática"[16].

A gramática cênica, exercitada no espetáculo anterior, aqui se amplia e se transforma em jogo aberto de estilos, em certas passagens refratado em canais quase antitéticos. A operação é

---

15 Ver a esse respeito M. Bigelow; J. A. Smith (orgs.), *Anne Bogart Viewpoints*, e também A. Bogart, *A Director Prepares. Seven Essays on Art and Theatre*.
16 A CIA, texto do programa de *Tristão e Isolda*, Rio de Janeiro, 1996.

visível quando o espetáculo preserva a beleza de imagens fundantes, como a da musa sensual, delicada e livre, lindamente interpretada por Susana Ribeiro, envolta num surrealismo contemporâneo e lírico; e, na contrafação dessa vertente, acentua o traço caricatural das personagens inacabadas de Oswald, transformando-as em bufões grotescos que desestabilizam o delicado lirismo anterior, continuando, na alternância de planos, o hibridismo que já se apresentava em *A Bao a Qu*. A resultante é uma escritura cênica em que as imagens oníricas e a musicalidade mesclam-se a ações concretas, de objetividade circense, com trapézios, triciclos e malabares contaminando de performance a poesia anterior. A coexistência dessa "música dos movimentos plásticos"[17] e da atuação de circo submete o espectador ao impacto de duas impressões, uma visual e outra corporal, sem que a plasticidade e a performance sigam o mesmo ritmo. O que se percebe é que cada uma preserva seu próprio canal de enunciação, e o divórcio até parece bem vindo em certas passagens.

Mas o diferencial desse trabalho, em relação a *A Bao a Qu*, é a importância crescente da dramaturgia do ator, que em alguns segmentos aproxima-se da dança-teatro, talvez por influência das apresentações de Pina Bausch no Brasil, em 1989, com os espetáculos *Sagração da Primavera* e *Café Miller*. O procedimento é mais evidente nos diálogos gestuais que unem Suzana Ribeiro e Enrique Diaz, Beatriz e o Poeta, em que a cinese e a mimese coexistem, com a "fricção de um bailarino" e a "ficção de uma personagem" sendo igualmente construídas e encarnadas pelos atores[18]. Dessa união entre dança e teatro originam-se as mais belas passagens do espetáculo, em que os corpos em estado de urgência desencadeiam situações de poesia cênica, musical e coreográfica. E provam que a categoria adequada para dar conta do teatro contemporâneo não é mais a ação dramática, mas a situação cênica, responsável por uma dinâmica particular de estados teatrais[19].

A experiência com as variantes da linguagem retorna em *Só Eles o Sabem*, em que o formalismo de Jean Tardieu é mais um pretexto para o trabalho sobre os códigos do teatro,

---

17 V. Meyerhold, Du Théâtre, *Écrits sur le théâtre* 1, p. 107.
18 P. Pavis, *Dicionário de Teatro*, p. 83.
19 H-T. Lehmann, *Le Théâtre postdramatique*, p. 104.

especialmente os gestuais e os vocais. Na narrativa, até certo ponto convencional, que o dramaturgo francês apresenta em *Uma Peça por Outra*, base textual do espetáculo, é bastante evidente o mecanismo que deve ter fascinado a Companhia: a facilidade de transitar entre a banalidade e o estranho, o familiar e o insólito, num jogo ambicioso com a linguagem teatral cuja estrutura serve de mote para incursões paródicas sobre a representação. O trabalho da Companhia amplia criticamente o virtuosismo do dramaturgo, revelando o jogo de aparências pela indicação de várias formas de representação teatral. Os exercícios de estilo de Tardieu são, desse modo, incorporados a uma trajetória teatral em que os jogos de oposição e mutação cênica são cada vez mais sustentados pela performance elaborada dos atores. É o caso, por exemplo, do excelente trabalho de Drica Moraes, que o crítico Macksen Luiz vê como uma "refinada composição de humor que parodia, com olhares e movimentos de corpo e voz, uma conhecida atriz brasileira"[20].

A paródia dos gêneros teatrais é um procedimento de extrema importância para o futuro da Companhia. E reforça a impressão que se tem de que, a cada espetáculo, o grupo acentua uma vertente de linguagem apontada como de interesse periférico ou marginal em outra criação. Como resultado desse mecanismo, quando uma nova peça estreia, o traço de linguagem que enfatiza remete, imediatamente, aos processos anteriores, como se a exploração daquela via iluminasse todo o percurso, funcionando como foco de realce de ângulos menores, que agora passam a predominar.

É o que acontece em *Melodrama*, de 1995, que expõe um dos princípios fundamentais de criação da Companhia. Trata-se de usar a escritura cênica contemporânea como filtro de alguns aspectos da tradição cultural. Nesse caso, para rever o banco de memórias da representação melodramática. No entanto, a perspectiva contemporânea força a revelação do melodrama pelo avesso, como se os atores invertessem as perspectivas e estranhassem o estilo e as tramas, ressaltando mais o ponto de vista que a coisa narrada, num mecanismo elaborado

---

20 M. Luiz, O Jogo Inteligente dos Contrários e da Mentira, *Jornal do Brasil*, p. 7, Caderno B.

de distanciamento que se coloca a serviço da reflexão sobre a linguagem. Metalinguagem e metateatro são maneiras até certo ponto tradicionais de definir a radicalidade dessa operação, que avalia a tradição para filiar-se e, ao mesmo tempo, distanciar-se dela, introduzindo um dado novo na operação que caracteriza esses procedimentos de autorreferência. Já não se trata apenas de desencadear, com faz a peça dentro da peça, um funcionamento ficcional em abismo, presente em toda a história do teatro, que encontra modos diferenciais de manifestação em Shakespeare e Pirandello, por exemplo. O objetivo também não é tratar a personagem como um enunciador de discursos de vazio, bloqueando a ação dramática e criando uma dramaturgia de situações cênicas, como acontece em Beckett. A finalidade aqui é apresentar o processo de leitura coletiva de um gênero, num procedimento metateatral, sem dúvida, mas que vai além quando se filia a uma tendência forte na prática teatral contemporânea, e transforma o processo de releitura no produto apresentado. Assim, o espetáculo dá conta não apenas daquilo que apresenta – tramas e personagens melodramáticos –, mas da atitude dos criadores diante do que encenam, incluindo-se aí sua posição diante do texto e da atuação. O resultado dessa atitude de criação é que *Melodrama* não deixa de representar melodramas, mas integra a crítica do gênero à representação, quando reflete, coletiva e teatralmente, sobre seu traçado. Essa intenção não aparece apenas no ator, que distancia seu papel e critica sua relação com ele, mas no conjunto da companhia que se coloca em cena em "segundo grau", ao lado das tramas e das personagens melodramáticas que apresenta. Na verdade, é um coletivo de enunciação que se afirma diante de determinado texto ou argumento[21].

A proposta autorreflexiva e crítica é fruto da pesquisa de dois anos que subsidiou a criação e a escritura do texto de Filipe Miguez, feita em conjunto com os atores. Sua dramaturgia compõe um mecanismo que funciona, ao mesmo tempo, como fonte de enredos e pista dos modos coletivos de enunciação. Num primeiro nível, entrelaça estereótipos do gênero em três tramas melodramáticas. Numa delas, "Na Saúde e na Doença", uma

---

21 B. Dort, *Théâtre en jeu*, p. 223.

mulher se apaixona por um homem e seu duplo, apresentado como um irmão gêmeo; em outra, "Laços de Sangue", a jovem apaixonada descobre que a oposição do pai ao casamento é uma tentativa de evitar o incesto. Intercalando-se às duas, e costurando o fio da meada narrativa, aparecem e desaparecem os solilóquios de um ébrio remoendo a culpa por um crime passional, e um desmemoriado em luta para reencontrar seu passado.

Concretizando um dos procedimentos mais interessantes do trabalho, a temática da falta de memória desse protagonista parece reforçar, no humor, o resgate do melodrama que a companhia produz. É como se a recuperação crítica da história e das formas do gênero, tão fundamental para o teatro brasileiro, funcionasse como um mecanismo de recordação em que os vários planos narrativos e interpretativos definem intertextos referidos, exemplarmente, à dramaturgia de Nelson Rodrigues, às telenovelas, aos folhetins românticos, aos dramalhões do circo-teatro, às novelas radiofônicas e à releitura latino-americana do melodrama original, nascido na França do século XVIII como uma espécie de opereta popular, em que a música é o meio de expressão de emoções previsíveis. Paulatinamente, o melodrama se transforma em gênero bastardo, adquirindo feições de grande efeito cênico e formando seu cânone popular de terríveis segredos desvelados no final, reconhecimentos de identidade, paixões incestuosas, personalidades duplas, adultérios e suicídios, que *Melodrama* divide, em doses homeopáticas, entre as tramas.

Como uma forma de paródia inconsciente da tragédia clássica, o melodrama transforma em golpes de teatro os reconhecimentos tão comuns na tragédia familiar, e em choradeira banal a catarse purgativa. Também por isso, presta-se, à perfeição, ao mecanismo de criação em camadas que a Companhia dos Atores pratica, especialmente quando multiplica, de forma desenfreada, os recursos originais. Pois o que prevalece na montagem é um movimento oscilatório de denegação e resgate, que usa o melodrama como fonte de inspiração e derrisão, e também como exercício de efeitos visuais, reafirmando a cumplicidade original com a teatralidade e o espetacular. Nesse sentido, o espetáculo continua a história de um gênero que ganha maioridade no momento em que a encenação começa a impor seus efeitos visuais e espetaculares, em meados do século XIX, substituindo o texto por golpes de teatro cada vez mais impressionantes.

Talvez por isso, a face mais aparente do trabalho seja a colagem de efeitos melodramáticos e o registro crítico dessa forma de expressão, o que justifica a observação de Mariângela Alves de Lima, para quem o espetáculo repousa mais sobre os meios de construção da arte que sobre os temas e "sugere que parte do poder de mobilização do melodrama reside nessa vocação esteticista, que recusa até a utilidade do vocabulário"[22].

O foco na teatralidade também é visível nos outros espetáculos da Companhia. E em *Melodrama* desenvolve-se de modo exemplar nas cenas coreográficas, que voltam a ocorrer como diálogos gestuais dançados sobre uma trilha sonora eclética, que mescla melodias de *Cria Cuervos*, de Carlos Saura, do clássico *Psicose*, de Alfred Hitchcock, com tangos e boleros de Nélson Gonçalves e o indefectível *O Ébrio*, de Vicente Celestino, *leitmotiv* de um dos enredos. Essas coreografias teatrais alcançam momentos admiráveis no tango dançado por Bel Garcia como uma marionete viva, ou no confronto entre o ébrio e o amnésico, em que se alternam abraço e briga, na repetição de um mesmo módulo de movimento, com poucas variações. Essa é a primeira cena do espetáculo, que retorna outras vezes e acaba funcionando como uma espécie de vinheta de sentido e forma de *Melodrama*.

Nessas cenas, e em várias outras passagens, é emocionante acompanhar os atores na composição de partituras corporais nítidas, elaboradas de modo que as marcas previsíveis da emoção barata transformam-se em sequências precisas de gesto e em dicção retórica, de entonação melódica e enfática. Completando o desenho, o movimento em diagonal das marcações é, ao mesmo tempo, remissão ao desempenho antiquado que a tradição formatou e sua coreografia contemporânea, feita de precisão milimétrica e intervalos rítmicos, quando o código se desmancha e se refaz. Seguindo essa narrativa de síncopes, também presente em *A Bao a Qu* e em *A Morta*, os atores da Companhia têm liberdade para remeter-se à matriz melodra-

---

22 Essa observação está na crítica *Melodrama* Encontra Beleza e Evita Clichês, *O Estado de S. Paulo*, p. D2. Abordagem semelhante do espetáculo, mencionada anteriormente, é a de M. Luiz, em Investigação de um Gênero, *Jornal do Brasil*.

mática e à sua recriação, numa composição que alia beleza e deboche, como a de Drica Moraes no papel de Doralice, heroína de uma das tramas. Criando uma forma de distanciamento elaborada e contemporânea, que resulta numa espécie de atuação em abismo, a atriz alterna relato e interpretação quando apresenta a personagem vivida pela personagem e narra seu próprio papel na novela radiofônica, o que a torna espectadora de si mesma, em outro registro. Numa passagem antológica, a personagem assiste a uma ópera no Municipal, com nome e tema iguais aos da radionovela que acabara de narrar como atriz. A repetição do incesto na peça dentro da peça, os aplausos gravados, o agradecimento dos atores e o blecaute final depositam camadas adicionais nessa cena de espelhamentos e autorreferências, que se curva sobre si mesma e apresenta ao espectador seu mecanismo de construção.

Patrice Pavis chama o processo de maneira semiótica de encenação, ressaltando que o espetáculo gera, ao mesmo tempo, seu metadiscurso, tornando legíveis as condições de sua produção. O ensaísta acrescenta que o procedimento não se inscreve numa tradição temática ou formal, mas numa autorreflexividade, num comentário da enunciação que, em última instância, quer refletir sobre o funcionamento do processo criativo[23].

Chama a atenção que um procedimento tão elaborado seja, antes de tudo, cômico, e permita a fruição do espetáculo em vários níveis. Sem dúvida, um dos mais sedutores é o do humor que explode, por exemplo, na fala hilária da mesma Doralice – "Expulsei da minha casa aquela sinistra cópia do meu amor" –, em que a personagem pretende referir-se ao suposto irmão do marido, enquanto a atriz remete à paródia do melodrama que acaba de apresentar.

Cinco anos depois de *Melodrama*, em fevereiro de 2000, a Companhia dos Atores radicaliza a releitura do teatro ao encenar *O Rei da Vela*, de Oswald de Andrade. Ao escolher o texto, traz para o palco, de forma direta e indireta, dois marcos históricos da cena brasileira: a peça de Oswald, de 1936, e a encenação de José Celso Martinez Corrêa no Teatro Oficina, de 1967. Ainda que o grupo descarte qualquer referência à montagem ante-

---

23 A Herança Clássica do Teatro Pós-Moderno, *O Teatro no Cruzamento de Culturas*, p. 72.

rior, é quase impossível para o espectador desvencilhar-se das camadas de significado que se agregaram ao texto de Oswald a partir dessa encenação, que faz parte do imaginário teatral brasileiro. Portanto, é compreensível que na estreia da peça as matérias de imprensa mencionem o espetáculo de 1967. Uma delas chega a afirmar que Enrique Diaz traz a passagem do tempo para a própria estrutura dramática, quando encena um comentário teatral da cultura brasileira dos últimos decênios. As entrevistas com José Celso Martinez Corrêa nas temporadas carioca e paulista e o interesse na comparação entre as duas montagens são pistas dessa nova referência ao teatro que a Companhia dos Atores produz, uma feição distinta do interesse que sempre manifestou pelas matrizes de teatralidade, como o construtivismo, o melodrama, o circo e o musical.

Além do mais, o retorno a Oswald de Andrade depois de oito anos – a encenação de *A Morta* é de 1992 – é feito pela via da hiperteatralidade, ou de uma arte teatral de síntese de todas as artes e mídias, cujo objetivo é, paradoxalmente, chegar à situação oposta: "a autópsia de um organismo social que precisa se refletir e se reconhecer sem maquiagem", como observa Enrique Diaz[24]. Portanto, desta vez a teatralidade é posta a serviço do desmascaramento da realidade brasileira corrupta e da implacável lucidez com que o dramaturgo descreve os mecanismos de acumulação do capital financeiro, temáticas infelizmente cada vez mais atuais. A autópsia do "cadáver gangrenado" é feita pelo olhar agudo do poeta, o mesmo criador de *A Bao a Qu* e de *A Morta* que, num percurso de mais de dez anos, afiou a visada farsesca da Companhia dos Atores para transformá-la no olhar do "bufão, do deformado debochado, do *blagueur*, do podre, do malcomportado, do exagerado, do que passa dos limites, do abusado", e agora desafia as aparências que o capitalismo tem[25].

Por outro lado, a Companhia não pretende diluir o jogo do ator/inventor de situações e figuras, que desde *A Bao a Qu* se comprazia em reciclar as máscaras do teatro. Nesse caso, a intensificação das personagens teatrais de Oswald acontece pela invenção de tipos emblemáticos, máscaras cômicas brasileiras

---

24 Abelardoswald. O Rei do Parangolé Incendiário, programa de *O Rei da Vela*, Rio de Janeiro, 2000.
25 Idem.

que, na observação de Mariângela Alves de Lima, têm "a mesma estatura exemplar de um Jeca Tatu ou de um Macunaíma"[26]. Alebardo 1, Totó Fruta-do-Conde e Heloísa de Lesbos adquirem, nessa versão, o estatuto de máscaras de uma *Commedia dell'Arte* nacional e contemporânea, com matrizes de composição que, em certo sentido, ampliam e desenvolvem a pesquisa gestual de *Melodrama*. A languidez e a mordacidade de Heloísa e a "elegância trágica" e canalha de Abelardo 1 são exemplos de figuras cênicas inesquecíveis, que o espectador relembra como detalhadas composições de palco assinadas por Drica Moraes e Marcelo Olinto, e a crítica vê como "despojos da luta de classe" desenhados pelos atores "exatamente com a força de um continente sem conteúdo"[27].

Essa "composição poliédrica" da interpretação, como prefere Diaz, visa mostrar as personagens como prismas de possibilidades que o espectador observa por ângulos diversos e a partir de diferentes lugares de percepção. Próxima do teatro físico, parece sintetizar os processos de construção dos outros trabalhos, revelando a maturidade do investimento no treinamento corporal, iniciado nos primeiros estudos da biomecânica de Meierhold e agora definidos numa marca própria, em que a fisicalidade, o ritmo e a musicalidade aliam-se ao humor e ao deboche, e as partituras de ação são postas a serviço da crítica da realidade brasileira.

Dessa vez, o espaço do espetáculo é um auditório de televisão, onde a "lente estilística da cultura de massa" instaura uma representação em segundo grau. A derrisão do capitalismo financeiro acontece numa cenografia recoberta de cédulas, assinada por Gabriel Vilela, onde os clientes que pleiteiam a reforma de seus empréstimos transformam-se em atrações de um "show de mazelas". A troca constante de máscaras e a autoexposição narcísica são mecanismos evidentes de referência à sociedade do espetáculo. Acentuando e seccionando esse cenário de mídia e moeda, um telão expande o palco para um fora de cena real: a rua em frente ao teatro é mostrada no vídeo em que um dos clientes é atropelado, depois de mendigar um empréstimo ao agiota Abelardo. O mesmo procedimento

---

26 Um Hábil Desfile de Bons Personagens, *O Estado de S. Paulo*, p. D9.
27 Idem, ibidem.

se repete em outras passagens, culminando no episódio final em que Marcelo Olinto interpreta Abelardo no palco e no vídeo. No encerramento da peça, as projeções de fotos e manchetes da atualidade brasileira reforçam a distância histórica entre o texto e a cena e, ao mesmo tempo, sublinham a desigualdade e a corrupção, que se mantém.

Presente em *O Rei da Vela*, o vídeo sempre foi utilizado nos espetáculos da Companhia dos Atores, até mesmo como raciocínio de edição cênica, feita de planos e *closes* que cabia à iluminação decupar. O "impulso cinematográfico da escritura cênica" era visível, por exemplo, numa peça de 1998, *Cobaias de Satã*, em que duas telas gigantes, dois projetores de imagem e uma câmara ao vivo auxiliavam a materialização de uma atmosfera irreal e opressiva, próxima dos contos de Kafka. Também em *Melodrama* o uso do vídeo era adequado à exploração das tramas em vários meios de comunicação de massa, como acontecia, por exemplo, na projeção do *Ébrio* em filme.

Além de ampliar o contexto e o espaço cênico, a introdução da imagem em movimento, de cinema ou vídeo, associada à ação física do ator, é responsável pela criação de uma cena complexa ao extremo, regida por uma lógica de atomização e fragmentação que resulta não apenas da ampliação dos suportes técnicos, mas da mistura de diferentes qualidades de imagem e de presença cênica. No caso de *O Rei da Vela*, a combinação das imagens contemporâneas e das referências históricas, de imagens projetadas e representadas, de projeções fixas e coreografias animadas, de cenas sujas e vídeos bem definidos, cria um campo aberto de possibilidades de leitura para o espectador e, ao mesmo tempo, "visões de desequilíbrio" que levam à constante relativização do que se passa no palco[28].

É bastante comum, também no teatro brasileiro, opor a imagem à interpretação, como se a visualidade e a plasticidade cênicas por si só diminuíssem a carnalidade das atuações e a importância do ator na geração da teatralidade. Os trabalhos da Companhia dos Atores e de Enrique Diaz são um desmentido veemente dessas leituras maniqueístas, pois em todos eles a performance garante a importância do ator/compositor de

---

1 B. Picon-Vallin (org.), op. cit., p. 31.

ações e de imagens, ao levar em conta os vários dados da encenação e até mesmo contribuir para a criação de um espaço gestual e coreográfico, no procedimento que tem *A Bao a Qu* como matriz[29]. Falar de desrealização da cena pela imagem é esquecer que seu aspecto icônico pode funcionar como um apelo à superação das aparências, como acontece, por exemplo, em *O Rei da Vela*. Nesse trabalho, a passagem do vídeo à performance, e mesmo a convivência entre ambos, é uma revelação da maneira como os atores definem grafias cênicas e partituras corporais, sem jamais se submeterem à abstração e a uma posição marginal na enunciação. Próximos dos acrobatas, dos palhaços, dos músicos, dos dançarinos e dos humoristas, os *performers* da Companhia atuam numa área de risco, em que a decisão funambulesca garante o acordo íntimo e instável entre a pulsão plástica e o desejo do jogo teatral, que envolve atores e espectadores num processo permanentemente aberto.

2 O ensaio de Marie-Madeleine Mervant-Roux, "Le Ré-imaginement du monde. L'art du Théâtre du Radeau", serviu de guia a essas conclusões. Foi publicado em B. Picon-Vallin (org.), La Scène et les images, op. cit., p. 362--387.

A Bao a Qu – um lance de dados
  CONCEPÇÃO E DIREÇÃO: Enrique Diaz
  DIREÇÃO CORPORAL: Paula Aratanha
  CENÁRIO: Paula Joory e Drica Moraes
  FIGURINO: Marcelo Olinto e Drica Moraes
  ILUMINAÇÃO: Luiz Paulo Nenen
  DIREÇÃO E CRIAÇÃO MUSICAL: Carlos Cardoso
  ELENCO: André Barros, Alexandre Akerman, Anna Cotrim, Bel Garcia,
     Gustavo Rocha, Marcelo Olinto, Marcelo Valle, Susana Ribeiro
  CRIAÇÃO: Cia. dos Atores
  ESTREIA: 1990

A Morta
  TEXTO: Oswald de Andrade
  DIREÇÃO E ADAPTAÇÃO: Enrique Diaz
  CENÁRIO: Beli Araújo, Drica Moraes e Paula Joory
  FIGURINOS: Biza Vianna e Marcelo Olinto
  ILUMINAÇÃO: Maneco Quinderé
  COMPOSIÇÃO E DIREÇÃO MUSICAL: Carlos Cardoso e Mário Vaz de Mello
  ELENCO: André Barros, André Cunha, Bel Garcia, César Augusto,
     Duda Monteiro, Enrique Diaz, Letícia Monte, Lino Caminha, Marcelo
     Olinto, Marcelo Valle, Patrícia Barcala, Paula Salles, Susana Ribeiro
  CRIAÇÃO: Cia. dos Atores
  ESTREIA: 1992.

Só eles o sabem
TEXTO: Jean Tardieu
DIREÇÃO E ILUMINAÇÃO: Enrique Diaz,
CENÁRIO: Drica Moraes e Enrique Diaz
FIGURINOS: Samuel Abrantes
MÚSICAS: Mário Vaz de Mello
ELENCO: André Barros, Anna Cotrim, Bel Garcia, Drica Moraes,
    Marcelo Valle, Paulo Vespúcio
CRIAÇÃO: Cia. dos Atores
ESTREIA: 1993

Melodrama
TEXTO: Filipe Miguez
CONCEPÇÃO E DIREÇÃO: Enrique Diaz
CENÁRIO: Fernando Mello da Costa
FIGURINOS: Marcelo Olinto
ILUMINAÇÃO: Maneco Quinderé
DIREÇÃO E CRIAÇÃO MUSICAL: Carlos Cardoso
ELENCO: Bel Garcia, César Augusto, Drica Moraes, Gustavo Gasparini,
    Marcelo Olinto, Marcelo Valle, Susana Ribeiro
CRIAÇÃO: Cia. dos Atores
ESTREIA: 1995

Cobaias de Satã
TEXTO: Filipe Miguez
DIREÇÃO GERAL: Enrique Diaz
CENÁRIO E VÍDEOS: Gringo Cardia
FIGURINOS: Flavia Cole e Marcelo Olinto
ILUMINAÇÃO: Maneco Quinderé
DIREÇÃO E CRIAÇÃO MUSICAL: Marcelo Neves
ELENCO: César Augusto, Bel Garcia, Gustavo Gasparini,
    Marcelo Olinto, Marcelo Valle, Susana Ribeiro, Thereza Piffer
CRIAÇÃO: Cia. dos Atores
ESTREIA: 1998

O Rei da Vela
TEXTO: Oswald de Andrade
ADAPTAÇÃO: Cia. dos Atores
DIREÇÃO GERAL: Enrique Diaz
CENÁRIO: Gabriel Vilella
FIGURINO: Marcelo Olinto
ILUMINAÇÃO: Maneco Quinderé
DIREÇÃO E CRIAÇÃO MUSICAL: Marcelo Neves
ELENCO: César Augusto, Drica Moraes, Gustavo Gasparini, Malu Galli,
    Marcelo Olinto, Marcelo Valle
CRIAÇÃO: Cia. dos Atores
ESTREIA: 2000

Parte III

Dramaturgia Contemporânea

1. Notas sobre Dramaturgia Contemporânea

Qualquer espectador ou leitor mais assíduo de dramaturgia contemporânea constata facilmente sua diversidade. Construída segundo as regras do *playwriting* ou como *storyboard* de cinema, estruturada em padrões de ação e diálogo ou a partir de monólogos justapostos, tratando de problemas atuais de forma realista ou metaforizando grandes temas abstratos, hoje a peça de teatro desafia generalizações. A diversidade da produção chega a ponto de levar um pesquisador da envergadura de Patrice Pavis a definir o texto teatral pelo critério elocutório. Segundo o teórico francês, atualmente texto de teatro é tudo aquilo que se fala em cena[1]. O que parece um exagero de simplificação encontra eco no encenador americano Richard Schechner, para quem drama é tudo o que o escritor escreve para a cena, e se opõe a *script*, o roteiro que serve como mapa de uma determinada produção[2].

Parece evidente que essas definições pragmáticas resultam dos problemas para distinguir o texto teatral de hoje, quando as fronteiras do drama se alargaram a ponto de incluir romances,

---

3 Towards a Semiology of the Mise en Scène, *Languages of the Stage*, p. 140.
4 *Performance Theory*, p. 85.

poemas, roteiros cinematográficos e até mesmo fragmentos de falas esparsas, desconexas, usados apenas para pontuar a dramaturgia cênica do diretor ou do ator. Diante dessa situação, não é de estranhar que uma das principais tarefas do estudioso do texto teatral contemporâneo seja distinguir seu objeto. Pois tudo o que aparecia até o final do século XIX como marca inconfundível do dramático, como o conflito e a situação, o diálogo e a noção de personagem, torna-se condição prescindível quando os artistas passam a usar todo tipo de escritura para eventual encenação, na tentativa de responder às exigências de tema e forma do final do século XX e início do XXI.

Talvez um olhar mais atento possa distinguir nas formas híbridas do texto teatral contemporâneo a necessidade de expressão de assuntos que os modelos históricos não conseguem conter. A hipótese é reforçada pela leitura do já clássico *Teoria do Drama Moderno*, de Peter Szondi. A perspicaz análise de Szondi mostra que a noção a-histórica de texto leva à suposição de que uma mesma forma dramática pode ser usada em qualquer época, para a construção poética de qualquer assunto. Defensor da posição dialética, o teórico alemão percebe, ao contrário, uma equivalência entre forma e conteúdo, com a forma concebida como uma precipitação do conteúdo (como quer Adorno), em que a temática nova funciona como um problema para a antiga moldura formal.

Na época em que escreve, meados da década de 1950, Szondi constata que as peças compostas com diálogos trocados entre os personagens, como numa conversação cotidiana, são incapazes de expressar as novas contradições da realidade. E localiza a crise da forma dramática muito antes, por volta de 1880, quando a crescente complexidade das relações sociais já não cabe no mecanismo do drama absoluto, que se estrutura a partir das relações intersubjetivas dos personagens. A acomodação forçada de Ibsen à peça-bem-feita na fase realista, a ruptura de Strindberg por meio da dramaturgia do eu, expressa pelo monodrama e o drama de estações expressionista, os textos impressionistas de Tchékhov, cujos solitários protagonistas vivem de memórias e sonhos de futuro, estagnados em um tempo que exclui o presente dramático, configuram a crise da passagem do século, predecessora das várias tentativas de salvação do drama em um mundo em que a ação humana livre, individual, parece sucumbir ao peso da história, ao aprisionamento na subjetividade e à presença obsessiva da morte.

No auge da crise da forma dramática, o romance parecia estar mais apto a tratar do tema da ação humana individual pressionada por forças externas, ou internas demais, pois dispunha de processos narrativos mais eficazes para representar tanto a subjetividade quanto o mundo moderno e seus mecanismos elaborados, projetando com maior facilidade o processo histórico, o tempo vivido e os abismos da interioridade. Não é de estranhar que, depois da crise apontada por Szondi, o drama seja cada vez mais contaminado por procedimentos épicos e escape à lógica intersubjetiva que funda a mimese teatral. A forte presença das técnicas analíticas na construção do texto teatral contemporâneo talvez indique que a *diegesis* seja o modo mais eficaz de representar os "estados de coisas" a que Benjamin se refere quando analisa o teatro épico brechtiano[3].

A dramaturgia pós-dramática pode ser considerada uma das etapas mais recentes do texto teatral narrativo. Hans-Thies Lehmann, que cunhou o termo ao analisar as peças de Heiner Müller, observa que, no limite, essa dramaturgia prescinde do conflito, do diálogo, da personagem e da ação[4]. De fato, o leitor ou o espectador de Müller percebe em seus textos mais radicais um processo de desdramatização levado a extremos. *Quartett*, *Medeamaterial* ou mesmo *Hamlet-machine* são verdadeiros tratados de argumentação, em que a personagem expõe seus enunciados de modo arbitrário, por meio de longos monólogos que impedem a troca dialógica e imobilizam o desenvolvimento da suposta fábula que, aliás, nem chega a ser definida pelo dramaturgo. No caso desse tipo de escritura dramática, como o assunto não é claro e o enredo não existe, o resultado é o esmaecimento do conteúdo, como observa Fredrik Jameson em relação a outro contexto. O procedimento leva à diluição relativa do referente histórico, o que Jameson tenta

---

5 "O teatro épico não reproduz, portanto, o estado de coisas, mas tem sobretudo que descobrí-lo. A descoberta dos estados de coisa se completa por meio da interrupção do curso dos acontecimentos". W. Benjamin, Qu'est-ce que le théâtre épique? Première version, *Essais sur Bertolt Brecht*, p. 11.
6 Apud P. Pavis, *O Teatro no Cruzamento de Culturas*, p. 95.

explicar pela incapacidade que o artista contemporâneo teria de olhar o presente, um mundo extremamente complexo e cada vez mais difícil de mapear[5].

De qualquer forma, como sucessor de Brecht no Berliner Ensemble, Müller sempre alimentou a contradição entre a forma fragmentária, com potentes descrições de imagem, e os traços alusivos aos momentos traumáticos da história alemã deste século. É evidente que o horror nazista e a repressão stalinista permanecem como alegoria incômoda em quase todas as suas peças. Mesmo no caso de *Quartett*, baseada nas *Ligações Perigosas* de Choderlos de Laclos, a rubrica inicial sugere um "*bunker* depois da Terceira Guerra Mundial" onde se movimentam as figuras movediças de Valmont e Merteuil, trocando constantemente de papel como se fossem meras projeções do narrador. Essa identidade frágil força o espectador ou leitor a olhar os personagens como meras funções de enunciação e não mais como sujeitos com autonomia ficcional suficiente para lhes permitir ser agentes de um conflito dramático[6]. Corroborando essa impressão, Stephen Watt menciona a subjetividade migratória como característica básica do drama mais recente, em que a identidade humana é marcada em termos de horizontalidade, e se liga a travessias territoriais e ocupações temporárias de espaço, constituindo-se em termos bastante diferentes daqueles que enformam os modelos tradicionais de construção de personagem, mais próximos do aprofundamento vertical[7].

De qualquer forma, Fernando Peixoto considera a posição fronteiriça da dramaturgia de Müller como um momento de síntese, pois mostra a firmeza ideológica revestida de perplexidade e a reflexão consciente sobre o processo histórico, o questionamento do significado e da prática da revolução e a discussão do socialismo postos em tensão pelo debate sobre a ética individual[8]. Nesse turbulento espectro temático, não é de estranhar que o conflito seja substituído pela ideia de catás-

---

7 A Lógica Cultural do Capitalismo Tardio, *Pós-modernismo. A Lógica Cultural do Capitalismo Tardio*, p. 51.
8 "Mal-Estar na Civilização": A Representação da Catástrofe no Teatro Franco-Alemão Contemporâneo, *O Teatro no Cruzamento de Culturas*, p. 89-90.
9 *Postmodern Drama. Reading the Contemporary Stage*, p. 70.
10 Quando a Crítica se Transforma em Grito, *Teatro de Heiner Müller*, p. xv.

trofe, e em lugar de opor os protagonistas oponha o narrador ao mundo narrado.

No aspecto estrutural, pode-se considerar a dramaturgia de Müller como o correlato literário de um tipo de encenação frequente no princípio dos anos de 1980, criado especialmente por artistas da vanguarda formalista americana, como Robert Wilson e Richard Foreman, e, no caso brasileiro, por Gerald Thomas. Em certo sentido, os textos do autor alemão são a prova de que os dramaturgos não ficaram alheios às modificações do espetáculo contemporâneo e parecem ter incorporado ao veículo literário os procedimentos criados por seus parceiros de cena, redefinindo assim os limites da textualidade dramática. Certamente não se deve ao acaso a parceria de Heiner Müller com Wilson nas encenações de *Hamlet-machine* e *Quartett*.

Michael Vanden Heuvel foi um dos primeiros teóricos contemporâneos a apontar o forte movimento da dramaturgia do período em direção à encenação, que agiu como fator de modificação das estruturas textuais. Para Heuvel, esse mecanismo permitiu ao texto incorporar a indeterminação e a dispersão características da performance dos encenadores mencionados, além de influenciá-la, pois os canais dramático e cênico sempre operaram como interfaces abertas[9]. As peças de Müller seriam um dos exemplos do processo formativo texto/cena deflagrado em conjunto, cujo grande precursor foi Samuel Beckett, e que envolveu outros criadores, como o Wooster Group e Sam Shepard, para mencionar apenas os casos exemplares.

O movimento não é novo. Como lembra Anne Ubersfeld, a dramaturgia sempre foi escrita contra ou a favor do "objeto-teatro" a que se dirigia[10]. A forma dramática, além de expressar um sentimento de época, sempre revelou uma prática cênica, um tipo de desempenho e uma determinada imagem da representação. A qualidade do espaço, o estilo de atuação e o modelo de fábula que o teatro estava apto a contar sempre foram fatores determinantes da escritura do dramaturgo. A diferença, sentida numa parcela da dramaturgia recente, é que esta

---

9 *Performing drama/dramatizing performance*, p. 19-20.
10 La Scène et le texte, *L'Ecole du spectateur*, p. 14.

aparentemente esqueceu as preocupações com a ação dramática, escrita para ser atualizada pelo espetáculo. Talvez a resposta dos dramaturgos à escritura autoral dos encenadores tenha sido uma dramaturgia não dramática, sem ação, que em última instância é autônoma. Pode ser lida como poema, depoimento ou relato. Nada em sua conformação revela a famosa incompletude literária, os "buracos" a que Ubersfeld se refere quando destaca a necessária passagem do literário para o cênico.

Talvez o exemplo mais radical dessa dupla autonomia – da escritura dramática e da escritura cênica – sejam as peças de Heiner Müller supostamente encenadas por Bob Wilson. A verdade é que as montagens de Müller por Wilson tinham pouca semelhança com o que se entende por encenar um texto dramático. O artista americano gravava a íntegra das peças do dramaturgo e as exibia ao público como trilha sonora da escritura cênica. Na realidade, o que se via no palco era a justaposição do texto do dramaturgo no espaço sonoro e do texto do encenador no espaço cênico, literatura e teatralidade justapostas para criar um sentido aberto, que cabia ao espectador completar[11].

Talvez essa tenha sido uma das mudanças mais radicais da relação texto/cena no teatro contemporâneo. Para entendê-la, não é preciso voltar à discussão sobre a natureza literária ou teatral do texto dramático. Jiri Veltruský, teórico da escola de Praga, considera a discussão inútil. Observa que sem dúvida o drama é uma obra literária e, enquanto tal, pode ser simplesmente lido ou usado como componente da performance, como faz Robert Wilson com os textos de Müller. A diferença está no tipo de teatro que se pratica e, em última instância, vai determinar a escolha e o uso que se faz do texto. Algumas formas teatrais contemporâneas, por exemplo, preferem os textos líricos e narrativos ao drama, pois pretendem que a escritura cênica entre em relação com a literatura como um todo, e não apenas com o gênero dramático[12].

Richard Schechner retoma, em certo sentido, a discussão de Veltruský, quando distingue dois tipos de texto de teatro.

---

11 Para uma interessante análise das montagens ver F. Maurin, *Robert Wilson. Le temps pour voir, l'espace pour écouter*.
12 Jiri Veltruský, Dramatic Text as a Component of Theatre, em L. Matejka; I. R. Titunik, (eds.), *Semiotics of Art, Prague School Contributions*, p. 95.

O texto performático (*performance text*) é indissociável da representação e existe apenas enquanto materialização cênica relacionada a outros componentes da escritura teatral. A representação lhe dá suporte e coerência, e é apenas como parte dela que pode fazer sentido. Exatamente por isso o texto performático é fragmentado, heterogêneo, múltiplo, e seria incoerente tentar analisá-lo enquanto obra literária, pois depende dos outros sistemas cênicos para se realizar. É verdade que pode ser transcrito, mas apenas como partitura mínima da representação, pois depende da intervenção de outros elementos para compor a totalidade da escritura cênica. Schechner opõe o texto performático a algo que chama simplesmente de texto (*text*), cuja existência extracênica considera perfeitamente legítima, pois precede a representação e sobrevive a ela enquanto obra literária autônoma. O encenador americano associa os dois tipos de texto às tradições teatrais do ocidente e do oriente e define o texto performático recorrendo ao teatro Nô:

> O drama Nô não existe enquanto conjunto de palavras que serão, em seguida, interpretadas pelos atores, mas enquanto um conjunto de palavras inextricavelmente unidas à música, aos gestos, à dança, aos diferentes modos de interpretação teatral, aos figurinos[13].

Partindo da distinção de Schechner, Josette Féral procura relativizá-la. Em primeiro lugar, enfatiza a existência de diferentes tipos de texto performático, dependendo da natureza e do modo de inserção no espetáculo. Para Féral, ainda que muitos deles sejam incompletos, fragmentados, heterogêneos, sem linha narrativa, e seu sentido não se ligue à lógica do discurso literário mas à combinatória de elementos cênicos em meio aos quais são apresentados, outros mantêm a linearidade narrativa sem deixar de permitir um discurso cênico múlti-

---

13 Training interculturally, em E. Barba; N. Savarese (orgs.), *A Dictionary of Theatre Anthropology*, p. 247. A edição brasileira publicada pela Hucitec opta por "texto da representação" para traduzir *"performance text"*, mas preferi o neologismo "texto performático" para distinguir o conceito de "testo spettacolare", definido por Marco de Marinis como a escritura integral do espetáculo, e traduzido como texto espetacular, texto cênico e, algumas vezes, texto da representação.

plo. A ensaísta afirma que, nos dois casos, a constante é a dependência dos textos à totalidade da encenação, pois ambos fazem sentido apenas em relação aos elementos da representação com que dialogam. Adotando uma perspectiva histórica, considera o texto e o texto performático como os dois polos entre os quais a encenação contemporânea oscila, com o teatro dos anos de 1960 e 70 escolhendo de preferência o segundo como base da representação. Acredita que numerosos encenadores do período preferiram trabalhar com textos não criados originariamente para o palco por julgarem que os excertos de romances, poemas ou depoimentos favoreciam uma maior liberdade criativa. Continuando sua análise, Féral observa que o teatro dos anos 90 retornou ao texto literariamente autônomo, eleito como matriz para a criação dos espetáculos. Mas adverte que é preciso ver nessa polaridade não uma relação de exclusão, que considera empobrecedora, mas antes um movimento de complementaridade. Aproximando-se de Veltruský, a ensaísta sugere que a opção preferencial por um ou outro tipo de texto, ou por ambos, depende de fatores exteriores, como ideologias e estéticas dominantes, associados a questões ligadas ao percurso criativo do artista. Ainda que não discorde de Schechner de forma clara, Féral sugere que não é a presença ou a ausência de um texto performático que vai definir o tipo de encenação. E, pode-se acrescentar, não é isso que determina o uso que o encenador faz do texto. São as modalidades de integração do texto aos outros elementos da representação que permitem dizer a que categoria a encenação pertence e de que forma ela trata o texto, performático ou não.

Para corroborar suas conclusões, Josette Féral cita o encenador canadense Robert Lepage, responsável pela autoria cênica integral das produções que dirige, quer faça uso de textos ou textos performáticos, alternadamente ou de forma simultânea. Menciona como exemplo os espetáculos *Les Aiguilles et l'Opium* e *Elseneur*, considerando este último bastante fiel ao *Hamlet* de Shakespeare[14]. No caso brasileiro, sem dúvida é Antunes Filho quem mais se aproxima dessa alternância, o que pode ser conferido nas montagens de *Drácula* e *Gilgamesh* e nas encenações de

---

14 Le Texte spectaculaire: la scène et son texte, *Degrés*, p. 1-21.

Nelson Rodrigues, do *Macbeth* de Shakespeare (*Trono de Sangue*) e, mais recentemente, das *Troianas* de Eurípides (*Fragmentos Troianos*). Também Enrique Diaz faz opção alternada por um ou outro tipo de texto, quando cria *A Bao a Qu* ou encena *A Morta* e *O Rei da Vela*, de Oswald de Andrade, sem que isso influencie de forma substancial sua autoria cênica.

As observações de Veltruský, Schechner e Féral podem facilitar a mudança do foco de análise do texto teatral. Pois, até bem pouco tempo, a função precípua da peça de teatro era projetar uma ação dramática que a cena deveria atualizar. Sem dúvida foi Raymond Williams quem investigou as etapas decisivas dessa relação. Para definir sua abordagem, Williams vinculou teatral a dramático, medindo a teatralidade pela capacidade que a literatura teria de criar ação por meio dos diálogos ou de outros recursos disponíveis no veículo textual. Ao analisar por esse prisma o desenvolvimento histórico da forma dramática, constatou mudanças por volta do princípio do século, o mesmo período em que Szondi localizou a crise. Williams definiu a mudança a partir do momento em que autores dramáticos como Tchékhov passaram a escrever textos em que os diálogos se dissociavam da ação e o drama passava a necessitar da encenação para se realizar plenamente. É evidente que o texto dramático sempre precisou do palco para se concretizar, mas o que Williams observa é que nas formas dramáticas exemplares, como a tragédia grega, as peças medievais e o drama elizabetano, ainda prevalece o padrão da "fala acionada" (*acted speech*), em que cabe à palavra movimentar a ação dramática. Em virtude de uma convenção implícita nessas formas teatrais, o discurso ainda é uma maneira de agir, o que vale inclusive para as normas da dramaturgia clássica. Williams não se cansa de enfatizar que, nesse tipo de dramaturgia, as palavras se encarregam de prescrever ações exatas e por isso o dramaturgo não escreve apenas uma obra literária mas também uma encenação, entendida como a comunicação física de um trabalho dramaticamente completo[15]. Nesse caso, falar é fazer. O logos adquire as funções da práxis e se substitui a ela, como observa Roland Barthes em seu livro *Sobre Racine*.

---

15 *Drama in Performance*, p. 162.

No entanto, ao analisar *A Gaivota*, de Tchékhov, Williams constata que os diálogos já não prescrevem ações, transformadas em algo que ele chama de comportamento, em que se consubstancia uma nítida separação entre fala e performance. Agora o texto dramático não projeta ações, mas uma "conversação provável" em que não há relação exata entre a organização das palavras e o método de falá-las. Nem é preciso dizer que a peça de Tchékhov abre espaço para uma interpretação sujeita a amplas variações. As constantes divergências do dramaturgo com Stanislávski a respeito da montagem de seus textos são mais uma prova da instauração da polifonia significante a que Bernard Dort se refere quando analisa o teatro contemporâneo[16].

Entre outros motivos, é para ocupar o espaço aberto pelo texto que o encenador começa o lento trabalho de elaboração de uma escritura própria, iniciando o movimento de justaposição do texto cênico ao dramático, até que o primeiro adquira plena autonomia. Como observa Williams em outro ensaio:

[a] repetida tensão entre dramaturgos e encenadores, tão marcante nesse século, é característica dos problemas da própria forma dramática. Isso fica especialmente claro nos movimentos de reforma literária que, concentrando-se nos problemas da fala dramática, menosprezaram os problemas básicos da ação dramática. Mudar a convenção da fala, mas não a outra convenção, é desintegrar uma forma que já tem seus métodos teatrais, e criar um hiato que a produção é forçada a preencher[17].

Ao preencher esse hiato, a encenação permitiu à dramaturgia completar o percurso de autonomia e de expurgo da ação dramática a que me referi anteriormente. E, por outro lado, também estimulou o movimento paralelo de incorporação da nova materialidade cênica. Nesse caso, a contaminação do drama pela cena contemporânea aconteceu especialmente pelo uso de procedimentos literários que já não pretendiam construir uma ação dramática para ser atualizada pelo palco. Agora os dramaturgos procuravam incorporar a própria tea-

---

16 "The Seagull, by Chekhov", *Drama in Performance*. Cf. supra, n. 6, p. 46.
17 Conclusão, *El Teatro de Ibsen a Brecht*, p. 407. Usei também como base para a abordagem de Williams o texto inédito de Luiz Fernando Ramos, *Um Drama Contemporâneo, como Escrever Ações*, p. 6-8.

tralidade ao texto, na tentativa de apropriar-se de tudo aquilo que na representação é especificamente cênico, essa "espessura de signos e sensações" que Roland Barthes liga a uma espécie de "percepção ecumênica de artifícios sensuais, gestos, tons, distâncias, substâncias, luzes, que submerge o texto sob a plenitude de sua linguagem exterior"[18].

O resultado da apropriação da teatralidade pela dramaturgia mais recente é que o texto literário ganhou novo estatuto. O dramático ainda se conserva no modo de enunciação, na construção dos diálogos, monólogos ou narrativas e, algumas vezes, no desdobramento das personagens. Mas a qualidade teatral deixa de ser medida pela capacidade de criar ação. Agora teatral pode ser apenas espacial, visual, expressivo no sentido da projeção de uma cena espetacular. Paradoxalmente, é teatral um texto que contém indicações espaço-temporais ou lúdicas autossuficientes. Os textos do dramaturgo francês Bernard-Marie Koltès, por exemplo. É interessante observar como em suas peças a circulação da palavra auxilia a construção de estratégias espaciais complexas. *Na Solidão dos Campos de Algodão* é uma "trans-ação" entre traficante e cliente, em que o jogo de ataque e defesa é projetado por meio dos movimentos do diálogo. Sem utilizar uma única rubrica, Koltès consegue sugerir a imobilidade do primeiro e a movimentação do segundo com um "motim verbal" que se desdobra no ritmo preciso das falas e nas passagens bruscas do discurso altamente retórico à linguagem cotidiana. O movimento do traficante em direção ao cliente e o recuo deste, na tentativa dúbia de negar e afirmar a intenção de compra, acaba projetando territórios de ação. Jean-Pierre Ryngaert nota, com razão, que essa dança do desejo é falada, comentada e realizada no desdobramento da linguagem, de precisão quase maníaca, e em última instância é quem se encarrega de coreografar a tensão que une e opõe as personagens. Nesse percurso, o diálogo não exibe o desejo por meio do sentido das falas – de certa forma, trata-se de um encontro de trajetórias abstratas –, mas por intermédio do elaborado sistema espacial que a palavra projeta, dando acesso ao prazer por meio da construção de uma rede

---

18 *Essais critiques*, p. 41-42.

imaginária de aproximações verbais[19]. Como observa Anne Ubersfeld, todo o sistema espaço-temporal do texto é baseado nas isotopias desse movimento verbal de idas e vindas, que constrói uma coreografia repetitiva através da recorrência do mesmo vocabulário. Pode-se dizer que os argumentos do cliente ressoam nas falas do traficante como gestos, e a alternância de monólogos fluentes e diálogos lacônicos hibridiza as formas dramática e épica, ao mesmo tempo que cria, pela alternância e variação, um intenso ritmo cênico[20].

Michel Vinaver nota que os diálogos de *Na Solidão dos Campos de Algodão* têm qualidade postiça e retórica, acentuada pela falta de ligação entre pergunta e resposta. Na verdade, as réplicas infladas são longos monólogos em que cada interlocutor fala até perder o fôlego, sem que nunca se tenha certeza de a quem se dirige. Em lugar de responder, o antagonista geralmente retoma sua fala anterior, compondo um movimento musical de repetição/variação também presente em outro texto de Koltès, o *Combate de Negro e de Cães*. A situação inicial da peça é a de um homem que vem exigir de outro a restituição imediata de um corpo. A diferença de visões de mundo entre Alboury e Horn, o negro e o europeu, são demarcadas através dos territórios que as falas projetam quando o primeiro entra no campo do outro para reclamar seu direito. O interessante é que Koltès consegue figurar a temática de oposição entre culturas no eixo espacial projetado pela exuberância da vegetação tropical (a rubrica do primeiro segmento indica "atrás das buganvílias, no crepúsculo") oposta ao canteiro de obras. O principal tema da peça é exatamente a oscilação entre os territórios demarcados pelo dentro e o fora, o velho e o jovem, o branco e o negro, a Europa e a África. Pode-se dizer que os principais eixos temáticos ligam-se a essa oposição de espaços e, nesse sentido, é possível concluir que a ação dramática é a passagem de um território a outro, de uma situação espacial a outra, feita por meio do movimento físico/verbal das personagens. Nessa forma de construção dramática, que Michel Vinaver considera uma "peça/paisagem" figurada pela aventura da palavra, a temática se cristaliza na projeção de espaços cênicos conflitantes,

19 *Ler o Teatro Contemporâneo*, p. 25-26.
20 A. Ubersfeld, *Lire le théâtre* III. *Le dialogue de théâtre*, p. 196.

territórios inimigos "confragrados no passe de armas dos diálogos" de réplicas incisivas, não tanto pelo conteúdo semântico mas pela brutalidade física que produzem.

No momento em que um autor lança mão desses procedimentos para elaborar seus textos, outras dinâmicas de construção dramática estão em jogo. A atividade da palavra toma o lugar antes reservado à progressão da intriga. Dessa forma, o que Koltès concebe é uma microdramaturgia baseada em estratégias de diálogo feitas de figuras de ataque, de resposta, de esquiva, criando armadilhas que restabelecem uma perspectiva agonística, desta vez dentro da própria linguagem[21].

Patrice Pavis vê nessa retomada do diálogo um indício da necessidade de reatar relações com o outro, mesmo que esse outro seja, como em *Na Solidão dos Campos de Algodão*, apenas um reflexo invertido. No combate entre o cliente e o traficante, percebe a vontade de restaurar a dialética da troca humana e, ao mesmo tempo, a necessidade de fazer com que o outro fale para "interpelar o mundo em suas certezas".

No entanto, é sintomático que as personagens de Koltès, apesar de estarem sempre em busca dos argumentos do interlocutor, pareçam questioná-lo sem esperança de resposta imediata. O que explica que os diálogos patinem nas réplicas infladas, parecendo girar em falso. Segundo Pavis, esse processo mostra a visão de mundo de um artista que perdeu a vontade de explicar ou compreender, "como se a questão do sentido, o da obra e o do mundo, tenha se tornado obsoleta". Essa opinião não impede o teórico francês de constatar uma forte ligação da dramaturgia francesa contemporânea com a realidade, especialmente sensível nos textos de Koltès, em que a violência das grandes metrópoles pode explicar em parte a solidão existencial e a exclusão social das personagens[22].

A mesma violência e marginalidade reaparecem nos textos do dramaturgo brasileiro Dionísio Neto. O crítico Nélson de Sá vê no artista um estranho híbrido dos diretores José Celso

---

21 M. Vinaver, *Écritures dramatiques*, p. 47-82.
22 Patrice Pavis, Synthese premature ou Fermeture provisoire pour cause d'inventaire de fin de siècle, texto da conferência realizada em Madri, em 26 de novembro de 1998, no colóquio Encuentro Internacional sobre el Autor Teatral y Siglo XX.

Martinez Corrêa, Gerald Thomas e Antunes Filho, que Dionísio considera o principal responsável por sua formação[23]. A influência dos três encenadores pode explicar a clara incorporação de recursos cênicos a textos que trazem as marcas da teatralidade contemporânea tanto nas falas quanto na estrutura narrativa e fragmentária. A par disso, é visível a filiação do dramaturgo ao teatro de Zé Celso, de quem empresta a urgência de ser cronista do tempo. "Quero extrair poesia do homem contemporâneo, do português coloquial", afirma em entrevista recente.

De fato, a violência da grande cidade brasileira explode no registro do submundo urbano e no tecido social esgarçado em cenas terminais, em que marginais e artistas associam a discussão existencial ao crime, às drogas e à descrença. É o caso de *Desembestai!*, texto de 1996 que mostra adolescentes praticando crimes macabros, descritos em detalhes que lembram certas passagens do *Roberto Zucco* de Koltès.

Quanto à influência de Thomas, ela é visível em peças como *Perpétua* e sobretudo em *Opus Profundum*, justaposição de monólogos/performances de três protagonistas do contemporâneo – um fotógrafo, um ator e um apaixonado pela imagem – que vomitam as visões sujas do imaginário urbano de fim de milênio. A "peça-show para atores, cantores e banda de rock" tem apenas dois diálogos finais, um deles a entrevista de um repórter com o ator de fama internacional que mal disfarça a voz onipresente do dramaturgo. Como nos trabalhos de Thomas, o texto combina essa ostentação da autoria à indicação, nas rubricas, de inserções de dança, música, cinema, mídias eletrônicas e virtuais, artes plásticas e moda, na conexão das muitas referências do imaginário do artista.

A despeito da inclusão dos vários intertextos da cultura contemporânea, o recurso estrutural mais interessante de *Opus Profundum* é o uso sistemático de sugestões de cena nos monólogos, com indicações de movimento e projeções de gesto contaminando as falas dos personagens. A impressão que se tem é a de um dramaturgo que consegue incorporar ao texto literário procedimentos de atuação experimentados com os grandes diretores de ator com quem trabalhou, como Antunes

---

23 N. de Sá, Divers/idade. *Um Guia para o Teatro dos Anos 90*, p. 444.

e José Celso. Mas a incorporação dessa dramaturgia do ator não acontece em forma de rubricas, o que em última instância reforçaria a dependência do texto à realização cênica. O que Dionísio parece adotar é um modelo textual específico, semelhante ao de Koltès, capaz de transformar os monólogos em performances de palavra[24].

A partir dessas observações, é fácil concluir que na dramaturgia de Dionísio Neto prepondera o que Franco Ruffini chama de "cena do texto". O teórico italiano percebe, em qualquer texto de teatro, a convivência de dois componentes. O "texto do texto" é o elemento rígido, orientado, programado, que diz respeito ao conflito e à fábula, e tem como eixo o encadeamento da intriga. A "cena do texto", ao contrário, é representada pela personagem e tudo que lhe diz respeito, incluindo as réplicas e microssituações que se mantêm à margem do conflito e da fábula, dando passagem a certa imprevisibilidade e curso livre ao encenador e ao ator[25]. Essa distinção permite avaliar como o texto de Dionísio tem pouco a ver com o encadeamento da intriga e a coerência das ações. E como deve muito à simultaneidade, ao ritmo, ao modo de compor as falas e o gesto, à projeção do espaço, mas também aos deslizamentos de sentido, à poesia das palavras, às surpresas de construção.

À primeira vista, isso não é o que acontece com as peças do dramaturgo paulista Fernando Bonassi. Semanticamente fortes, elas têm uma relação imediata, quase selvagem, com

---

24 Processo semelhante acontece em relação aos diálogos. Da mesma forma que as indicações cênicas, eles são incorporados aos monólogos como fala direta, na repetição de um procedimento bastante comum na dramaturgia de Koltès, especialmente evidente no longuíssimo monólogo que é *A Noite Logo antes das Florestas*. Veja-se a esse respeito um trecho do monólogo de *Opus Profundum*, que descreve uma batida policial: "Mão na cabeça! Mão na cabeça senão leva furo! Mas eu não fiz nada. Tá drogado, filho da puta. Tá com olho de drogado! Mas eu... Cala boca senão vai virar peneira pra São Pedro lavar roupa! Encosta na parede! Tá machucando. É pra machucar sua bicha. Sou filho de advogado. Pode ser filho do Papa! Tô limpo. Aí você tem certeza que vai ser ali. Pronto, chegou a sua hora. Valeu. E a Anna Stesia? Foda-se. Documento. Documento. Cadê o monza? Não sei de nada. Cê roubou monza, caralho. Tava andando indeciso. Tava procurando orelhão. Pascoale. Porra, foste tu que fotografou o Papa com as bicha evangélica? Te vi na televisão. Pascoale". Dionísio Neto, *Opus Profundum*, texto inédito, 1996, cópia digitada.
25 F. Ruffini, apud J. Féral, op. cit., p. 9.

o real. O espectador ou leitor é atropelado pela pulsação contemporânea que explode no longo monólogo de *Preso entre Ferragens* ou nos diálogos tensos e brutais de *Um Céu de Estrelas*, romance posteriormente adaptado para cinema e teatro. A narrativa clara torna as peças perfeitamente legíveis como obras literárias e mostra um autor que conhece bem a realidade do teatro, mas sabe escrever textos que não dependem do palco para existir. São autônomos enquanto ficção e projeção de uma cena imaginária.

A linguagem de Bonassi é arma de duplo corte que secciona a realidade social de classe média baixa e a solidão existencial das personagens, o impasse brasileiro e a dissolução moral do homem contemporâneo. Essa duplicidade permite que os efeitos de real, ou de autenticidade, estejam estreitamente associados e se alternem a recursos da mais radical teatralidade. Em *Um Céu de Estrelas*, por exemplo, o dramaturgo trabalha de forma aparentemente realista a história de um desempregado que invade a casa da noiva que o abandonou e comete todo tipo de violência, para acabar cercado pela polícia. No entanto, esse realismo sediado na Mooca convive com todo tipo de inverossimilhança assumida pelo dramaturgo – a polícia que chega sem ser chamada, o contexto social insuficiente, a frágil personagem da mãe, que nem nome tem, e reza no banheiro como coro passivo dos protagonistas. É visível que o acento local e a ambientação naturalista interessam ao dramaturgo, mas seu ponto de partida é um *leitmotiv* temático, geralmente a violência em todas as formas possíveis, incorporado a personagens comuns ou marginalizados.

Em *As Coisas Ruins da Nossa Cabeça* Bonassi trabalha a mesma estrutura aparentemente realista, com diálogos plausíveis que opõem as personagens Lena e Vilela. Mas, como no texto anterior, aos poucos esses seres desajustados e isolados em um bar de estrada na Amazônia (que, pelo tom do texto, bem poderia ser um deserto de Shepard) são colocados em situações-limite, inverossímeis mas dissimuladas em hiper--realismo. O contraste entre a plausibilidade dos diálogos e o absurdo da situação exposta – o tensionamento da violência até o limite, sem que se expliquem as razões que levaram a ela – é o tratamento de choque que Bonassi aplica à forma realista, cujo resultado é uma concentração dramática que se aproxima da estrutura da tragédia. Tragédia da falta de controle das personagens sobre a ação que não compreendem e da qual não são sujeitos. Tragédia da impotência do dramaturgo contemporâneo, que não consegue representar as coisas como elas são.

2. A Violência do Novo

Talvez se possa olhar a dramaturgia paulista produzida nos últimos anos não pelo filtro negativo das resenhas de fim de década, que teimam em lastimar a falta de textos de teatro, mas sob uma perspectiva de tensão no interior dos modelos tradicionais. O que se nota hoje é uma disseminação de novas dramaturgias, que tende a converter-se em experiência generalizada no teatro.

Especialmente nos anos recentes, chama a atenção uma variação sistemática na criação e na forma das peças, manifesta tanto em exercícios de composição conjunta por dramaturgo, atores e diretor, quanto em movimentos de incorporação da narrativa ao drama e de retomada e adaptação, via palco, de gêneros como a novela, o conto, a poesia e, mais recentemente, os textos filosóficos, como os diálogos de Platão ou os aforismos de Descartes apresentados no último festival de São José do Rio Preto.

Essas variações têm sua contrapartida na aparente falta de especialização dos dramaturgos mais novos. As constantes passagens do jornalismo para o romance e para o conto minimalista, com estágios nos roteiros de cinema, perceptíveis na prática de Fernando Bonassi, por exemplo, parecem provar que os autores do teatro recente são avessos a modelos rígidos e preferem experimentar muitas vias no interior dos processos criativos a que estão ligados. O que talvez possa indicar um exercício de correspondências entre dramaturgia, roteiro, prosa e reportagem, ou entre produção teatral, literária e visual. Nesse sentido, Bonassi continua sendo um bom exemplo, especialmente no estilo seco e contundente dos contos curtos, híbridos de drama e narrativa, recentemente encenados por Beth Lopes em *São Paulo é uma Festa*, ou nos duelos verbais de *Um Céu de Estrelas*, romance posteriormente adaptado para cinema e teatro.

Semanticamente fortes, as produções de Bonassi têm uma relação imediata, quase selvagem, com a violência que explode no Brasil de hoje. Seu realismo cru sinaliza a atração da dramaturgia recente pelo submundo de marginalizados, prostitutas, policiais corruptos e subempregados envolvidos em tragédias de rua da grande cidade. E pelo escrever sucinto e direto, que se impõe como modelo de um novo teatro urbano, herdeiro violento dos romances de Rubem Fonseca e dos flagrantes dramáticos de Plínio Marcos.

Indícios desse procedimento são encontrados sob formas bastante diferentes nos textos dos últimos anos. Passando pelas incursões teatrais de Patrícia Melo, em *Duas Mulheres e um Cadáver*, com sua obsessão pelo crime e o triângulo amoroso, pelo embate de professores e alunos de periferia em *Vermuth*, que Aimar Labaki situa na zona leste paulistana, pela retomada de formas características do monólogo em *Jantar* de Luiz Cabral ou pelas releituras da temática urbana feitas por Bosco Brasil em *Atos e Omissões*, que espelha assustadoramente a invasão do cotidiano mais íntimo pela brutalidade. O mesmo ocorre com Pedro Vicente, na repetição de temas urbanos que expõe, de forma urgente e direta, a crueldade das drogas e dos desencontros em *Banheiro*. Ou os bêbados de *PromisQuidade*, que misturam sexo a planos de ataque terrorista a shopping centers, reeditando por aqui os *serial killers* urbanos de Quentin Tarantino e as perversidades de todos os gêneros da dramaturgia inglesa de Sarah Kane e Mark Ravenhill. Impulso de expor a violência de modo casual que persiste em *Disk Ofensa Linha Vermelha*, desta vez por meio de um serviço de agressões telefônicas. Mas talvez seja Mário Bortolotto quem mais se aproxime, em *Medusa de Rayban*, de um hiper-realismo no retrato da classe média baixa, assumindo influências de Charles Bukovski e Sam Shepard, associadas a automatismos de comportamento de assassinos de aluguel, bêbados e artistas frustrados, resgatados de um mundo que o dramaturgo conhece bem, e que é provavelmente o mais próximo do universo dramático de Plínio Marcos.

Por outro lado, um "desconforto narrativo" parece acompanhar essas dramatizações da insegurança social e da criminalização sistemática das questões públicas, semelhante ao que Flora Sussekind observa na literatura dos anos de 1990. Na dramaturgia de Bonassi, ele é bastante visível na produção de uma espécie de duplicidade no tratamento do tema, capaz de associar efeitos de real, ou de autenticidade, a recursos da mais radical teatralidade. São exemplares desse processo os desdobramentos em *Um Céu de Estrelas*, em que o dramaturgo trabalha de forma aparentemente realista a história do desempregado que invade a casa da ex-noiva. A evolução do roteiro por meio de guinadas propositais de inverossimilhança deixa claro que o que está em jogo é a tensão entre o emprego de uma estrutura dramática linear, compacta, e o exercício de interrupção do efeito de realidade, como o que orienta a ação da mãe, que nem nome tem, ou a chegada da polícia sem ser chamada, ou a omissão deliberada de certos elos de ligação do contexto e da trama.

Em *As Coisas Ruins da Nossa Cabeça*, filmado por Toni Venturi como *Latitude Zero*, Bonassi situa a trama aparentemente realista em um bar de estrada na Amazônia. Jogando com diálogos plausíveis, aproxima três personagens de situações-limite, mas omite os nexos causais da violência. Esse tratamento de choque aplicado à forma realista produz uma síntese dramática próxima de seus contos minimalistas, ou da concentração estrutural da tragédia, nesse caso, como no modelo tradicional, atuada por personagens que não compreendem nem são donos de suas ações.

Movimento complementar marca a expressão de Bonassi em *Apocalipse 1, 11*, escrito para o Teatro da Vertigem, de Antonio Araújo. Exemplo da prática conhecida como "processo colaborativo", comum entre os autores de hoje, o texto filtra as vozes heterogêneas do grupo numa espécie de roteiro cênico, cruel e poético ao ligar a violenta exclusão social brasileira às alegorias do apocalipse bíblico, mantendo a tensão enunciativa anterior.

Talvez *O Livro de Jó*, de Luiz Alberto de Abreu, escrito com o mesmo Teatro da Vertigem, seja precursor dessa dramaturgia de muitas vozes, pautada em quadros autônomos, mas interligados pelo protagonista. Apontando para o trabalho de regulação espacial planejado por Araújo no Hospital Humberto I, Abreu organiza o enredo numa trajetória ascensional, que reforça a passagem para o final transcendente.

Também nos textos de Dionísio Neto é clara a incorporação de recursos de cena e atuação, talvez como resultado da influência dos diretores Antunes Filho e Gerald Thomas, com quem trabalhou. A par disso, é visível a filiação do dramaturgo ao teatro de José Celso, de quem empresta a urgência de ser cronista de seu tempo, especialmente quando registra o tecido social esgarçado nas cenas de *Desembestai!*, em que marginais e artistas associam a discussão existencial ao crime, às drogas e à descrença. Em *Opus Profundum*, que chegou a oito versões, modificadas no processo de montagem, Dionísio se inspira em *Tongues*, de Sam Shepard, para criar a estrutura de um show que progride segundo variações rítmicas, intercalando dança, teatro e música numa espécie de móbile dramático, registrado em rubricas. A "peça-show para atores, cantores e banda de rock" mistura autobiografia a figuras da mídia, música a monólogos líricos de amor e solidão, coreografias de *street dance* a descrições de batida policial, num tensionamento simultâneo entre palco e rua. Tanto o desdobramento numa sucessão de quadros independentes, que desmaterializa a trama, quanto a ausência de qualquer substância estável de personagens, transformadas nas figuras-clichê de *Antiga - a Milagrosa História da Imagem que Perdeu seu Herói*, caracterizam a proliferação de vozes heterogêneas em que se converte a escrita teatral de hoje. Como acontece em *Narraador* de Rubens Rewald, também criado num processo que articula informações de dramaturgo, diretor, cenógrafo, sonoplasta e atores, assimilando ruídos e flutuações ao jogo entre uma personagem cega, de inspiração beckettiana, para quem o mundo é uma grande novela radiofônica, e uma narradora que se incumbe da mediação visual. Tanto Dionísio quanto Rewald definem a prática híbrida, polifônica, da dramaturgia recente, ao trabalhar no cruzamento das variações de registro, no contraste entre voz e visualidade, método dramático e forma teatral, acentuando a tensão crítica entre texto e performance.

3. Mostra de Dramaturgia

A Mostra de Dramaturgia Contemporânea concebida pelo Núcleo Teatro Promíscuo permite que o público paulista entre em sintonia com a expressão mais recente da realidade brasileira. Não por acaso, um primoroso texto de Fernando Bonassi abre o ciclo. Escrito em parceria com Victor Navas, *Três Cigarros e a Última Lazanha* funciona como síntese da nova dramaturgia, cuja marca mais forte é o mergulho na violência urbana e a fuga dos modelos tradicionais.

O estilo seco e contundente dos autores, híbrido de drama e narrativa, molda o longo monólogo do protagonista anônimo que lembra o acidentado de *Preso entre Ferragens*, escrito por Bonassi em 1990. A peça é um relato distanciado, feito em primeira pessoa, de um narrador que incorpora personagens e situações à descrição do último almoço no restaurante costumeiro, quando cigarro e lazanha são interrompidos por um tiro que lhe decepa a mão. Sem nunca esclarecerem o ocorrido, mantendo a frieza no exame dos fatos, trabalhando com lacunas de informação que nem sequer permitem que o protagonista se pergunte quem atirou e por quê, os dramaturgos conseguem recriar o clima de violência absurda, quase casual, que todo morador de São Paulo conhece bem. A cirurgia providenciada pela junta médica para implantar no corpo da vítima a mão de um desconhecido é uma prótese literal de estranhamento nessa narrativa frenética da rejeição do outro. A direção correta de Débora Dubois, trabalhando com pontuais intervenções sonoras e luminosas, abre espaço para Renato Borghi compor uma emocionada interpretação de cunho realista, que naturaliza o texto. O desenho minucioso das motivações da personagem e a fala sustentada por subtextos são indicadores precisos de um método de trabalho que dá bons resultados, mas neutraliza a estranheza contemporânea da peça, providenciando uma capa protetora para a agudeza do depoimento impessoal.

Neutralizado nessa cena, o "desconforto narrativo" reaparece nos textos seguintes, de Marici Salomão e Leonardo Alkmin, pela intromissão de um dado estranho em histórias aparentemente corriqueiras. Em *Remoto Controle*, de Alkmin, o distanciamento vem da amnésia inexplicável da protagonista, que sugere uma impossibilidade de comunicação às vezes explicitada em imagens gastas, como a da gaiola que impede o pássaro de voar. Talvez na tentativa de contornar esse problema, a direção equivocada de Elias Andreato transforma a peça numa chanchada, que não dispensa nem mesmo a proverbial cadeira quase atirada na cabeça das atrizes, ótimas na caricatura, especialmente a hilariante Débora Duboc.

Em *O Pelicano* o diálogo de surdos de um casal é contaminado pela simbologia da ave que rasga o ventre para alimentar os filhos, reflexo invertido da mesquinhez da relação. Na verdade, o tema e a forma da peça falam, mais uma vez, do isolamento e da impossível solidariedade com o outro. A direção inteligente de Maurício Paroni de Castro dá tratamento cênico à temática ao aprisionar os protagonistas num *bunker* de intimidade que os isola numa rede de segurança e os distancia da rua, mas não impede a invasão da tragédia urbana. O despojamento das interpretações de Luah Guimarães e Élcio Nogueira emociona e dá passagem à crueza dessa dramaturgia, feita de encomenda para atores que cultivam a ética e a simplicidade.

* * *

Não é difícil encontrar semelhanças entre *Sem Memória* e *Deve Ser do Caralho o Carnaval em Bonifácio*, textos de Pedro Vicente e Mário Bortolotto apresentados na segunda semana da Mostra de Dramaturgia Contemporânea. Em certo sentido, ambos são herdeiros dos romances urbanos de Rubem Fonseca e dos flagrantes dramáticos de Plínio Marcos. A diferença é que as personagens são de hoje, na maioria de uma geração entre 20 e 30 anos, o que mantém a violência temática mas muda o modo e o tom das peças.

Talvez a invasão maciça da cultura de massa que os formatou seja responsável por um protesto não assumido contra a estereotipia da TV e da publicidade, mais evidente no caso de Vicente, que escreve sobre sujeitos adoecidos pela mídia como quem já está "completamente infectado". Mostrando a informação invasiva pela ótica de quem é fruto da invasão, cria uma dramaturgia de superfície que recusa o aprofundamento e usa uma espécie de sarcasmo *blasé*, cínico quando ri de si mesmo ao exibir a superficialidade, no terrorismo anárquico de *PromisQuidade*, por exemplo, ou no serviço de agressões telefônicas operado por uma mendiga e um casal de empresários em *Disk Ofensa-Linha Vermelha*.

Em *Sem Memória*, a justaposição desses dois mundos sofre interferência de uma teatralidade estranha, que não distingue real de figurado e mistura cinismo e delírio na personagem do publicitário Ulysses, que planeja um programa de rádio sobre literatura num coquetel de marketing com a namorada arrivista. O corte acontece quando Ulysses aterrissa, sem maiores explicações, na miséria dos sem-teto sob um viaduto urbano. A travessia dessa cidade sem território fixo, que lembra o limbo de *Terra Estrangeira*, de Walter Salles, revela a identidade frágil do protagonista, uma subjetividade migratória característica da dramaturgia contemporânea, em que a construção da personagem se liga a mudanças territoriais e ocupações provisórias de espaço.

Johana Albuquerque acentua essa cisão espacial ao assumir intervenções no texto que a filiam aos diretores-escritores de cena com quem trabalhou. Se, por um lado, a montagem se beneficia delas, especialmente das invenções de luz e som, e do namoro com o teatro físico, primorosamente executado por

Luah Guimaraez e Elcio Nogueira, por outro se enfraquece, especialmente na passagem para o lugar dos mendigos, envolta num clima simbólico que dissimula a convivência produtiva da dramaturgia do cotidiano com as panes do irrealismo.

No texto de Bortolotto, o desejo de outro espaço reaparece e, como todo o resto, é literal, explicitado no diálogo grosseiro que disfarça o sonho de felicidade projetado na França, que apenas Lu, a irmã, consegue alcançar. Fauzi Arap assume o naturalismo cru do texto para descarná-lo aos poucos, até chegar à delicada solidão final. Luah Guimaraez e Elcio Nogueira, solidários, contracenam com um Renato Borghi minimalista, frágil, maltrapilho, com placas de publicidade decorando o corpo, compondo um haicai contemporâneo da exclusão social.

Completando a apresentação, *Só, Ifigênia, sem Teu Pai*, de Sérgio Sálvia Coelho, repete o território movediço das outras peças, mas se distancia delas pelo cultivo da palavra. O recurso ao rádio prioriza a fala poética, retórica, e mantém o deslocamento temporal em narrativa densa e pouca dramatização, entrelaçando os motivos míticos à sociedade do espetáculo, numa espécie de roteiro cênico que discute a angústia da influência, a existência vicária dos famosos e a confusão de intimidade e publicidade. Essa linhagem temática, que Márcio Aurélio conhece bem, lhe permite tratar o palco como uma tela de Edward Hoper, onde os atores se inscrevem como afrescos de um tempo indefinido. Valendo-se da familiaridade com Luah Guimaraez e Débora Duboc, com quem criou o grupo Razões Inversas e de quem foi professor, investe no retardamento do tempo, atuado por Duboc numa Ifigênia distendida no sacrifício do herói e seu clichê.

* * *

O terceiro ciclo de apresentações da Mostra de Dramaturgia é menos sedutor. Mas conta com representantes radicais como Dionísio Neto, autor de *O Dia mais Feliz da sua Vida*. Comparado ao francês Bernard-Marie Koltès pela criação de "peças-paisagens" urbanas, ao americano Sam Shepard pelos monólogos inflados de influência musical, aos ingleses Sarah Kane e Mark Ravenhill pelas perversidades temáticas de todos os gêneros, Dionísio se alia aos brasileiros Fernando Bonassi e Pedro Vicente no impulso de expor a violência de modo casual e na estrutura dramática que incorpora recursos de cena e atuação, resultado da prática eclética de dramaturgo, ator e diretor em *Perpétua* e *Opus Profundum*, por exemplo. No texto da mostra, compõe uma dramaturgia de DJ em que proliferam as vozes heterogêneas do taxista Teófilo (Borghi), da promotora de eventos Virgínia (Duboc) e do tatuador Escárpia (Nogueira), figuras-clichês incompletas do ponto de vista dramático, mas abertas à performance e ao humor negro característico dessa geração de dramaturgos. Na estrutura instável de seu móbile dramático, nem sempre Dionísio acerta as variações de registro entre palco e rua, ao cruzar a teatralidade de Escárpia e Virgínia, em figurino de pasta de dentes, e o realismo do taxista vencedor de um bolão da copa do mundo numa trama do acaso, que dissemina os motivos da tatuagem e do escorpião. Híbrido, assombrado por um veneno literal e figurado, *O Dia mais Feliz...* não se resolve na direção de Márcia Abujamra, que desperdiça o mistério da caixa de surpresas e a proliferação de escorpiões, próxima de certas passagens de Ionesco e Kafka. Em contrapartida, acerta na direção dos atores. Débora Duboc atua com perfeição os monólogos visuais e Élcio Nogueira Seixas introduz um ruído de *nonsense* na composição exata de Renato Borghi.

O medo oculto nesse texto se expõe em *Blitz$_1$* de Bosco Brasil, mais próximo da dramaturgia irada dos "angry young men" ingleses Edward Bond, Harold Pinter e John Osborne. Aqui a guerra civil urbana é vista pelo ângulo do "cabo Rosinha", acusado do assassinato de um aluno numa blitz de periferia. A narrativa da invasão e dos cadáveres que sobressaltam o policial e a mulher é o recurso que o dramaturgo usa melhor, articulando o fracasso existencial à agressão pública, como acontecia em *Atos e Omissões*. Ariela Goldman encontra equivalente exato para o texto ao compor um estado de sítio cênico, que ameaça o cotidiano do casal. Mas não impõe ritmo aos diálogos que giram em falso, e que Élcio e Luah Guimaraez não conseguem contornar.

Completando a apresentação, *Errado*, de Alberto Guzik, introduz a temática gay na diversidade da mostra. O dramaturgo cria um texto sem riscos, em que as personagens coerentes resultam de um recorte fiel da realidade do professor universitário de carreira que se envolve com o jovem de periferia. A direção de Sérgio Ferrara dinamiza a peça, ao sugerir situações que os bons atores sabem aproveitar, enriquecendo visualmente os diálogos. Mas não consegue evitar, especialmente na personagem do cunhado, o tom didático do *raisonneur* contemporâneo, que mesmo o talentoso Élcio Nogueira Seixas não consegue abafar.

* * *

Sonho de Núpcias, de Otávio Frias Filho, abre a quarta semana da mostra de dramaturgia com projeções da subjetividade. Com vários textos encenados, como *Don Juan*, *Típico Romântico* e *Rancor*, o dramaturgo retoma aqui a influência de Harold Pinter, visível nas outras peças, para relativizá-la com recursos de humor negro e estereótipos de literatura policial, sem deixar de evocar, em eco longínquo, os fluxos de consciência de Alaíde em *Vestido de Noiva* de Nelson Rodrigues. As camadas de tempo e espaço que o texto sobrepõe num mecanismo regressivo, feito da repetição de versões de uma mesma cena de estupro, são inseridas na noite de núpcias de Salete (Débora Duboc) e Reinaldo (Élcio Nogueira Seixas), quando a irrupção da violência arbitrária, típica de Pinter, inviabiliza temporariamente o clichê dos noivos apaixonados num quarto de hotel na praia. A precária consistência da realidade, as falhas de comunicação e a indecisão de tom, entre sério e risível, são transportadas pelo relato da personagem feminina, capaz de reconstituir experiências que nunca viveu, ao menos no plano naturalista que o texto, ao mesmo tempo, confirma e esvazia, como Pinter em *No Man's Land* e *Old Times*. Os vestígios do passado no presente sobrevivem na materialização desses fantasmas pessoais, que a recordação mais banal atualiza, lembrando, nesse aspecto, certas cenas de Sam Shepard, semelhantes também no contexto provisório, como é o caso do quarto de hotel. Contrariando o movimento de instabilidades, o final conclusivo da peça soa artificial, pois retém as variações dessa dramaturgia de espasmos, que o diretor Maurício

Paroni de Castro soube captar quando usou tapadeiras móveis para marcar as passagens de cena, além de sublinhar o feitio cinematográfico do roteiro. Os atores, especialmente Débora Duboc e Renato Borghi como Moraes, o detetive de hotel, optam decididamente por uma linha de comicidade, que enfraquece a trama ambígua.

A intervenção incisiva do diretor reaparece na concepção cênica de William Pereira para *O Regulamento*, de Samir Yazbek. As falas telegráficas do roteiro frágil, entre farsesco e absurdo, facilitaram a opção de Pereira por uma espécie de farsa pós-moderna, com direito a todos os clichês da encenação dos anos 80, incluindo gelo seco e telas maquinadas. Nessa leitura paródica, a personagem Deus (Élcio Nogueira Seixas) se assemelha a um chefe mafioso que imita a dança de Chaplin com o globo terrestre em *O Grande Ditador*, numa síntese de sentido reforçada pelas "tábuas" do regulamento divino. Renato Borghi, o suicida que se recusa a viver depois da morte, contracena com Luah Guimarães, a sensual secretária de Deus, valorizando o texto com expressões e gestos antológicos, dignos da melhor estirpe de comediantes brasileiros.

Último texto da noite, *Dentro*, de Newton Moreno, continua a inquieta dramaturgia gay de *Deus Sabia de Tudo e não Fez Nada*. A peça explora a complexidade de relacionamentos e práticas homoeróticas na narrativa polêmica de um *fist-fucking*, aproximando-se de Jean Genet em *Nossa Senhora das Flores*, na combinação de primitivo e simbólico e na mistura de carne e alma que resultam numa síntese poética do comportamento marginal e da vida de riscos. Nilton Bicudo escolhe o caminho da simplicidade na montagem, mas derrapa no início, para enfrentar o texto incômodo apenas no final, quando permite que Renato Borghi e Élcio Nogueira Seixas sustentem o espectro turbulento da relação, numa autoexposição corajosa e comovedora.

* * *

O encerramento da Mostra de Dramaturgia Contemporânea sinaliza algumas linhas do teatro brasileiro recente ou de tradição mais longa. O teatro político, o besteirol e o do comediante nacional estão representados em *Cordialmente Teus*, *Os Marcianos* e *A Meia Hora de Abelardo*.

Em *Cordialmente Teus*, Aimar Labaki continua uma dramaturgia atenta às contradições históricas do país, definida, de forma paradigmática, por Oduvaldo Vianna Filho e Gianfrancesco Guarnieri, e preocupada em inserir as personagens em contextos exemplares, para fazê-las representantes de estratos sociais mais amplos, assim como acontece na escola de periferia em *Vermouth* ou no confronto urbano de assistencialismo e marginalidade em *A Boa*. Aqui o contexto é recortado em episódios épicos de cronologia distinta, que se estendem da colonização portuguesa à atualidade, tendo como fio condutor os flagrantes de resistência do "homem cordial" brasileiro aos quinhentos anos de opressão. As falas contundentes, permeadas de ironia, indicam a qualidade do dramaturgo e ganham impacto maior nas sínteses contemporâneas, dirigidas com eficácia por Ivan Feijó, especialmente a crítica ao capital financeiro e a reconstituição dos porões da tortura, quando Luah Guimarãez demonstra a coragem, que tão bem conhece, da militante que interpreta

Como todo besteirol, *Os Marcianos*, de Marcelo Rubens Paiva, trabalha equívocos sexuais numa situação de *nonsense*. Os astronautas da "missão-americano-do-norte-brasileira" colonizam Marte, e o palco, com chavões de gratuidade tão escancarada que talvez escondam, bem demais, a tentativa de crítica pelo avesso. A vantagem é que o gênero se apoia no improviso dos atores e na comunicação direta com o público.

Quanto ao texto de Hugo Possolo, sem dúvida é o mais complexo do ponto de vista das referências que associa. Não é novidade que o dramaturgo trabalhe com seu grupo, os Parlapatões, na trilha do ator-improvisador de uma cena popular de vários matizes, em que sobressai a prática urbana do palhaço-ator de rua, de onde vieram a comunicação anárquica e a atuação antinaturalista de *Pantagruel*, *Sardanapalo* e *U Fabuliô*. No caso de *A Meia Hora de Abelardo*, essa herança é canalizada para um exercício de sobreposição de palhaços de uma linhagem brasileira sintetizada na figura de Abelardo. Participam do jogo de referências Abelardo Pinto, o Piolin, Abelardo Barbosa, o Chacrinha, Abelardo I, o protagonista de *O Rei da Vela*, de Oswald de Andrade e, finalmente, o próprio

Renato Borghi, que criou a personagem na antológica montagem de José Celso para o Teatro Oficina, em 1967, e encerra o espetáculo com citação dela. Com simplicidade desconcertante, Borghi apresenta, em seu próprio nome, a combinatória de Abelardos, resumida num ator de fotonovelas que assassina mulheres, depois de seduzi-las numa mascarada que não dura mais de meia hora. A direção de Alvize Camozzi e Mauricio Paroni de Castro formaliza demais essa reflexão chapliniana sobre a morte, a representação e o tempo da fama – quinze minutos, segundo Andy Warhol – que Luah Guimarãez cita no desempenho contido da jornalista, semelhante ao de Débora Duboc como a vítima do *serial killer*. Ambas compatíveis com a linha da encenação, que contribui para ralentar a comicidade dos Abelardos de Borghi e Elcio Nogueira Seixas. Talvez a capacidade que esses atores mostram de ser histriônicos como os comediantes de quem são herdeiros desminta a brevidade da fama e confirme um teatro brasileiro de longa memória.

* * *

Sem dúvida a violência foi o traço mais forte da Mostra de Dramaturgia de Débora Duboc, Élcio Nogueira Seixas, Luah Guimarãez e Renato Borghi, atores do Núcleo Teatro Promíscuo que, em pouco mais de um mês, se revezaram no trabalho exaustivo com cinquenta e cinco personagens e quinze textos de autores contemporâneos. É interessante observar como o testemunho da exclusão social contamina os dramaturgos da mostra de tal forma que, mais que jornalistas de seu tempo, assemelham-se a antropólogos experimentando, por dentro, os flagrantes exibidos no palco como "peças-paisagens" urbanas. É o caso de Pedro Vicente, que apresenta em *Sem Memória* sujeitos invadidos pela mídia sob a ótica de quem é fruto da invasão. Semelhantes a esse, os textos mais potentes e incômodos do ciclo, como *Três Cigarros e a Última Lazanha*, de Fernando Bonassi e Victor Navas, *Deve Ser do Caralho o Carnaval em Bonifácio*, de Mário Bortolotto, *O Dia mais Feliz da sua Vida*, de Dionísio Neto e *Dentro*, de Newton Moreno, nascem de um desejo intervencionista mais interessado no real que no realismo. Daí resulta uma espécie de dramaturgia bruta que transpira uma insubordinação quase selvagem, responsável pela compressão das tramas em sínteses curtas muito próximas dos conflitos cerrados da tragédia. Sintomaticamente, de uma tragédia da cidade, como todas, mas que nesse caso já nasce à beira do abismo, poluída de humor negro, e dispensa evolução de enredo e personagens estruturadas, desligando-se, definitivamente, dos padrões da peça bem feita e da construção dramática tradicional. Os movimentos de incorporação da narrativa ao drama, como o do monólogo do protagonista anônimo de *Três Cigarros e a Última Lazanha* ou do *fist-fucking* de *Dentro*, provam que a retomada e a adaptação, via palco, de procedimentos da novela, do conto, da poesia e dos roteiros de cinema, geram textos híbridos que respondem melhor às exigências contemporâneas de expressão. Não por acaso, dramaturgos como Fernando Bonassi, Victor Navas, Pedro Vicente, Dionísio Neto e Mário Bortolotto têm formação teatral pouco ortodoxa e, especialmente o primeiro, vive do trânsito constante entre jornalismo, romance, roteiro e conto minimalista. Esse hibridismo é o sintoma mais visível do "desconforto narrativo" que acompanha essas dramatizações da insegurança individual e da criminalização sistemática das questões públicas. E aparece na mistura de sonhos, pobreza e palavrões de *Bonifácio*, de Bortolotto; na guerra civil de intimidade e urbanidade em *Blitz*, de Bosco Brasil; na justaposição de simbolismo e cotidiano em *O Pelicano*, de Marici Salomão; no contraste de candura e tortura em *Cordialmente Teus*, de Aimar Labaki; na associação de máscara e tempo da fama de *A Meia Hora de Abelardo*, de Hugo Possolo; na confusão de mito e publicidade em *Só, Ifigênia, sem Teu Pai*, de Sérgio Sálvia Coelho; e na instabilidade das projeções subjetivas de *Sonho de Núpcias*, de Otávio Frias Filho. Ou, ainda, nas variações de registro entre palco e rua, performance e cidade, presentes nos textos turbulentos de Dionísio Neto, Victor Navas e Fernando Bonassi.

Mostra de Dramaturgia
- CRIAÇÃO: Núcleo Teatro Promíscuo
- ELENCO: Débora Duboc, Élcio Nogueira Seixas, Luah Guimarāez, Renato Borghi
- ESTREIA: 2002

Peças:

Três Cigarros e a Última Lazanha
- AUTORES: Fernando Bonassi e Victor Navas
- DIREÇÃO: Débora Dubois
- CENÁRIO: Cyro Del Nero
- FIGURINO: Leopoldo Pacheco
- MÚSICA: Cacá Machado e Marcos Azambuja

Remoto Controle
- AUTOR: Leonardo Alkmim
- DIREÇÃO: Elias Andreato
- CENÁRIO E FIGURINO: Cyro Del Nero
- TRILHA SONORA: Elias Andreato

O Pelicano
- AUTORA: Marici Salomão
- DIREÇÃO: Maurício Paroni de Castro
- CENÁRIO E FIGURINO: Cyro Del Nero
- DIREÇÃO MUSICAL: Cacá Machado e Marcos Azambuja

Sem Memória
- AUTOR: Pedro Vicente
- DIREÇÃO: Johana Albuquerque
- CENÁRIO E FIGURINO: Simone Mina
- TRILHA SONORA: Rodriho Lopéz

Deve Ser do Caralho o Carnaval em BONIFÁCIO
- AUTOR: Mário Bortolotto
- DIREÇÃO: Fauzi Arap
- CENÁRIO E FIGURINO: Cyro Del Nero
- TRILHA SONORA: Tunica

Só, Ifigênia, sem teu Pai
- AUTOR: Sérgio Salvia Coelho
- DIREÇÃO: Márcio Aurélio
- CONCEPÇÃO DE CENÁRIO E FIGURINO: Márcio Aurélio
- MÚSICA: Cacá Machado e Marcos Azambuja

O Dia mais Feliz da sua Vida
- AUTOR: Dionísio Neto
- DIREÇÃO: Márcia Abujamra
- CENÁRIO E FIGURINO: Cyro Del Nero
- TRILHA SONORA: Sérgio Ferrara

Blitz
- AUTOR: Bosco Brasil
- DIREÇÃO: Ariela Goldman
- CENÁRIO E FIGURINO: Cyro Del Nero
- TRILHA SONORA: Raul Teixeira

Errado
- AUTOR: Alberto Guzik
- DIREÇÃO: Sérgio Ferrara
- CENÁRIO E FIGURINO: Cyro Del Nero
- TRILHA SONORA: Sérgio Ferrara

Sonho de Núpcias
- AUTOR: Otavio Frias Filho
- DIREÇÃO: Maurício Paroni de Castro
- CENÁRIO E FIGURINO: Cyro Del Nero
- MÚSICA: Cacá Machado e Marcos Azambuja

O Regulamento
- AUTOR: Samir Yazbek
- DIREÇÃO: William Pereira
- CENÁRIO E FIGURINO: Cyro Del Nero
- TRILHA SONORA: William Pereira

Dentro
- AUTOR: Newton Moreno
- DIREÇÃO: Nilton Bicudo
- CENÁRIO E FIGURINO: Cyro Del Nero
- DIREÇÃO MUSICAL: Cacá Machado e Marcos Azambuja

Cordialmente Teus
- AUTOR: Aimar Labaki
- DIREÇÃO: Ivan Feijó
- CONCEPÇÃO DE CENÁRIO: Ivan Feijó
- DIREÇÃO MUSICAL: Cacá Machado e Marcos Azambuja

Os Marcianos
- AUTOR: Marcelo Rubens Paiva
- DIREÇÃO: Ary França
- CENÁRIO E FIGURINO: Cyro Del Nero
- MÚSICA: Cacá Machado e Marcos Azambuja

A Meia Hora de Abelardo
- AUTOR: Hugo Possolo
- DIREÇÃO: Alvize Camozzi e Maurício Paroni de Castro
- CENÁRIO E FIGURINO: Cyro Del Nero
- MÚSICA: Cacá Machado e Marcos Azambuja

Parte IV

Pedagogia da Cena

1. Formação Interdisciplinar do Intérprete

uma experiência brasileira

Dentro do sistema educacional de teatro da região sul do Brasil, uma das formações interdisciplinares mais características acontece no Instituto de Artes da Universidade Estadual de Campinas. Sediado numa cidade próxima a São Paulo, o Instituto possui um Departamento de Artes Cênicas voltado exclusivamente à formação do ator. Disciplinas como dança, circo, *Commedia dell'Arte*, máscara neutra, *clown*, além de técnicas ligadas à performance, à antropologia teatral de Eugenio Barba e à biomecânica de Meierhold, são ministradas durante os quatro anos de formação do ator, às vezes com recurso ao intercâmbio com os outros departamentos que compõem o Instituto, que incluem dança, música, multimídia e artes plásticas. Além do mais, o Departamento de Artes Cênicas criou um núcleo de pesquisa e formação do ator, o Lume, que adapta a linha de pesquisa de Eugenio Barba e alguns procedimentos de Jerzy Grotóvski a fontes de atuação tipicamente brasileiras, investigadas no candomblé, na capoeira e na dança indígena. A formação interdisciplinar é visível nos vários espetáculos que o departamento e o Lume produzem desde a sua criação, e nos trabalhos dos grupos teatrais profissionais formados por ex-alunos e professores.

Este texto explicita as principais linhas de formação do ator propostas pelo departamento e pelo Lume, analisando a seguir alguns espetáculos criados por atores e grupos formados nesses dois núcleos, em que é visível a marca dos processos pedagógicos interdisciplinares.

Inicio o texto com um breve histórico das escolas de teatro brasileiras, com o objetivo de localizar o leitor em um panorama mais amplo, para melhor destacar as propostas alternativas em questão.

BREVE HISTÓRICO DAS ESCOLAS

O Rio de Janeiro e São Paulo são dois grandes centros teatrais do Brasil e, por esse motivo, as primeiras escolas universitárias de teatro concentraram-se nessa região. É o caso da Escola de Arte Dramática, a EAD, uma das mais tradicionais do país, fundada em 1958 por Alfredo Mesquita, um intelectual brasileiro ligado aos grupos modernistas de renovação da nossa cena. O doutor Alfredo, como ficou conhecido pelas sucessivas gerações de atores formados na EAD, esteve ligado aos grupos universitários de teatro que proliferaram em São Paulo nos anos 40, como o GTE e o GUT, ambos influenciados pelas pesquisas de Jacques Copeau e, posteriormente, de Louis Jouvet. Os dois grupos experimentais paulistas foram precursores da renovação do teatro brasileiro empreendida, pouco mais tarde, na década de 50, por encenadores italianos vindos a São Paulo para trabalhar no Teatro Brasileiro de Comédia, o TBC, a primeira companhia teatral moderna de grande porte, empresariada pelo industrial, também de origem italiana, Franco Zampari. A íntima ligação entre o movimento teatral paulista de renovação da cena moderna e a formação de atores numa escola de teatro talvez nunca tenha se repetido com tamanha proximidade. Em 1968, a EAD foi encampada pela Escola de Comunicações e Artes da Universidade de São Paulo, a ECA, continuando a oferecer seu curso em nível de segundo grau. Por outro lado, a mesma escola implantou em 1973 o curso de bacharelado em Artes Cênicas, fornecendo habilitação em interpretação, direção, cenografia e teoria do teatro.

Precedendo de mais de cinco décadas a EAD, a primeira escola de teatro brasileira teve caráter privado. Fundada em 1906 por Gomes Cardim, com o nome de Conservatório Dramático e Musical de São Paulo, mantinha cursos de música paralelos aos de arte dramática. Mas é apenas em 1911 que surge o primeiro curso brasileiro de teatro de natureza oficial, com a fundação da Escola Dramática Municipal no Rio de Janeiro, por iniciativa do escritor, dramaturgo e intelectual Coelho Neto.

Costuma-se associar as primeiras escolas de teatro criadas no Brasil à iniciativa pioneira do escritor, dramaturgo e diretor Renato Vianna, fundador da Escola Dramática do Rio Grande do Sul, em 1942, o primeiro modelo de oficina teatral no país, que oferecia ao ator uma formação ligada à concepção integral de um espetáculo de teatro.

Nos anos finais da década de 30, uma Comissão de Teatro Nacional foi encarregada, pelo então Ministério da Educação e Saúde, de estudar a formação do ator, uma questão considerada de importância relevante para o futuro do teatro brasileiro. Como resultado dos esforços oficiais, surgiu, em 1939, também no Rio de Janeiro, o Curso Prático de Teatro (CPT) do Serviço Nacional de Teatro, mais tarde transformado em Conservatório Nacional de Teatro (1953/1969), que em 1979 passou a denominar-se Escola de Teatro do Centro de Letras e Artes da Universidade do Rio de Janeiro, UNIRio.

Deslocando o pólo de formação para o nordeste do país, em 1955 foi fundada em Salvador, na Bahia, por Martim Gonçalves, a escola de teatro ligada à Universidade da Bahia, hoje Departamento de Teatro da Escola de Música e Artes Cênicas da Universidade Federal da Bahia, UFBA. Logo em seguida, no extremo sul do Brasil, na cidade de Porto Alegre, foi criado em 1957 o curso de Arte Dramática, hoje Departamento de Arte Dramática do Instituto de Artes da UFRGS.

Ao pronunciar-se a respeito dos problemas do ensino das artes no Brasil, tendo em vista essa estrutura universitária, que se manteve com perfil quase inalterado até meados da década de 70, o crítico Yan Michalski lembra que o número de vagas oferecidas nos cursos públicos não era determinado pelos professores e geralmente atendia a preocupações demagógicas, que priorizavam mais a quantidade que a qualidade pedagógica do ensino:

> ninguém parece preocupar-se com o fato de que, se numa Faculdade de Direito, um professor pode manejar uma turma de cinquenta ou sessenta alunos, uma aula de interpretação ou de expressão corporal com trinta alunos já é uma aberração. Ora, para citar apenas um exemplo que conheço de perto, o Curso de Teatro da antiga Fefierj, hoje Uni-Rio, depois de acolher durante alguns anos cinco vezes mais alunos novos por ano do que o Conservatório de Paris, conseguiu recentemente, após ingentes esforços, reduzir o seu número de vagas para apenas quatro vezes mais do que o Conservatório de Paris [...][1]

Nesse período, as escolas brasileiras ainda repetiam o padrão dos conservatórios de teatro, aparentemente dissociados de um projeto estético mais amplo. A ideia técnica de conservatório norteava as duas escolas de teatro mais tradicionais do país – a Martins Penna e a Escola de Arte Dramática –, que, não por acaso, haviam se transformado em escolas técnicas de segundo grau. Nos dois modelos, a literatura dramática orientava a composição dos projetos cênicos e visava fornecer ao ator alguns instrumentos técnicos específicos, que lhe permitissem dar conta do número mais extenso e variado de personagens e estilos teatrais. Ao mesmo tempo, ambos se encaixavam numa visão enciclopedista de educação, que se fundava na ideia de pedagogia como ilustração. Um exemplo dessa visão pedagógica é o Curso Prático de Teatro da Escola Martins Penna, referido há pouco, famoso por exigir do aluno-ator nada menos que o aprendizado de quatro idiomas estrangeiros.

Os pressupostos que definiram essa visão enciclopedista da educação teatral parecem ter se enraizado no solo de fundação das novas escolas de teatro do Brasil. E foram, em parte, responsáveis pela escavação do fosso profundo que separa a teoria e a pedagogia teatrais da prática do teatro. Se para fazer teatro era preciso, de início, dominar quatro idiomas estrangeiros, mais tarde fez-se necessário conhecer toda a história do espetáculo, da cenografia, da indumentária e, principalmente,

---

1 *Os Cursos de Artes e a Estrutura Universitária*, p. 4.

da literatura dramática. O problema é que esse aprendizado exaustivo da cultura teatral, ainda que fundamental, nem sempre manteve relações estreitas com a prática do teatro. O texto dramático era ensinado nas escolas como se se tratasse de um método seguro de formação de atores. Burlando o fato irrefutável de que o texto teatral não é um método de interpretação e não contém em si uma proposta de atuação necessária, que brote organicamente de sua estruturação interna, a interpretação dos clássicos, o estudo das grandes cenas de Shakespeare, Molière, Racine ou Tchékhov eram eleitos como meios privilegiados de formação do ator. A criação de um projeto de formação do ator que dependesse menos do texto dramático ou que evidenciasse, por meio de um projeto cênico, suas leituras possíveis, ainda demorou alguns anos para se efetivar.

A PEDAGOGIA DOS GRUPOS

A criação do Curso de Interpretação em Artes Cênicas da Unicamp, em 1985, veio modificar esse panorama, na medida em que sua proposta pedagógica foi um reflexo da prática teatral brasileira do período. Criado pelo Pessoal do Victor, um grupo de teatro formado por atores egressos da Escola de Arte Dramática da Universidade de São Paulo, o departamento cultivou, desde o princípio, ainda como núcleo extraoficial de preparação do intérprete, a proposta de incentivar coletivos de criação teatral, em que o ator pudesse formar-se como homem de teatro integral, apto a desenvolver as mais distintas atividades de produção das artes cênicas, em lugar de tornar-se apenas um especialista na interpretação de personagens.

O projeto que orientava a criação da escola estava afinado com o teatro que se praticava no Brasil no final dos anos 70 e princípio dos 80, período em que proliferaram no país os grupos cooperativados de teatro, incluindo o Pessoal do Victor. Formados em um período político difícil, marcado pela repressão da truculenta ditadura brasileira, que oprimia a sociedade civil desde o golpe militar de 1964, os grupos de criação representavam uma nova postura cultural, na medida em que encaravam o teatro principalmente como meio de autoexpressão cênica. Geralmente preocupados com pesquisas de linguagem teatral e trabalhando temáticas próximas ao cotidiano, estavam longe de expressar uma vínculação política explícita, afastando-se propositalmente do "teatro de resistência" à ditadura, tendência dominante no panorama da época. Na maior parte dos grupos, a investigação do teatro e a experimentação de novos modos de fazê-lo aparecia, senão como proposta, ao menos como resultado evidente do processo criativo. A produção cooperativada vinha acompanhada de uma tendência à coletivização do trabalho teatral, favorecendo a criação conjunta dos espetáculos e permitindo uma diluição da divisão rígida entre funções artísticas, que vinha acompanhada de uma democrática repartição das tarefas práticas. Todos os participantes eram autores, cenógrafos, figurinistas, iluminadores, sonoplastas e produtores dos próprios espetáculos.

Além do mais, era evidente que o projeto de organização em grupos respondia à ruptura dos vínculos de trabalho e solidariedade, imposta pela conjuntura política adversa. Sintomaticamente, um dos principais pressupostos da reunião em equipes era que todos os participantes estivessem ideologicamente e esteticamente afinados e pudessem, dentro de um núcleo até certo ponto fechado, dar conta de um projeto de pesquisa em que os integrantes se encarregassem da autoria integral do projeto teatral, além de serem proprietários dos meios de produção da arte. De forma interna, os participantes deviam produzir-se economicamente, além de dar conta das necessidades do projeto de pesquisa cênica, o que acabava influenciando os aspectos ideológicos, estéticos e técnicos do trabalho.

Determinados grupos de teatro da época, como o Asdrúbal Trouxe o Trombone, o Teatro do Ornitorrinco, o Pod Minoga, o Mambembe, o Ventoforte e o Pessoal do Victor, conseguiram, por meio da produção de uma série de espetáculos, desenvolver pesquisas de teatro consistentes, investigando maneiras inéditas de combinar as tradicionais matrizes da arte cênica. Embora a experimentação de linguagem não fosse, na maior parte das vezes, o ponto de partida para a realização dos trabalhos e não figurasse como opção programática, o desenvolvimento de ideias e procedimentos das montagens anteriores, às vezes no decorrer de vários anos, acabava favorecendo a constituição de uma linguagem própria e, mais que isso, de procedimentos originais de formação do ator, saídos diretamente da prática coletiva. Como, na maioria dos grupos, o ator era o elemento central do processo criativo, cabia à direção efetuar notações a partir das ideias e dos estímulos improvisados no coletivo, de onde surgiam, em geral, o texto, os cenários, os figurinos e a interpretação. Esse procedimento era mais evidente quando ligado às peças criadas coletivamente, nas quais, mais que o assunto tratado, parecia interessar a maneira como aquele conjunto de atores representava determinado texto ou argumento. O que se mostrava, preferencialmente, em quase todos os casos, era um modo de execução, em que importava a mediação da qual o ator era o principal sujeito. Interessava à criação coletiva a maneira inédita de mostrar os temas, composta de uma série de habilidades e modos de desempenho que o ator desenvolvia em longos processos de trabalho e preservava na apresentação dos espetáculos, na maior parte das vezes próximos do *work in progress*. Mesmo quando encenavam textos dramáticos de outros autores, em lugar de simplesmente interpretá-los, os grupos geralmente deslocavam o centro de interesse da realidade ficcional da peça para o modo de contá-la, ou seja, para a relação que aquele conjunto de atores estabelecia com determinada obra do repertório clássico, moderno ou contemporâneo. O Pessoal do Victor, por exemplo, encenou Calderón de la Barca (*A Vida é Sonho*), adaptou coletivamente *O Processo*, de Franz Kafka, apresentou, como espetáculo de formatura da Escola de Arte Dramática, *Victor ou as Crianças no Poder*, de Roger Vitrac, de quem emprestou o nome de batismo, para finalizar sua carreira com uma criação coletiva integral, que começava pelo texto dramático. *Na Carrera do Divino*, espetáculo estreado em São Paulo em 6 de setembro de 1979, foi o primeiro trabalho em que o grupo investigou suas origens. Nascidos e criados no interior do estado, região com uma cultura muito particular – a do "caipira" paulista – os integrantes do grupo recriaram, durante um processo de nove meses de pesquisa, as características desse homem do interior, incluindo dialeto, músicas, crenças, danças e tradições populares brasileiras. A experiência funcionou como fecho exemplar da trajetória da equipe, pois o texto foi o meio que o grupo encontrou para falar de si mesmo e, mais que isso, para mostrar uma determinada maneira de representar, conquistada no decorrer dos vários anos de trabalho coletivo.

Nos grupos teatrais, a criação coletiva do texto é, portanto, concomitante à composição de um modo próprio de mostrá-lo, ambos viabilizados pelo jogo teatral. E essa é uma das mudanças mais radicais introduzidas no processo criativo, não apenas no caso dos grupos brasileiros, mas de toda uma tendência de criação coletiva de espetáculos que teve seu apogeu no movimento *off-off-Broadway* da década de 1960, nos Estados Unidos, onde os grupos buscavam descobrir novas técnicas, meios e formas de expressão por meio de jogos teatrais improvisados. Diferentes dos métodos de interpretação tradicionais, as improvisações não pretendiam formar atores por meio da transmissão de algumas técnicas, mas, ao contrário, funcionavam como meio de descoberta dessas técnicas.

O processo de atuação no teatro dos grupos deixa, portanto, de se amparar em métodos tradicionais de formação do ator, para basear-se na criação por meio de jogos, desde os mais simples, que servem como recurso de liberação da ludicidade, até os que se desenvolvem por meio de improvisações mais complexas, quando uma estrutura básica orienta a criação das cenas. Dessa forma, a técnica é substituída pela exploração e descoberta de unidades mínimas de linguagem teatral, centradas no detalhe em lugar de dirigir-se à complexidade da forma artística, o que permite, com a eleição de focos específicos, o aparecimento de técnicas de ensino, direção, representação e improvisação. Deve-se ressaltar que o objetivo do jogo não é a interpretação, mas a atuação, que surge durante o processo criativo e libera o participante da responsabilidade de criar uma personagem, permitindo que ele se fixe no relacionamento com o parceiro de cena e de grupo[2]. Nesse processo, os espetáculos são desenvolvidos durante oficinas de criação, sendo consequência de uma experimentação prática de vários anos. É dessa forma que os procedimentos de criação do ator dentro dos grupos acabam resultando em técnicas pedagógi-

---

2 Ver V. Spolin, *Improvisação para o Teatro*.

cas específicas. O que explica o envolvimento de várias equipes do período com trabalhos de educação, seja por meio de cursos livres de teatro, seja pela abertura de escolas, como foi o caso do Pessoal do Victor na Unicamp. Em todos os exemplos em que os grupos iniciam experiências pedagógicas, os cursos e as oficinas não se destinam exclusivamente à formação de atores. Seu objetivo precípuo é a transmissão de processos de criação e procedimentos de abordagem do teatro, sendo a condição técnica uma mera consequência do trabalho criativo. O que se ensina ao ator são procedimentos de atuação que não podem ser desvinculados dos processos integrais de criação dos espetáculos. O fator determinante é o caráter de modelo da criação coletiva, que permite a outros criadores apropriar-se das práticas produtivas do teatro, aproximando-se, nesse aspecto, das experiências pedagógicas brechtianas, em especial as desenvolvidas com as peças didáticas, na socialização dos meios produtivos exemplarmente analisada por Walter Benjamin[3].

Desde sua origem, portanto, o Curso de Interpretação em Artes Cênicas da Unicamp não se destinava a uma formação eclética e técnica, que instrumentalizasse o ator para uma atuação individual no mercado teatral. Ao contrário, o que se pretendia era formar atores coletivos, reunidos em um grupo ideológica, técnica e esteticamente afinado na consecução de um projeto comum. À semelhança dos grupos brasileiros de criação coletiva, o Departamento de Artes Cênicas foi criado para responder às tendências internas de uma companhia e não de um mercado teatral.

Situado numa cidade do interior do estado de São Paulo, o departamento ficava menos suscetível às exigências desse mercado, bastante forte na capital, e mais livre para iniciar processos inéditos de orientação pedagógica, alimentados pela constante experimentação. A intenção do curso era firmar-se como pólo de criação e pesquisa do teatro, centrando-se na figura do ator-criador, capaz de superar a condição de mero intérprete de personagens, projetados por dramaturgos e recriados segundo os métodos mais tradicionais de treinamento.

3 O Autor como Produtor, em F. R. Kothe (org.), *Walter Benjamin*, p. 187-201.

O principal objetivo do projeto pedagógico era estimular a formação de um ator que fosse, em primeiro lugar, um pesquisador das artes cênicas.

Outro objetivo da escola era aproximar o ensino do teatro dos projetos estéticos correntes no teatro brasileiro contemporâneo. Talvez pela primeira vez a preocupação nuclear de um curso universitário de teatro era afinar a definição pedagógica com a prática cênica, levando os instrumentos e os procedimentos do palco contemporâneo para a escola. Dessa forma, a pedagogia se associava à prática teatral de um grupo de criação coletiva, que ocupava, de forma inédita e com projeto próprio, um espaço de ensino.

Acompanhando as transformações da arte teatral contemporânea, tanto brasileira quanto internacional, o departamento buscava um ensino interdisciplinar ou, em certos casos, realmente transdisciplinar, que contemplasse as manifestações teatrais híbridas como eixo para a formação do aluno-ator. Cultivando a proximidade com grupos de pesquisa, como o Lume, laboratório de criação saído da própria universidade, e com artistas e núcleos de criação preocupados em ampliar os limites das artes cênicas e do trabalho do ator, o departamento tentava adequar os processos formativos às inúmeras propostas artísticas surgidas recentemente no teatro. A cena teatral viva, caracterizada pela fluidez e pela mobilidade de fronteiras e territórios artísticos não estáveis, deveria ser soberana na definição do projeto pedagógico de formação do ator. A contaminação entre as artes, os textos, as culturas e as geografias foi considerada o ponto de partida para a desfronteirização do trabalho do ator, entendido como intérprete de práticas híbridas.

A partir dessa proposta, pode-se definir uma renovação técnica na formação do intérprete, visível, num primeiro momento, no cuidado inédito com a preparação física, que chega à escola pela via da expressão corporal. No período de criação do curso, início da década de 1980, observavam-se no Brasil inúmeras propostas artísticas operadas em áreas fronteiriças, influenciadas por novos campos de conhecimento que modificam o modo de compreender e de produzir o teatro. A multiplicação de modelos cênicos e as fronteiras difusas entre formas e gêneros leva à crescente hibridização das artes. Nesse panorama, o teatro passa por uma revisão conceitual, incorporando-se ao campo mais amplo das artes cênicas, que inclui um espectro maior de formas espetaculares. A performance, o circo, a ópera, a dança-teatro e as instalações de artes plásticas caminham *pari passu* com a cena teatral, resultando em manifestações interdisciplinares de difícil nomeação, marcadas pela mobilidade dos meios cênicos.

É interessante observar que, no movimento teatral brasileiro do período imediatamente anterior à criação da escola, irromperá com força a tendência contracultural americana, representada pelos *happenings* e pelas experiências do Living Theatre, representadas aqui especialmente pelos trabalhos de Maria Esther Stokler e José Agripino de Paula, que colocam na ordem do dia a questão da exposição visceral do ator como mecanismo de liberação das amarras sociais. É nesse mesmo período que o bailarino Klauss Vianna elabora os primeiros treinamentos do ator, focalizando a questão da partitura corporal e que o encenador Celso Nunes, que dirigiria a maior parte dos espetáculos do Pessoal do Victor, retorna ao país, depois de seus estágios com Jerzi Grotóvski na Polônia.

A pluralidade desses processos criativos e as inter-relações entre diferentes linguagens fazem com que as figuras de autor, diretor, ator ou *performer* já não possam ser definidas com tanta clareza. É respondendo a essa realidade que os mentores do curso reformulam a abordagem do papel do ator, e, como consequência, buscam outros eixos metodológicos, capazes de adequar o trabalho pedagógico às necessidades do teatro contemporâneo.

Compreender a formação do ator como pesquisa e a pesquisa como prática do teatro é, sem dúvida, a contribuição maior da proposta pedagógica do Departamento de Artes Cênicas da Unicamp. O ponto de partida do projeto formativo é a compreensão do trabalho do ator como uma composição inteligente, que transforma materiais e mentalidades ao produzir sensibilização e ação. Esse é o ponto de partida do projeto formativo. Como um músico ou um pintor, o ator é considerado um compositor que sistematiza procedimentos quando planeja, combina, constrói e executa sua partitura de ações. Funcionando como modelo de um novo homem de teatro, criador do projeto estético, mestre dos instrumentos de atuação, autor de partituras em que saber e fazer se harmonizam, ele deve aliar inteligência prática à inventividade teórica. Muito mais que um intérprete de personagens, deve aproximar-se da condição de atuador, de dançarino ou de *performer*. *Performer* entendido como o criador que unifica as atividades fracionadas do espetáculo, tornando-se o centro intelectual do trabalho teatral: adapta o texto, dirige e interpreta, além de conceber cenários e figurinos. O objetivo dessa centralização é recuperar, para o ator, a possibilidade de conceber o próprio projeto cênico. Como afirma Luiz Roberto Galízia, professor, diretor e ator brasileiro falecido no princípio dos anos de 1980, e também integrante de um grupo, o Teatro do Ornitorrinco,

os que querem transformar praticamente a arte teatral estão às voltas com inúmeros problemas táticos. O maior deles é o da recuperação da cabeça de um projeto. É por isso que o *performer* é ator, diretor, roteirista, cenógrafo. Não por opção estética, mas por desconfiança. O que se almeja é o direito de poder pensar artisticamente mais uma vez. De poder expressar a arte, o germe vital de nossas aspirações mais profundas e misteriosas, sem vendê-lo ao sistema ainda filhote. O artista deve querer usar sua profissão para expressar, sem pressões, conteúdos próprios[4].

Esse é um dos princípios básicos a nortear o projeto pedagógico do Departamento de Artes Cênicas. A intenção do curso é restabelecer o vínculo entre os elementos e a totalidade do ensino teatral, rompida pela especialização e compartimentação do saber em disciplinas estanques. Busca-se compreender o ator como um artista cênico, em relação dialógica constante com o todo teatral que, por sua vez, insere-se na realidade social mais geral. O ator deve aprender a situar-se nesse contexto complexo, sendo incentivado a organizar conhecimentos e não simplesmente a acumular informações[5].

---

4 Teremos de Ser Radicais, *Ar'te*, n. 9, p. 19.
5 *Projeto de Reformulação do Curso de Artes Cênicas do Instituto de Artes da Universidade Estadual de Campinas*, 1999, mimeo, p. 2-3.

A PRÁTICA DE ENSINO

Como resultado de autoavaliações periódicas, o curso sofreu diversos reajustes no decorrer de seus anos de existência, guardando, entretanto, seu eixo básico de orientação. A partir de 1994, discussões sistemáticas e uma minuciosa avaliação dos docentes resultaram no "Diagnóstico do Ensino do Curso de Artes Cênicas", que levou à última reestruturação pedagógica. A partir de um amplo mapeamento, o conjunto de professores estabeleceu as diretrizes de um novo projeto de ensino do teatro.

O eixo da reformulação baseou-se na divisão do curso em duas fases distintas, a primeira dedicada à instrumentalização do ator e a seguinte reservada à criação artística. Para viabilizá-las, o curso divide-se em dois anos de instrumentalização e dois anos reservados aos projetos artísticos que, em última instância, acabam definindo trabalhos interdisciplinares, baseados na experimentação. A abertura para o desenvolvimento desses projetos artísticos conseguiu atrair para o departamento profissionais que aliavam experiência pedagógica à prática artística, interessados em pedagogia e em pesquisa cênica.

A fase inicial do curso, denominada Práticas Interpretativas, é de instrumentalização técnica do ator e se divide em quatro semestres letivos, pressupondo um rigoroso acompanhamento pedagógico, em que o aluno cumpre um programa específico nas áreas técnicas. Nessa etapa, o aprendizado de técnicas corporais e vocais visa a instrumentalizar o aluno-ator na ampliação e aperfeiçoamento de seu vocabulário expressivo. Prioriza-se, em especial, o trabalho com linguagens codificadas, que constituem campos autônomos de trabalho, como a mímica, o nô e o kabuki, o circo, a dança, além da recuperação da biomecânica de Meierhold.

Nesse contexto inicial de formação, o fio condutor é a ação física, conceito que engloba a ação vocal. Resumidamente, pode-se afirmar que o trabalho sobre as ações físicas tem relação imediata com as técnicas corpóreas e vocais, mas não é sinônimo de gesto, movimento ou fala. No estudo proposto pelo departamento, está implícito o agir em cena, de forma consciente, voluntária e real, em que se procura uma correspondência orgânica entre ações internas e externas. Para realizar as ações físicas, são imprescindíveis duas condições, que norteiam o treinamento: a precisão, fruto do trabalho técnico, que garante a congruência formal e a organicidade, além de permitir a coerência interna e a presença integral da ação. Nessa etapa de curso procura-se a totalidade psicofísica pelo resgate da prática da ação física em François Delsarte, Meierhold, Laban e Etienne Decroux[6].

As disciplinas fundamentais dessa fase formativa, obrigatórias para todos os alunos, principiam com os quatro módulos de Técnicas Corpóreas, que se subdividem em Dança I e II, em que se desenvolve a consciência do corpo dançante em relação ao espaço e ao ritmo, seguindo-se alguns princípios técnicos específicos, extraídos da dança moderna. Em Luta I e II são introduzidos elementos técnicos de luta ou arte marcial, na busca de desenvolver no aluno a prontidão, a flexibilidade, o tônus muscular e os reflexos, sem esquecer os aspectos lúdicos presentes nos jogos de combate, com posterior codificação de sequências básicas de ataque e defesa. Nesse caso, os arquétipos de conscientização corporal são investigados a partir de matrizes das danças populares guerreiras brasileiras, em especial a capoeira de Angola e a capoeira Regional, propícias à investigação das relações entre terra e corpo – pés, joelhos, cintura pélvica, máscara facial –, além dos exercícios nas rodas de jogo e dos instrumentos musicais, que ritmizam os principais toques das danças, de Angola, de São Bento, de Grande, de Iúna, de Santa Maria, de Benguela, o samba de roda e o baião. O aprofundamento dessas práticas lúdicas e de luta, criadas pelos escravos africanos, acontece por meio do estudo do maculelê, matiz das danças guerreiras que oferece, no combate simulado, uma estrutura cênico-dramática. Também os orixás guerreiros do candomblé baiano, com seus princípios posturais e de movimento, e os ritmos afro-brasileiros, como o ijexá, o barra-vento, o congo de outro e o vamunha, permitem a criação de pequenas coreografias e cenas teatrais. Já a disciplina Elementos Técnicos do Corpo I e II privilegia a consciência corporal do ator, favorecendo o reconhecimento das estruturas

---

6 *Projeto de Reformulação do Curso de Artes Cênicas.* As informações subsequentes foram obtidas neste documento.

óssea e muscular, bem como dos processos fisiológicos, das estruturas anatômicas e dos processos motores envolvidos no movimento, para desembocar numa performance corporal otimizada pelos alongamentos e pela coordenação motora eficaz. Os dois módulos de Expressão Corporal aprofundam esse treinamento corporal, investigando a gestualidade em diferentes poéticas cênicas, com enfoque específico do corpo-psicológico em Stanislávski, do corpo-arquétipo em Artaud e Grotóvski e do corpo-social em Bertolt Brecht.

As disciplinas dedicadas à Mímica (i e ii) compõem um estudo prático de algumas das técnicas corpóreas clássicas do teatro ocidental e oriental, na intenção de analisar o alfabeto corpóreo, a comunicação e a exatidão gestual e rítmica de algumas manifestações previamente selecionadas, escolhidas num repertório que inclui François Delsarte, Meierhold, Laban, Etienne Decroux, Marcel Marceau, além do kathakali, do odissi, do baratha nathia, do kyogen, do teatro nô e do kabuki, da ópera de Pequim, do teatro-dança de Bali, além do modelo de kata. Em relação a Meierhold, prioriza-se a prática dos exercícios de biomecânica, com aprofundamento especial da sequência "disparando o arco". Sua utilização na criação de trabalhos individuais e coletivos permite a elaboração de situações e ações dramáticas e a criação de uma "pantomima" individual a partir de alguns monólogos. As Técnicas Circenses (i e ii) complementam o treinamento corporal, especialmente no que se refere à prontidão e à pré-expressividade, com exercícios de equilíbrio, malabares, trapézio, perna-de-pau e acrobacias.

Os dois módulos disciplinares dedicados exclusivamente à dança brasileira – Dança: Folclore Brasileiro i e ii – são experimentações práticas das manifestações culturais de raízes populares e regionais, que apresentam forte caráter teatral. O estudo das atitudes, dos gestos e da movimentação dos emboladores, cantadores, camelôs e contadores de histórias populares objetiva a criação de um repertório de figuras baseadas nas personagens de espetáculos brasileiros tradicionais, como o bumba-meu-boi, e de personagens míticas, próximas do realismo-mágico, investigadas em danças religiosas como o candomblé e em danças-cortejo do nordeste, como o maracatu e a congada. Quanto à disciplina Improvisação, é dividida em seis módulos semestrais, os dois primeiros dedicados ao Jogo (I e II), os intermediários ao Silêncio (I e II) e os dois últimos reservados à Palavra (I e II). A introdução ao Jogo teatral visa a favorecer a dinâmica de grupo e o treinamento do ator na relação direta com a criação cênica. Quanto aos módulos dedicados ao Silêncio, pretendem ativar um conjunto de procedimentos que exclui o recurso verbal, priorizando a máscara neutra e a técnica de composição coreográfica como instrumentos de expressão e base de construção de uma partitura cênica. Os dois semestres dedicados à Palavra recorrem a um conjunto de procedimentos que incluem a análise estrutural de diversas formas de organização do discurso teatral, com recorte específico do tratamento que a palavra recebe em cada um deles, especialmente no que se refere a modos de elocução diferenciais. Como nos outros casos, o objetivo é fornecer ao ator instrumentos que lhe possibilitem utilizar o discurso verbal como base para a criação de uma partitura da voz que participe, com igual potência, da composição global da partitura cênica.

Cabe às disciplinas destinadas ao treinamento específico da Expressão Vocal (I, II, III e IV) viabilizar tecnicamente a composição dessa partitura. Noções básicas como respiração, emissão, articulação e impostação, elementos de anatomia e fisiologia do aparelho fonador, classificações e treinamentos vocais iniciais, com *vocalises* básicos e intermediários, visando à ampliação da capacidade expressiva, precedem exercícios articulatórios progressivos, que incluem afinação e sonoridade em grupo, projeção, ressonância, modulação, elasticidade, agilidade e ritmo, elementos preparatórios para os estudos de intenção e lógica da fala e de adequação da voz ao espaço cênico. Canto para o Ator (I e II) complementa o treinamento vocal, visando ao desenvolvimento das potencialidades musicais por meio do canto individual e coral, que precedem exercícios de soltura vocal, baseados prioritariamente em estruturas musicais brasileiras. Ainda em relação ao treinamento vocal, são ministradas as disciplinas Música e Ritmo I e II, estudos teóricos e práticos dos principais elementos da linguagem musical, com exercícios rítmicos, melódicos e harmônicos.

A formação teórico-crítica também se concentra nesses dois primeiros anos de trabalho e tem seu foco no ator, considerado elemento fundante do fenômeno teatral. A rubrica Fundamentos Teóricos das Artes enfatiza, em especial, o diálogo entre as linguagens que compõem a arte do teatro, na busca de entender e analisar criticamente o campo de relações que une o ator ao público contemporâneo. Além da construção de um pensamento crítico, a formação teórica estimula a compreensão do teatro como um fenômeno de amplitude cultural e social.

Posicionar a teoria teatral numa perspectiva integradora em relação ao conjunto da atividade teatral é um dos desafios do curso. Os orientadores pedagógicos acreditam que não existe uma teoria teatral pura, desligada do trabalho artístico cotidiano, mas uma prática cênica que permite reinvenções constantes do teatro e, por vezes, se materializa como discurso teórico. Entendem que a teoria contemporânea deve acontecer como operação crítica em relação às tradições poéticas, às idealizações estéticas, às mistificações históricas. O professor de teoria teatral deve procurar, a todo custo, evitar o risco da fetichização da linguagem teatral, da consideração da escritura cênica como coisa absoluta, abstraída do mundo e do debate sobre os valores da sociedade brasileira e das práticas do teatro brasileiro contemporâneo. A proposta das disciplinas teóricas é, portanto, estudar a história das poéticas, da estética e da crítica teatrais sem incorrer na fragmentação que tem paralisado a prática e o pensamento artísticos. Mais do que acumular informações sobre períodos da história teatral ou tomar contato com as principais ideias do teatro, o esforço da área teórica é descortinar, por meio da atividade reflexiva autônoma e coletiva, as informações e ideias em seus possíveis campos de utilidade, não só práticos, mas também críticos e simbólicos[7].

Esse exercício de reflexão se desenvolve por meio de disciplinas que contemplam as Formas Espetaculares no Brasil (I e II) e os Estudos do Teatro no Brasil (III, IV, V, VI), as Formas Espetaculares no Ocidente (I) e no Oriente (II), a História do Teatro Ocidental (III, IV, V, VI), a Filosofia e História da Arte (I), a Estética

---

7 A Teoria como Necessidade, *Projeto de Reformulação do Curso de Artes Cênicas...*, p. 7.

Teatral (1), a Cenografia, a Indumentária e a Legislação e Produção Teatral. Vale ressaltar, na ementa disciplinar, o ineditismo do estudo das formas espetaculares, que pretende refletir a contaminação entre as artes, as culturas e as geografias, sendo um ponto de partida para a desfronteirização do trabalho do ator. A perspectiva é pensar o teatro de forma expandida, fora das fronteiras geográficas, e projetar, na medida do possível, um trânsito intercultural que evite os falsos encontros entre culturas, agenciados pelos mecanismos da globalização, que tratam apenas de ampliar a imposição de modelos hegemônicos. Ao contrário, lutando por um estudo transnacional, o curso pretende discutir algo que vai além da mera reunião de tradições culturais diferentes[8]. Trata-se de procurar um efetivo diálogo entre as culturas, baseado no desejo utópico de produzir novas tradições e novos territórios a partir do conhecimento, da discussão e da prática do ensino e da pesquisa universitária do teatro. Segundo os docentes da área, o estudo e a contraposição de formas espetaculares diferenciais, inseridas em suas respectivas tradições, seria um mecanismo privilegiado de superação dos clichês culturais com que um país ou uma cultura tendem a rotular os dessemelhantes. Para isso, partem, inicialmente, do estudo das formas espetaculares ocidentais presentes nas festas e nas ritualizações, apresentando aos alunos os procedimentos cênicos da comédia, da tragédia, das farsas e das moralidades cristãs da Idade Média, do teatro das feiras e dos jograis, da *Commedia dell'Arte* e da cena elizabetana do Renascimento. A ópera, o circo e o *grand-guignol* precedem a introdução do conceito de obra de arte total wagneriano, com enfoque posterior das práticas das vanguardas históricas, das *seratas* futuristas, do *agit-prop* e dos cabarés. No que diz respeito ao teatro contemporâneo, prioriza-se o estudo da performance, da dança-teatro e da cena multimídia. O estudo das formas espetaculares do Oriente inclui o teatro épico indiano, a cena balinesa, o teatro de sombras, as formas clássicas do teatro chinês e a cena japonesa sagrada e profana, com análise do kabuki, do bunraku e do nô. Na cena contemporânea oriental, são analisados especialmente os gêneros híbridos,

---

8 Idem, p. 8.

como a dança-teatro butô. Nas formas espetaculares do Brasil, analisam-se as origens do fenômeno teatral brasileiro com os autos e os entremezes, originários da aculturação ibérica, e abordam-se as encenações teatrais dos jesuítas. O curso reserva um espaço maior aos folguedos populares de natureza folclórica, como bumba meu boi, marujada, congada, moçambique, cavalhada, pastorinha, pastoril, reisado, chegança, nau catarineta, caboclinho e carnaval. As formas teatrais populares, como o teatro de rua, o teatro de bonecos e o circo-teatro são outros tópicos do conteúdo programático.

A etapa seguinte da formação do ator, denominada Processos em Composição Artística, contempla o aprendizado prático-criativo, que sucede o nível pré-expressivo anterior, dedicado especialmente à construção de uma presença cênica. Nessa nova fase, o aluno participa dos processos criativos propriamente ditos, organizando, em nível expressivo, uma dramaturgia de ator fundamentada em práticas de invenção dramática e cênica. Compreendendo os dois últimos anos de curso, coloca o aluno em diálogo necessário com a totalidade cênica, inserindo-o no contexto da escritura espetacular. Reservada ao desenvolvimento de projetos artísticos, em última instância acaba definindo a interdisciplinaridade, pois se apoia na experimentação e na troca entre as diferentes áreas artísticas. Nesse período do curso, ainda se mantém os dois últimos semestres de Improvisação (III e IV), agora destinados ao desenvolvimento inicial dos princípios básicos do sistema de Stanislávski. No entanto, o principal eixo do módulo são as disciplinas de Interpretação (I, II, III, IV), quando se retoma Stanislávski, agora com base específica no processo das ações físicas, consideradas elemento fundante do fenômeno teatral, e funcionando como guia privilegiado no percurso de discriminação de procedimentos pedagógicos e criativos. Usando a diacronia para dar conta dos diversos estágios da prática stanislavskiana, as disciplinas se detêm com mais vagar, como não poderia deixar de ser, no método psicofísico, em que as ações agem como iscas de processos interiores e como catalizadores de um sistema. O método de Análise Ativa do ator russo Eugênio Kusnet, radicado no Brasil desde os anos de 1940, e seguidor de Stanislávski, é utilizado como recurso de complementação do processo. Em seguida pesquisam-se, na teoria e na prática, as ações físicas em Grotóvski, para finalizar o módulo com a disciplina Interpretação IV, dedicada ao estudo das técnicas propostas pelo encenador brasileiro Augusto Boal. Começando pelos procedimentos técnicos do teatro-jornal e do sistema coringa, desenvolvidos no Teatro de Arena de São Paulo, ainda na década de 1960, o curso passa ao tratamento das práticas mais recentes de Boal, compiladas no livro *O Arco-íris do Desejo*.

Quanto ao Laboratório de Montagem Teatral (I e II), prevê a criação de espetáculos integrais, cuja produção é amparada nas disciplinas Elementos Técnicos de Artes Visuais (Máscara), Oficinas de Técnicas Visuais (I e II) e Laboratório de Análise e Interpretação de Textos. Enquanto este último se ocupa de leituras dirigidas, com análise e interpretação do texto escolhido para a montagem de final de curso, as oficinas visuais fornecem ao aluno-ator noções de pintura e escultura, caracterização com máscaras, além da confecção de adereços, objetos, pequenas esculturas e maquetes cenográficas, no intuito de estimular o desenvolvimento do aluno nas artes visuais, colaborando na produção de uma prática interdisciplinar.

Como se pode perceber, o aprendizado acontece por meio de projetos criativos integrados, que dissolvem as fronteiras que, até então, separavam os blocos técnicos, teórico-críticos e prático-criativos. Nesse momento, a criação cênica é concebida como um diálogo dinâmico entre a reflexão teórica, o fazer artístico e as habilidades técnicas necessárias à sua consecução prática.

As quatro etapas da aprendizagem criativa, distribuídas em quatro semestres, preveem a criação do espetáculo teatral a partir de pontos de partida diferenciais. No primeiro módulo, o aluno-ator está envolvido numa montagem realizada a partir da prática direta de construção da escrita cênica, sem ancorar-se em dramaturgia preexistente, seja ela um texto teatral, um roteiro iconográfico ou um relato colhido a partir de algum tipo de tradição oral.

No segundo momento, o projeto integrado de montagem é desenvolvido a partir de textos teatrais de natureza variada – tragédias, formas de dramaturgia épica, comédias clássicas, farsas, autos ou comédias de costumes brasileiras. Utiliza-se, nessa etapa, todo tipo de base textual que permita ao aluno trabalhar a construção de personagens de caráter arquetípico-universalizante.

É apenas no terceiro módulo de montagem que o aluno-ator entra em contato com os aspectos individuais do papel. Aqui, o projeto integrado de montagem está centrado em texto dramático que exije a criação de personagens com coerência psicofísica, construídos por meio de ações verossímeis, derivadas de padrões textuais realistas.

Na quarta e última etapa do curso, o ator desenvolve um projeto livre dentro de qualquer gênero, estilo ou tendência estética, individualmente ou em grupo. Aprovada *a priori* por um ou mais professores encarregados de orientá-la, a montagem é acompanhada de uma monografia individual, em que o aluno descreve, comenta e critica os resultados do trabalho prático. Essa pesquisa teórico-prática é um dos núcleos básicos de orientação do curso e culmina no projeto final de encerramento da formação do ator.

Se a investigação teórica, fundada no trabalho puramente intelectual, sempre foi comum no ensino universitário do teatro brasileiro, a *práxis* artística e a experimentação de linguagem são, de forma geral, desenvolvidas por profissionais criadores, dentro e fora da universidade. Essas duas atividades, que por tanto tempo se desenvolveram no Brasil como áreas estanques, começam a combinar-se no campo do ensino das artes cênicas em período recente. Na nova condição de trabalho artístico prevista pelo Curso de Artes Cênicas da Unicamp, o aluno-ator tem a responsabilidade de elaborar a formulação científica do projeto, definir seus pressupostos teóricos, hipóteses e objetivos, além de delinear sua metodologia. Em suma, deve ocupar-se daquilo que até aí permanecia excluído da criação do intérprete, definindo uma aproximação mais íntima entre atividade prática e reflexão teórica. Nessa proposta pedagógica, as duas instâncias são tratadas como formas complementares de produção de conhecimento, e deslocam o sentido da formação do intérprete da aquisição de técnicas interpretativas para a pesquisa teatral[9]. A novidade dessa

9 Idem, ibidem.

abordagem pedagógica está na associação do teórico, do crítico, do hermeneuta e do *performer* no próprio ator, que trafega simultaneamente pelas várias ordens de operação teatral. Ao estimular a produção conjunta de conhecimento e prática do teatro, a proposta desfaz o esquema baseado na dissociação temporal das operações criativa e reflexiva. Ambas são exercitadas conjuntamente, questionam-se e complementam-se. Nessa proposta de ensino do teatro, a prática vem sustentada pela reflexão teórica e a teoria é necessariamente uma práxis.

O PROFESSOR-ENCENADOR E OS ESPETÁCULOS DE PESQUISA

Pelo tipo de prática de ensino vigente no departamento, os professores acabam sendo responsáveis pela criação de grupos de teatro, em que as propostas de pesquisa e formação experimentadas durante quatro anos ganham continuidade, num caminho coletivo de profissionalização teatral. Esse é o caso de três grupos egressos do curso, todos formados por ex--alunos e dirigidos por professores.

Dentre esses grupos, sem dúvida o mais bem sucedido em termos de continuidade de trabalho e longevidade é a Companhia Razões Inversas, dirigida pelo encenador Márcio Aurélio, responsável, no departamento, pelas disciplinas de Improvisação e, mais recentemente, de Interpretação – a Palavra. Três trabalhos formaram a base da companhia: *Vem, Senta Aqui ao meu Lado e Deixa o Mundo Girar, Jamais Seremos tão Jovens*, (Talk to me Like the Rain. And let me Listen...) de Tennessee Williams (1990), *A Comédia dos Erros* e *Ricardo II* de Shakespeare. O primeiro foi o trabalho de conclusão do curso de Artes Cênicas, em que formandos e professor propuseram um exercício feito a partir de alguns príncipios de Stanislávski, mas visando a rearticulação do discurso cênico integral com base no trabalho do ator. A proposta era conceber toda a escritura cênica com base nas improvisações dos atores sobre o texto de Tennessee Williams, compondo partituras gestuais e coreográficas que constituíssem, a partir do movimento do elenco, a própria cena. O segundo trabalho tinha seu foco na construção de um espaço cênico alternativo, também moldado pela movimentação cênica dos atores. Nesse caso, Márcio Aurélio recorria a algumas pesquisas brasileiras de teatro de rua, como a realizada por Amir Haddad e seu grupo Tá na Rua em espaços urbanos do Rio de Janeiro, e também a experiências do diretor José Celso Martinez Corrêa no Teatro Oficina de São Paulo, cujo espaço cênico, concebido pela arquiteta Lina Bo Bardi, é uma passarela cercada por arquibancadas de ambos os lados. Para *A Comédia dos Erros*, a proposta de Márcio Aurélio era criar uma comédia sobre os erros, em que a plateia se articulava a uma narrativa cênica concebida como um jogo de armar. O terceiro espetáculo criado pela companhia, *Ricardo II*, repensava Shakespeare a partir da realidade política brasileira da década de 1990. Em todos os casos, a Razões Inversas se distinguiu pela pesquisa de linguagens contemporâneas, com incorporação de elementos de dança-teatro ao trabalho do ator, um procedimento que Márcio Aurélio desenvolveu em seu trabalho pedagógico no departamento, auxiliado por princípios sistematizados pelo bailarino Klauss Vianna, criador de um método de treinamento corporal que aliava o jogo físico e plástico do ator à composição de uma partitura gestual para a personagem. Entretanto, a marca característica da pesquisa teórica e cênica de Márcio Aurélio é brechtiana, e se evidencia especialmente no esforço em não perder de vista uma situação histórica específica e mantê-la como principal foco de criação do espetáculo. Adepto de novas formas de distanciamento, Márcio Aurélio acredita que as pesquisas de Brecht, o conceito de supermarionete defendido por Gordon Craig e a biomecânica de Meierhold, aliados à quebra da representação proposta pelos *ready-made* de Marcel Duchamp e pelas instalações de Joseph Beuys, contribuem para uma nova articulação da dramaturgia do ator, concebida como uma combinatória de elementos sonoros, gestuais e plásticos que, para projetar imagens cênicas, pode tomar de empréstimo, por exemplo, procedimentos das colagens de Picasso e Braque. Priorizando em seus cursos e encenações o diálogo interdisciplinar, esse encenador-pedagogo conseguiu criar uma marca característica para os atores de sua companhia.

Dentre os trabalhos apresentados nos primeiros doze anos de existência do grupo, merece destaque a primeira montagem da companhia, por estabelecer as bases do novo núcleo de criação. *Vem... Senta aqui ao meu Lado e Deixa o Mundo Girar. Jamais Seremos tão Jovens*, estreado em 27 de setembro de 1990, permitiu ao encenador aproveitar a base técnica de trabalho que desenvolvera durante a formação dos atores, pois todos os componentes do grupo haviam sido seus alunos no departamento. A montagem fazia parte do currículo mínimo exigido pelo curso, que incluía, no último semestre da disciplina Interpretação, uma experimentação ligada às novas tendências teatrais. Começando pela pesquisa stanislavskiana, considerada um dos fundamentos da formação do ator, ex-alunos e professor passaram para um novo estágio de trabalho, em que buscavam incorporar princípios pesquisados por criadores contemporâneos, como Jerzi Grotóvski e Tadeusz Kantor, em um mecanismo de ampliação das possibilidades expressivas do intérprete, que passa a contar com outras referências técnicas e plásticas. Alguns textos de Kantor, como o "Manifesto do Teatro Zero", passam a fazer parte das discussões da equipe, que vê no encenador polonês um dos precursores do "texto espetacular". Durante os quatro anos de curso no departamento, o aluno-ator, que agora participava do Razões Inversas, exercitara sua autonomia criativa, assumindo uma posição dinâmica e autoral diante da montagem. Kantor fornecia uma justificativa conceitual para a trajetória desse ator, que ampliara seu repertório para transformar-se de intérprete de personagens em criador do discurso cênico integral, junto a seus parceiros de elenco.

Márcio Aurélio oscilava entre os papéis de professor e diretor da companhia, e incentivava os atores a se contraporem à ideologia de mercado e a substituírem o produto teatral apressado pela investigação de longo prazo, em um movimento criativo que associava diferentes linguagens expressivas, trabalhadas a partir de um mesmo núcleo temático. Na verdade, o texto de Tennessee Williams foi o ponto de partida para uma recriação coletiva, realizada pelos atores com base em sua própria visão da obra do dramaturgo. Escrita no pós-guerra, a peça transformou-se em material de trabalho para o grupo, sofrendo as mais diversas interferências dos intérpretes, que se consideravam tradutores da obra, colocando-a a serviço do homem de seu tempo[10]. A peça foi usada, portanto, como uma espécie de partitura cênica, servindo de guia de experimentações e base de construção de uma nova obra, que passou a contar, na dinâmica dos trabalhos, com contribuições de outros poetas, autores dramáticos ou mesmo roteiristas de cinema. O filme de Wim Wenders *Paris, Texas*, por exemplo, com roteiro do dramaturgo Sam Shepard, forneceu alguns diálogos para a montagem. A tentativa do grupo era de redimensionar, com essa referência contemporânea, a sociedade americana atual e o agravamento dos problemas surgidos no pós-guerra. Nesse caminho de anexação de fragmentos, colhidos de diversas fontes, atores e encenador recorreram a uma ópera de Handel (*Rinaldo*), a trechos da *Odisséia* de Homero e a algumas passagens da *Megera Domada*, de Shakespeare, sempre com o objetivo de transformar o que consideravam um drama particular do texto de Williams – a saga de um casal pobre perdido numa grande cidade – em tragédia coletiva da metrópole contemporânea. "Buscava-se a metáfora do ser jovem e sua condição no mundo: o não saber como lidar com ele para sobreviver"[11].

Enquanto formalização cênica, o que se procurava era traçar o percurso de esfacelamento da linguagem narrativa moderna, desembocando na configuração poética da cena contemporânea. A primeira versão desse percurso chamou-se *Coreografia Número Um sobre um Tema de Tennessee Williams*. Realmente, o título é adequado, pois se tratava de uma composição coreográfica baseada na repetição de alguns *leimotive* temáticos e na multiplicação das personagens. Na montagem, o "Homem" criado por Williams transformava-se em três figuras masculinas, enquanto a única personagem feminina – a "Mulher" – repartia-se entre as sete atrizes do grupo. Os casais formados pelas diversas combinatórias possíveis de homens e mulheres multiplicados criavam situações cambiáveis, pelas constantes variações de ponto de vista. Atores trocando de papéis, marcações inéditas, árias de ópera intercaladas a canções populares, ações físicas rigorosamente codificadas, sobrepostas a narrativas de Homero, diálogos de Shakespeare e Tennessee Williams, compunham uma coreografia estilhaçada e movediça, que multi-

---

10   M. A. P. de Almeida, *O Encenador como Dramaturgo*, p. 377.
11   Idem, p. 90.

plicava a situação dramática original. Segundo os atores do Razões Inversas, era exatamente esse o objetivo do grupo. "O casal urbano multifacetado é o casal contemporâneo, trancado em uma cela num mundo de salário-desemprego..."[12].

Outra docente então nesse departamento, Maria Thais Lima Santos, uniu-se a Márcio Aurélio na preocupação de formar um ator apto a escrever, simultaneamente, dramaturgias da atuação e do espetáculo. Responsável pelas disciplinas Improvisação – o Silêncio, Mímica e Prática de Encenação, Maria Thais começa a criar, já em 1995, alguns trabalhos com seus alunos, como *O Escorial* e *Os Cegos*, ambos textos de Michel de Gelderode, e *As Cadelas*, escrita por seu aluno Antonio Rogério Toscano durante o processo de ensaios. No espetáculo, os únicos elementos cenográficos eram algumas camas hospitalares que as atrizes usavam para contracenar, com aplicação direta do treinamento com máscara neutra e dos estudos biomecânicos de Meierhold. Também na montagem de *A Serpente*, texto de Nelson Rodrigues, era visível a preparação corporal intensa, pois os atores representavam, na maior parte do tempo, suspensos em uma roda de quase três metros de diâmetro. A execução exata, definida por uma rigorosa partitura corporal, era fundamental para o desempenho nas situações de profundo desequilíbrio físico.

As experiências de Maria Thais culminaram na criação da Companhia de Teatro Balagan, em 1999, cujo núcleo é formado por três alunos egressos do curso de artes cênicas – uma atriz, Carol Badra, e dois atores-dramaturgos, Antonio Rogério Toscano e Newton Moreno, que se associaram a jovens atores profissionais. Em relação à formação do ator, a companhia apoia-se especialmente nos princípios de Meiherhold. A encenadora reconstituiu-os a partir de relatórios de atores meierholdianos, como Kustov, e de descrições e filmes pesquisados em Moscou, onde realizou parte de sua pesquisa de doutoramento sobre o encenador russo. A professora vê na biomecânica um procedimento claro de organização do trabalho do ator, visando à criação de um vocabulário comum, e considera Meierhold um verdadeiro compositor da cena, que

---

12 Idem, p. 114.

expressa conceitos por meio de estudos rigorosos, em cujo centro está a ideia da criação teatral baseada na música. Em sua atividade pedagógica e artística, Maria Thais alia os procedimentos recuperados do encenador russo a métodos de treinamento corporal brasileiros, como a capoeira e as danças de origem africana, além de valer-se das constantes práticas com máscara neutra. O espetáculo da companhia, *Sacromaquia*, estreado no ano 2000, foi criado a partir de processos de improvisação do elenco, com texto final de Antonio Rogério Toscano. A encenadora pretendia que fosse uma obra polifônica, construída a partir das várias vozes dos criadores. Incluindo cenógrafo, iluminador, figurinista e músico nos ensaios, além do dramaturgo e dos atores, a encenadora trabalha em "processo colaborativo", um procedimento criativo bastante comum entre os grupos brasileiros da década de 1990. A encenadora considera os vários criadores envolvidos no espetáculo como "provocadores" artísticos, cuja função é estimular-se reciprocamente, por meio do atrito produzido pelas diferenças expressivas.

Como ponto de partida das pesquisas coletivas para o espetáculo, Maria Thais elegeu o tema do enclausuramento feminino, núcleo a partir do qual todos os criadores trabalharam, tanto coletivamente quanto em suas áreas específicas. O cenógrafo Márcio Medina, por exemplo, propôs à equipe um espaço construído a partir da perspectiva concreta da clausura, criando um cubo de madeira com capacidade para quarenta espectadores, na reprodução exata de uma cela de convento. Em duas paredes do cubo, uma série de portas e janelas se abria para revelar uma área além da cena, proibida para o espectador. Durante o espetáculo, o espaço se expandia inesperadamente, por meio de uma parede móvel, que criava uma tensão dramática habilmente explorada pela encenadora, especialmente em relação à movimentação dos atores, em muitos momentos próxima da acrobacia.

O lugar claustrofóbico, dotado de portas, fendas e aberturas por onde as atrizes se esgueiravam com movimentos sub-reptícios, ambientava de forma exemplar as histórias utilizadas como matrizes do projeto, vindas de romances, contos, ensaios e peças que, sob diferentes perspectivas, tratavam de questões de vida de mulheres que viveram enclausuradas em conventos da Igreja Católica, espaços ambíguos destinados simultaneamente à sacralidade e à profanação. *Cartas Portuguesas*, da freira Mariana Alcoforado, *As Armadilhas da Fé - Sóror Juana Ignés de La Cruz*, de Octavio Paz, *A Religiosa*, de Denis Diderot, *Teresa Filósofa*, de autor anônimo do século XVIII, *Do Amor e outros Demônios*, de Gabriel García Márquez, *Sóror Beatriz*, de Maurice Maeterlinck e *Os Demônios de Loudun*, de Aldous Huxley foram os textos trabalhados coletivamente.

No início do processo, os atores foram incumbidos de realizar uma leitura cênica particular do material que pesquisaram individualmente. Após a apresentação de *workshops* individuais, de caráter cênico e performático, em que se eliminava a palavra a fim de salientar os recursos corporais de expressão, cada ator passou a trocar experiências com os companheiros de cena, criando cruzamentos e estabelecendo relações entre personagens em proposições trabalhadas em duplas. O texto dramático se constituía paulatinamente, durante o processo de relações propostas pelos atores. No decorrer dos ensaios, debates e experimentações coletivas ampliavam o material levantado, para que novas questões fossem tratadas e incorporadas. O texto final dramatizava os conflitos travados pela portuguesa Mariana Alcoforado, pela espanhola Tereza d'Ávila, pela mexicana Juana Inês de la Cruz e por outras mulheres e homens que adotaram o hábito religioso, voluntariamente ou não.

O elenco, predominantemente feminino, deu maior relevo à religiosidade das mulheres, que se transformou em principal foco de análise do espetáculo, valorizado pela interpretação obsessiva das atrizes, provocadas pelo único ator do elenco, Newton Moreno, que criava um Cristo irônico, perverso e muitas vezes agressivo. A rebeldia física das mulheres, pautada em movimentos de capoeira e candomblé, e, ocasionalmente, na fala em dialetos africanos, compunha corporalmente elementos de uma cultura alterna, que expunha, no código gestual e textual, a relação ambígua das religiosas com seu corpo. Dessa forma, o trabalho das atrizes, feito de contenção e extravasamento, conseguia transformar a rebeldia latente do texto em ambivalência interpretativa.

O recurso a procedimentos da biomecânica, o desenho coreográfico da cena, a limpeza e a precisão gestuais, davam à interpretação um caráter sintético e artificial, que se desviava, propositalmente, de qualquer reprodução mimética do real. Maria Thais justifica a abordagem recorrendo ao conceito meiherholdiano de corpo polifônico. Também de Meierhold empresta o desejo de criar uma dramaturgia de caráter espetacular, capaz de potencializar o discurso cênico e desdobrar o território poético dos textos no jogo simbólico e imagético dos atores. Como pedagoga e encenadora, acredita que o ator deve exercer várias funções artísticas, sem restringir-se a uma especialidade exclusiva: deve ser um ator que canta, e não um cantor; deve ser capaz de eximiedade corporal e gestual, sem tornar-se um bailarino; deve tornar-se um bom intérprete de textos, sem restringir-se a um trabalho de declamação.

O resultado desse processo polifônico de atuação, estruturado em canais discursivos, corporais e musicais, são as diversas camadas de enunciação que compõem o espetáculo, construídas como faixas paralelas que não obedecem a uma ordem preestabelecida, nem permitem a predominância de um único canal enunciativo. Em certas passagens do espetáculo, essas camadas acontecem de forma simultânea, para concentrar-se, em outros momentos, numa enunciação predominantemente coreográfica, definida por uma rígida partitura corporal. Movimentando-se nessa estrutura polifônica, o ator não constrói personagens, mas superpõe fragmentos de máscaras, resultantes do processo de coleta de fragmentos de figuras ficcionais, retrabalhadas durante o processo criativo. De qualquer forma, Maria Thais faz questão de ressaltar que essas criaturas fragmentárias não são desprovidas de humanidade: "Sempre uma provocação artística é uma provocação humana e uma provocação humana é uma provocação artística"[13].

Outro grupo saído do Departamento de Artes Cênicas é a Boa Companhia, atuante desde 1992. Dirigido por Verônica Fabrini, responsável pelas disciplinas Expressão Corporal e Dança, o grupo tem como proposta a pesquisa da linguagem cênica a partir do trabalho do ator. Desde o princípio, as apresentações não se realizavam em salas tradicionais de espetáculo. Cada montagem é um evento específico, que requer um

13 Entrevista realizada pela autora, São Paulo, 11 de julho de 2001.

novo espaço e exige dos atores uma flexibilidade de pesquisa e treinamento constantes, que incluem *workshops* com a comunidade da pequena vila de Barão Geraldo, onde se situa a sede da companhia. Dessa forma, os atores divulgam não apenas o produto artístico resultante de seu trabalho, mas também seu processo criativo, socializando, na medida do possível, seus instrumentos de produção. Exibindo um percurso eclético, a Boa Companhia já encenou Shakespeare, adaptou Franz Kafka e montou grandes dramaturgos brasileiros, como Nelson Rodrigues e Qorpo Santo. Seu trabalho estreado em 1999 foi o espetáculo *Primus*, baseado no conto de Kafka "Comunicação a uma Academia". De acordo com o grupo, a narrativa sobre o macaco capturado que consegue transformar-se em humano e relata a uma academia de ciências suas conquistas, feitas sob chibatadas, levantava questões relativas aos limites entre natureza e cultura e, especialmente, à submissão que leva à perda da liberdade. Para os atores, o principal desafio era corporificar essas questões transformando-as em imagens cênicas e, portanto, em matéria teatral, sem descaracterizar a discussão filosófica do texto.

O exercício coletivo de adaptação do conto principiou com a busca de um diálogo entre a visão de mundo projetada por Kafka e o ponto de vista dos atores envolvidos no projeto. Segundo os integrantes da companhia, a parábola do conto podia ser associada aos quinhentos anos de colonização do país, que consideravam um processo de domesticação semelhante ao extermínio dos índios e da cultura autóctone. Mas a questão nuclear do espetáculo dizia respeito à ancestralidade. Tratava-se de discriminar a origem do povo brasileiro, adotando a posição do índio, supostamente primitivo, ou do conquistador moderno, a princípio civilizado, mas responsável pelo extermínio do primeiro. Além de servir ao grupo como instrumento de prospecção das origens, o texto foi um meio de investigação crítica sobre a profissão do ator. De acordo com o elenco, a saída escolhida pela personagem do conto – o *music hall* – soava irônica, pois trazia à tona as contradições mais evidentes da profissão. Nessa leitura, certos atores seriam espécies de macacos amestrados, que se transformam em objeto de curiosidade pública quando alcançam a fama, em um mecanismo perverso que só pode ser invertido pelo artista integral, polivalente, a um só tempo pensador, criador e crítico[14].

A encenação de *Primus* inscrevia-se na linha do teatro físico, uma vez que a aproximação dos atores com o conto de Kafka partiu de uma perspectiva centrada especificamente no trabalho corporal, enfatizada pela prática de Verônica Fabrini, bailarina e atriz. A base de construção gestual foram pesquisas de campo realizadas pela companhia no zoológico de São Paulo, para observação de primatas no cativeiro, com o objetivo de definir algumas estereotipias básicas. Durante essa investigação, descobriram que os padrões fixos de comportamento, comuns em animais mantidos em cativeiro, escondem alguns traços reincidentes, como a rigidez da forma, a repetitividade dos gestos e a falta de objetivo claro para algumas atividades, aparentemente aleatórias[15]. Transpondo esses padrões para a composição corporal, os atores chegaram a alguns módulos gestuais básicos, retrabalhados com o auxílio de exercícios de capoeira, acrobacias e malabarismo. Nos ensaios e, posteriormente, nas apresentações do espetáculo, a definição de partituras físicas de movimento foi auxiliada pelo canto e por percussão feita ao vivo, com alternância de ritmos brasileiros, africanos e árabes. A utilização desses ritmos primitivos, especialmente os africanos, também acontecia durante as improvisações, em que os atores buscavam construir climas sonoros, responsáveis pela condução de algumas cenas ou, em outros momentos, pela sustentação rítmica do desempenho. Quanto ao trabalho vocal, oscilava de uma linguagem não articulada ao uso da palavra, entremeada a canções simples de *music hall* ou, em certos momentos, a execuções de canto lírico.

O cenário sintético reduzia-se a alguns elementos essenciais, que se prestavam a usos diversos, dependendo da manipulação dos atores. Quatro caixas de madeira podiam ser utilizadas como púlpito para conferências, jaula de cativeiro ou pequenos palcos dentro do palco. Ao fundo, uma rotunda

---

14 Entrevista realizada com Verônica Fabrini, Campinas, setembro de 2001.
15 Em seres humanos, as estereotipias aparecem em situações de isolamento institucional, como casas de detenção, ou em indivíduos com deficiência mental, e geralmente são associadas a situações de mal-estar social ou em experiências de vida pouco diversificadas, como observa Fabrini na entrevista mencionada.

branca destinava-se à projeção de imagens de guerra, pobreza e desordem social, mescladas a documentários sobre tribos indígenas e experiências científicas feitas com animais, enfatizando as dissonâncias entre o mundo natural e o civilizado. Como observa Verônica Fabrini, o diálogo entre as linguagens corporais, musicais e imagéticas era responsável pela estrutura narrativa do espetáculo, que procurava traduzir cenicamente os temas fundamentais do conto de Kafka: "os limites entre natureza e cultura, animal e humano, e a tensão entre liberdade e necessidade"[16].

O LUME

Luís Otávio Burnier, ator e professor do Departamento de Artes Cênicas, criou, em 1985, um núcleo de pesquisa e formação do ator cujo objetivo era adaptar a linha de pesquisa de Eugenio Barba e alguns procedimentos de Jerzi Grotóvski a fontes de atuação tipicamente brasileiras, investigadas no candomblé, na capoeira e na dança indígena. Inicialmente ligado ao Departamento de Artes Cênicas, o Lume é atualmente um laboratório independente, que se reporta diretamente à Reitoria da Universidade Estadual de Campinas.

Esse Núcleo Interdisciplinar de Pesquisas Teatrais vem pesquisando, desde sua origem, o que chama de "técnicas não interpretativas" de representação para o ator, mais ligadas à atuação que à recriação de personagens ficcionais. Para o Lume, representação e interpretação são operações diferenciadas. Essa distinção, que inicia a tese de doutoramento de Luís Otávio Burnier, serve de orientação aos processos pedagógicos do grupo. Segundo Burnier, ao interpretar a personagem projetada por um texto dramático, o ator, na verdade, faz uma transposição de linguagens, pois tenta adaptar a literatura à cena. É, portanto, um intermediário, alguém que está entre a personagem e o espectador, entre algo que possui estatuto ficcional e um ser humano real e material. Burnier observa ainda que o conceito de interpretação liga-se, histori-

16 A Encenação de *Primus*, programa do espetáculo, 1999.

camente, à criação de personagens definidas por um dramaturgo. Está, portanto, relacionado ao texto dramático. Esse ator que interpreta algo definido *a priori* é chamado, com razão, de intérprete, pois seu impulso maior é agir como uma espécie de tradutor do texto em cena, retirando de um contexto ficcional pré-estabelecido os dados e as informações para a construção da personagem[17].

Na escolha de outra via de criação, o ator que representa busca expressar-se basicamente por meio de ações físicas e vocais. Não parte de um texto literário, mas investiga a matéria de seu trabalho em si próprio, por meio da dinamização de suas energias potenciais e da construção de ações físicas. Não se coloca, portanto, diante do espectador, como intérprete de personagens, mas como um ator que interpreta a cena de maneira autônoma, estimulando o público a continuar esse percurso de leituras. Pode-se dizer que, para o ator que representa, a personagem vem antes do texto, já que ele possui um repertório de ações físicas e vocais codificadas, que poderá emprestar a uma ou outra personagem, trabalhando com combinações diferenciais.

De acordo com Burnier, essas ações de corpo e voz constituem parâmetros objetivos que permitem a construção de uma cena independente de informações literárias. Quando decide montar um espetáculo, o ator treinado nesse método já tem à sua disposição um material físico e vocal que poderá ser trabalhado com vistas à construção de uma narrativa espetacular. Mesmo quando representa um texto dramático, o ator do Lume não se coloca como intérprete da personagem, mas mostra em cena ações físicas codificadas, nascidas de um treinamento cotidiano que produz imagens que, em princípio, nada tem a ver com a figura teatral projetada por um dramaturgo. Diante do espectador, essas imagens longamente trabalhadas são vestidas com os figurinos, os cenários e o contexto fictício exigidos pelo texto. O que resulta na justaposição de dois canais de enunciação: o da história de uma personagem, narrada pelo dramaturgo, e o da partitura de ações físicas do ator, composta de maneira autônoma, sem relação necessária

---

17 L. O. Burnier, *A Arte do Ator*, p. 27-28.

com o texto. Dessa forma, a dramaturgia do ator é montada por meio de uma sequência orgânica de ações físicas e vocais, predeterminadas por seu vocabulário expressivo e capaz de compor uma narrativa clara e precisa, amarrada com transições orgânicas, que Burnier chama de *ligâmens*. Cabe ao diretor encontrar uma sequência, estruturada por meio desses *ligâmens*, que organize as diversas ações físicas e vocais dos atores de maneira específica, não interpretativa[18].

Burnier acredita que esse ator que representa tem uma relação diferencial com o espectador. Ao mostrar-se em cena por meio de ações físicas codificadas, revela ao público suas habilidades enquanto atuador, desenvolvidas dentro de uma metodologia de trabalho que supõe um longo caminho de formação. O objetivo maior do percurso é a criação de um vocabulário pessoal de matrizes orgânicas codificadas que materialize, por meio da técnica, a própria pessoa do ator que, o Lume acredita, deve doar-se ao público.

A formação desse ator é construída em intenso processo de criação que, em última instância, visa a constituir um corpo dilatado e extracotidiano. O conceito, emprestado de Eugenio Barba, designa uma técnica corpórea particular, que deve ser capaz de projetar uma segunda natureza para o ator. O processo formativo ganha, portanto, quase o estatuto de um renascimento, gestado em longo processo de reaprendizagem da fala, do gesto, do movimento e da respiração. E pressupõe um treinamento cotidiano e sistemático, em que o ator não trabalha a personagem, mas a si mesmo, e investiga o modo operativo de transformação das emoções em corporeidades. No treinamento do Lume, como na antropologia teatral de Eugenio Barba, as emoções não são entendidas como algo abstrato e psicológico, mas como matéria concreta e muscular, em constante dinâmica interna. Para o Lume, o instrumento de trabalho do ator é o "corpo-em--vida" referido por Barba. Como em Barba, o processo supõe um nível pré-expressivo, definido como um estágio básico de organização comum a todos os atores, em que se trabalha a

---

18 O livro de Luís Otávio Burnier apresenta, de forma rigorosa, todos os procedimentos aqui referidos.

energia e a presença corporal, "o *bíos* de suas ações e não seu significado"[19].

Concordando com ele, Luís Otávio Burnier afirma, em seu trabalho, que a arte não está no que dizer, mas em como dizer. É a técnica que dá forma às energias potenciais, configurando o conjunto de informações que possibilita a criação do "corpo-em-vida". De acordo com o criador do Lume, a arte é o pêndulo que oscila entre a técnica fria e a vida caótica, e cabe ao artista movimentar-se entre esses dois universos, buscando, em sua formação, um equilíbrio entre os extremos.

No trabalho de formação do ator proposto pelo Lume, há várias maneiras de operacionalizar esse percurso. A primeira delas é a prática de ações físicas recorrentes, durante um treinamento energético longo e ininterrupto, em processo que visa a descoberta de novas energias por meio do esgotamento físico. O trabalho com materiais – objetos, tecido ou bastão –, é outro procedimento utilizado para a dinamização das energias do ator. Além do recurso a imagens e à imitação concreta ou abstrata de animais, que também visa a canalizar as energias para uma corporeidade objetiva, a ser expressa temporal e espacialmente[20].

Os quase vinte anos de trabalho nessa direção acabaram consolidando três linhas básicas de pesquisa do Lume: a da Dança Pessoal, termo utilizado para definir a dinamização de energias potenciais do ator por meio da dança, a do Clown, que visa à utilização cômica do corpo, trabalhando um estado corpóreo próximo da pureza original, em que o lirismo e o ridículo pessoais sofrem um processo de dilatação e, por último, a da Mimesis Corpórea, que pesquisa a transposição e a teatralização de ações físicas e vocais do cotidiano, escolhendo como modelo pessoas ou imagens. Essa linha de trabalho ficou famosa entre os alunos das escolas de teatro brasileiras, graças às pesquisas de campo exaustivas que os atores do Lume realizaram na Amazônia, registrando, com fotos e gravações sonoras, extensas entrevistas com a população ribeirinha. Depois de pesquisadas, as ações físicas foram submetidas a um rigoroso processo de memorização e codificação, que implicou

---

19 E. Barba, *A Canoa de Papel*, p. 187-188.
20 R. Ferracini continua as investigações de Burnier em seu livro *A Arte de não Interpretar como Poesia Corpórea do Ator*, a que faço referência nessa passagem.

a incorporação de todas as microtensões, impulsos e ritmos na memória muscular, de forma a possibilitar uma organicidade de ação que projetasse o "corpo-em-vida", referido por Eugenio Barba, a partir da recriação do outro. De posse desse conjunto de ações físicas, os atores passaram a contar com um vocabulário inédito, composto a partir de um alfabeto cultural inusitado. Ainda que colhido em fonte distante e estranha, acabava formando um material de trabalho extremamente personalizado, passível de ser aplicado à composição de um futuro espetáculo. De fato, depois de recompostas corporal e vocalmente, as ações foram organizadas e se transformaram em partitura cênica do trabalho *Contadores de Estórias*. No espetáculo, como nos outros apresentados pelo Lume, não há uma concepção cênica. O trabalho é construído a partir da combinatória das matrizes corporais e vocais dos atores, compostas durante o treinamento, a pesquisa e o processo criativo. Como observa Luís Otávio Burnier,

o ator dotado de técnica trabalha com a noção de montagem, de colagem, de modelagem. [...] A construção de um personagem é, neste caso, mais próxima da imagem evocada pela própria palavra construção, ou seja, é uma somatória de elementos, um tijolo colocado após o outro. Sem precisar criar ações, o ator recorre a elas como se estivesse compondo, como um músico que não cria as notas, mas a ordem delas, variando as diferenças de intensidade e de duração[21].

De certa forma, a observação de Burnier é aplicável ao ator formado pelo Departamento de Artes Cênicas. Tanto no caso do Lume quanto no dos grupos formados no departamento, trata-se de criar pedagogias de formação do ator que possam adequar-se às propostas de criação de um teatro vivo, fruto de pesquisa coletiva. O que se nota é que a ênfase no treinamento corporal e o uso de técnicas de dança e acrobacia garantem ao ator uma codificação corporal eficaz, que lhe permite realizar, com maior facilidade, o cruzamento de linguagens artísticas a que se propõe, não como meta final do trabalho cênico, mas como percurso. O que se procura é uma formação que decorra de um processo criativo e que sirva a um teatro vivo.

21 Op. cit., p. 44.

2. Um Modelo de Composição

Em palestra recente, a ensaísta Josette Féral teceu considerações precisas sobre a relação entre a teoria e a prática do teatro. A reflexão acerca das ligações de pensamento e cena no panorama contemporâneo foi precedida de uma abrangente análise do trânsito que sempre uniu a produção teórica ao palco, nas várias fases da história teatral. Constatando a recorrência desse vínculo, Féral fez questão de destacar a mudança substantiva que acompanhou a passagem do teatro-diversão-pura, característico dos palcos elizabetanos, onde os espetáculos eram a um só tempo objeto de consumo e elemento de atualização do contrato social palco-plateia, para o teatro-arte-pura inaugurado pelos simbolistas franceses nos estertores do século xix. A mudança de foco da concreta realidade do corpo para os mistérios abstratos da alma teve como resultado visível o afastamento do público, talvez mais interessado em divertir-se do que em sondar, via correspondências, os invisíveis segredos de um outro mundo.

Acompanhando o paulatino distanciamento do espectador, a teoria teatral afastou-se, por seu turno, da prática do teatro, como se endossasse a ruptura do contrato social palco-plateia. O resultado de mais de um século de separação quase constante foi a clivagem que passou a desviar os estudos teóricos da prática do teatro. Especialmente a partir dos anos de 1950, a simbiose entre estudos e realização, teoria e profissão, parecia irremediavelmente perdida. Bernard Dort pareceu antecipar o diagnóstico da situação quando localizou nos anos 20 alguns dos resultados mais contundentes dessa cisão, com a publicação dos primeiros escritos orientados por uma abordagem puramente teórica. Polti, Mukarovski, Souriau, Villiers e André Veinstein figurariam no rol dos autores das primeiras reflexões teorizantes, em sentido estrito, nos estudos teatrais.

Esse processo de distanciamento deu-se de formas distintas, mas talvez valha a pena ressaltar, como reflexo contemporâneo dessa decalagem, o pesquisador que se transforma em crítico, afastando-se cada vez mais dos processos criativos para olhar o teatro como obra acabada. A estética da recepção de Jauss e Herbert Blau, colaborando para transformar o espectador em criador de sua própria cena imaginária, foi outro passo na trilha de autonomia simultânea de palco e plateia.

No que diz respeito à pesquisa universitária, os sintomas mais comuns dessa situação são as pesquisas que, mesmo produzindo uma reflexão teórica consistente, raramente se debruçam sobre o ato da criação. É nesse sentido que o brilhante trabalho de Matteo Bonfitto vem preencher uma lacuna. Faz parte dos esforços de retomada do pensamento teatral ligado à prática, tendência que emerge com força nos estudos universitários dos últimos anos, no Brasil e no exterior.

No caso de Bonfitto, a importância do resgate é ainda maior se pensarmos que se trata de um ator excelente, afinado com os procedimentos mais recentes de criação teatral. Aliando formação teórica rigorosa à prática e ao ensino do teatro, empresta seus conhecimentos de história, estética, semiologia e teoria do jogo à investigação dos processos de criação do ator, oferecendo uma prova concreta de que a colaboração estreita entre a teoria e a prática é produtiva e possível.

Compreender a produção teatral como pesquisa e a pesquisa como prática do teatro é, sem dúvida, a contribuição maior deste livro. E também uma forma eficaz de apropriar-se do trabalho do ator para entendê-lo como composição inteligente, que transforma materiais e mentalidades ao produzir sensibilização e ação. Esse é o ponto de partida da pesquisa. Como um músico ou um pintor, o ator é um compositor que sistematiza procedimentos quando planeja, combina, constrói e executa sua partitura de ações.

As ações físicas, hoje consideradas elemento fundante do fenômeno teatral, funcionam como guia privilegiado no percurso de discriminação de procedimentos criativos. Usando a diacronia para dar conta dos diversos estágios da prática do ator, o autor se detém com mais vagar, como não poderia deixar de ser, no método psicofísico de Stanislávski, em que as ações agem como iscas de processos interiores e como catalizadores de um sistema. Antes disso, porém, resgata as origens do conceito e da prática da ação física. Traçando o mapa da mina, recupera, já no princípio do livro, e talvez de forma inédita no Brasil, o famoso, mas pouco conhecido, Sistema de Estética Aplicada de François Delsarte, repetindo, em abordagem detalhada, exata e inteligente, o movimento de aliar corpo e espírito que espelha a junção teoria/prática referida há pouco. Sem dúvida Matteo Bonfitto sabe a que se refere quando cita Delsarte: "A cada função espiritual, corresponde uma função do corpo; A cada grande função do corpo, corresponde um ato espiritual"[1].

O nível de detalhamento e de rigor com que são expostos os gêneros e espécies de Delsarte são um exemplo dos procedimentos que o pesquisador utilizará até o final do livro, traçando um panorama completo e inteligente dos princípios de atuação discriminados por artistas que, assim como Stanislávski, produziram um teatro que tem como eixo o intérprete. Meierhold, Laban, Etienne Decroux, Mikhail Tchékhov, Jerzi Grotóvski, Eugenio Barba, Pina Bausch e os teatros orientais, representados na reconstituição primorosa do modelo de kata, são relidos pelo filtro inédito das ações físicas, servindo como sistemas-fonte para a operação das matrizes geradoras, dos elementos e dos procedimentos de composição dessas ações. Mesmo em pesquisas recentes, como a do semiólogo italiano Marco de Marinis, não se constata o mesmo grau de aprofundamento e de abrangência no trato na questão.

1 Cf. *O Ator Compositor*, p. 6.

Além do ineditismo da proposta e da qualidade inquestionável da execução, convém lembrar a utilidade deste livro para o ator brasileiro. No movimento extremamente generoso de socialização de seu saber e de sua prática, Bonfitto substitui as mitologias difusas de genialidade, talento e inspiração, que tornam o teatro inacessível à grande maioria, por materiais concretos e palpáveis, disponíveis a atores e pesquisadores capazes de optar pelo trabalho teatral exigente, construído a longo prazo e sem concessões. Funcionando como modelo de um novo homem de teatro, criador do projeto estético, mestre dos instrumentos de atuação, autor de partituras em que saber e fazer se harmonizam, o ator compositor é prova irrefutável de inteligência prática e inventividade teórica.

Sobre os Textos

1. Encenação Contemporânea

HIBRIDISMO E MULTIMÍDIA NAS ENCENAÇÕES DE GERALD THOMAS
foi publicado no livro *Estratégias Postmodernas y Postcoloniales en el Teatro Latinoamericano Actual*, organizado por Alfonso de Toro, em edição da Iberoamericana, de Madri, e da Vervuert Verlag, de Frankfurt, de 2004.

A DRAMATURGIA DA ARTISTA
apareceu originalmente no programa do espetáculo *Da Gaivota*, encenado por Daniela Thomas, em 1999.

SUTIL COMPANHIA DE TEATRO
reúne três críticas de espetáculos: a primeira foi publicada com o título "Os Obscuros Recantos da Família", no Caderno Mais! da *Folha de S. Paulo*, em 1º mar. 2002, p. 2; a segunda, "A Memória Solitária", foi publicada na revista *Bravo!* em 1º fev. 2003, p. 11; e a terceira, "Encenação Gráfica", na mesma revista, em 1º jul. 2005, p. 105.

BOCA DE OURO E O OFICINA
foi uma comunicação apresentada no Seminário "Nelson Rodrigues e a Cultura Brasileira", promovido pelo Festival de Teatro de Recife, em 2006.

A CENA EM PROGRESSO
foi publicado como prefácio ao livro de Renato Cohen, *Work in Progress na Cena Contemporânea*, editado pela Perspectiva, em 2004.

TEATROS PÓS-DRAMÁTICOS
foi publicado na Revista *Humanidades*, volume 52, 2006, p. 7-18, e posteriormente no livro *O Pós-dramático: um Conceito Operativo?*, organizado por J. Guinsburg e por mim, e publicado pela Perspectiva, em 2008.

II. Processos Colaborativos

O LUGAR DA VERTIGEM
foi publicado no livro *Trilogia Bíblica*, organizado por Arthur Nestrovski e editado pela Publifolha, em 2002, p. 35-40.

TEATRO-CIDADE
foi publicado originalmente na *Revista d'Art*, volumes 9-10, 2002, p. 49-58.

TEATROS DO REAL
foi escrito para a edição de 2005 do seminário Próximo Ato, promovido pelo Instituto Itaú Cultural, e está publicado em www.itaucultural.org.br/proximoato. Acesso em: 2006.

CARTOGRAFIA DE BR-3
foi publicado em *Teatro da Vertigem. BR-3*, pelas editoras Perspectiva e Edusp, em 2006, p. 39-49.

POÉTICA DA CENA CONTEMPORÂNEA
é um texto inédito. Foi apresentado no Seminário Internacional Poéticas do Inventário, promovido pela Casa de Rui Barbosa, em 2006.

TEATRALIDADE E TEXTUALIDADE. A RELAÇÃO ENTRE CENA E TEXTO
EM ALGUMAS EXPERIÊNCIAS DE TEATRO BRASILEIRO CONTEMPORÂNEO
é um texto inédito. Foi apresentado no Seminário Internacional Literatura, Técnica e Outras Artes, promovido pela Casa de Rui Barbosa, em 2004.

TEATRALIDADES CONTEMPORÂNEAS
foi publicado no livro *Texto e Imagem: Estudos de Teatro*, organizado por Maria Helena Werneck e Maria João Brilhante, e editado pela 7 Letras, do Rio de Janeiro, em 2009, p. 9-28.

O DISCURSO CÊNICO DA COMPANHIA DOS ATORES
foi publicado no livro *Na Companhia dos Atores*, organizado por Enrique Diaz, Marcelo Olinto e Fabio Cordeiro, e editado pela Aeroplano/Senac, em 2006.

III. Dramaturgia Contemporânea

NOTAS SOBRE DRAMATURGIA CONTEMPORÂNEA
foi publicado originalmente na revista *Percevejo*, volume 9, 2000, p. 28-40.

A VIOLÊNCIA DO NOVO
foi publicado na revista *Bravo!*, n. 51 – Ano 5, 2001, p. 134-139.

MOSTRA DE DRAMATURGIA
reúne seis críticas publicadas na *Folha de S. Paulo*: "Abertura do Ciclo Sintetiza Nova Realidade com Fuga da Tradição" (1º jun. 2002, p. E-1); "Cultura de Massa Invade Textos" (8 jun. 2002, p. E-2); "Trabalho e Ousadia Marcam Terceira Semana de Ciclo Teatral" (16 jun. 2002, p. E-2); "Subjetividade, Paródia e Polêmica Dominam Novo Ciclo" (23 jun. 2002, p.EE-2); "Última Etapa Mostra Sintonia do Teatro Promíscuo com seu Tempo" (30 jun. 2002, p. E-2); "Mostra Comprova Hibridismo da Cena Contemporânea" (3 jul. 2002, p. E-3).

IV. Pedagogia da Cena

FORMAÇÃO INTERDISCIPLINAR DO INTÉRPRETE:
UMA EXPERIÊNCIA BRASILEIRA
foi publicado com o título "Formation interdisciplinaire du comédien: uma expérience brésilienne", no livro *Les Nouvelles formations de l' intèrprete*, organizado por Anne-Marie Gourdon e editado pelo CNRS, em Paris, em 2004, p. 146-163.

UM MODELO DE COMPOSIÇÃO
foi publicado como prefácio ao livro *O Ator-Compositor*, de Matteo Bonfitto, editado pela Perspectiva em 2002

Créditos das Imagens

CADERNO DE ABERTURA
(por ordem de entrada)

1. *Carmem com Filtro 2*, 1988. Criação e direção: Gerald Thomas. Companhia de Ópera Seca. Foto: Lenise Pinheiro.
2. *Carmem com Filtro 2*, 1988. Criação e direção: Gerald Thomas. Companhia de Ópera Seca. Foto: Lenise Pinheiro.
3. *Da Gaivota*, 1998. Texto: Anton Tchékhov. Adaptação e direção: Daniela Thomas. Foto: Lenise Pinheiro.
4, 5. *Avenida Dropsie*, 2005. Direção: Felipe Hirsch. Criação: Sutil Companhia de Teatro. Foto: João Caldas.
6. BR-3, 2006. Dramaturgia: Bernardo Carvalho. Concepção e direção: Antonio Araújo. Criação: Teatro da Vertigem. Foto: Lenise Pinheiro.
7. Concepção e direção: Renato Cohen. Foto: João Caldas.
8. *A Morta*, 1992. Texto: Oswald de Andrade. Direção e adaptação: Enrique Diaz. Criação: Companhia dos Atores. Foto: Lenise Pinheiro.
9. *O Livro de Jó*, 1995. Dramaturgia: Luís Alberto de Abreu. Concepção e direção: Antonio Araújo. Criação: Teatro da Vertigem. Foto: Lenise Pinheiro.
10. *Carmem com Filtro 2*, 1988. Criação e direção: Gerald Thomas. Companhia de Ópera Seca. Foto: Lenise Pinheiro.
11. *Apocalipse 1.11*, 2000. Dramaturgia: Fernando Bonassi. Concepção e direção: Antonio Araújo. Teatro da Vertigem. Foto: João Caldas.

CADERNO DE ENCERRAMENTO
(por ordem de entrada)

1. *O Livro de Jó*, 1995. Dramaturgia: Luís Alberto de Abreu. Concepção e direção: Antonio Araújo. Criação: Teatro da Vertigem. Elenco e cena do espetáculo. Foto: Lenise Pinheiro.
2. *Sacromaquia*, 2000. Dramaturgia: Antonio Rogério Toscano. Direção: Maria Thais. Companhia de Teatro Balagan.
3. *Sacromaquia*, 2000. Dramaturgia: Antonio Rogério Toscano. Direção: Maria Thais. Companhia de Teatro Balagan.
4. Concepção e direção: Renato Cohen. Foto: João Caldas.
5. Concepção e direção: Renato Cohen. Foto: João Caldas.
6. *A Morta*, 1992. Texto: Oswald de Andrade. Direção e adaptação: Enrique Diaz. Criação: Companhia dos Atores. Foto: Lenise Pinheiro.
7. BR-3, 2006. Dramaturgia: Bernardo Carvalho. Concepção e direção: Antonio Araújo. Criação: Teatro da Vertigem. Foto: Lenise Pinheiro.
8. *Preso entre Ferragens*, 2000. Dramaturgia: Fernando Bonassi. Direção: Eliana Fonseca. Foto: Lenise Pinheiro.
9. *Apocalipse 1.11*, 2000. Dramaturgia: Fernando Bonassi. Concepção e direção: Antonio Araújo. Teatro da Vertigem. Foto: João Caldas.
10. *Apocalipse 1.11*, 2000. Dramaturgia: Fernando Bonassi. Concepção e direção: Antonio Araújo. Teatro da Vertigem. Foto: João Caldas.
11. *Dentro*, 2002. Texto: Newton Moreno. Direção: Nilton Bicudo. Criação: Núcleo Teatro Promíscuo.

Todos os esforços foram feitos para identificar a autoria das imagens publicadas neste ensaio.

Bibliografia

ABRAMOVIC, Marina. Générer une force. *Alternatives théâtrales*, Bruxelas, n. 85-86, 2005.
_____. *The House with the Ocean View*. Milano/New York: Ed. Charta, 2003.
_____. *Marina Abramovic*. Milano: Charta, 2002.
ACKERMAN, Alan; PUCHNER, Martin. *Against Theatre*. New York: Palgrave Macmillan, 2006.
L'ACTEUR entre personnage et performance. *Etudes theatrales*, Paris/Louvain, n. 26, 2003.
ALMEIDA, Marcio Aurelio Pires de. *O Encenador como Dramaturgo: A Escrita Poética do Espetáculo*. 1995. Escola de Comunicações e Artes, Universidade de São Paulo, 1995 (Tese de doutorado).
ALTERNATIVES THÉÂTRALES. Choralités. Bruxelas, n. 76-77, 2003.
AMEY, Claude. *T. Kantor. Theatrum Litteralis*. Paris: L'Harmattan, 2002.
ARTAUD, Antonin. *O Teatro e seu Duplo*. Trad. Teixeira Coelho. São Paulo: Max Limonad, 1984.
_____. Suppôts et suppliciations. *Oeuvres complètes*, XIV. Paris: Gallimard, 1978.
AUSLANDER, Philip. *From Acting to Performance*. London: Routledge,1997.
BABLET, Denis; BABLET, Jacquie; VIDO-RZEWUSKA, Marie-Thérèse. *T. Kantor. Les Voies de la création théâtrale 18*. Paris: CNRS, 1993.
BARBA, Eugenio; SAVARESE, Nicola (orgs.). *A Dictionary of Theatre Anthropology*. London: Routledge, 1991. Trad. brasileira, *A Arte Secreta do Ator. Dicionário de Antropologia Teatral*. Trad. Luís Otávio Burnier (sup.). São Paulo/Campinas: Hucitec/Editora da Unicamp, 1995.
BARBA, Eugenio. *A Canoa de Papel: Tratado de Antropologia Teatral*. Trad. Patrícia Alves. São Paulo: Hucitec, 1995.

BARTHES, Roland. *O Império dos Signos*. Trad. Leyla Perrone-Moisés. São Paulo: WMF Martins Fontes, 2007.
_____. Le Théâtre de Baudelaire. *Écrits sur le théâtre*. Paris: Seuil, 2002.
_____. *Essais critiques*. Paris: Seuil, 1964.
BENE, Carmelo; DELEUZE, Gilles. *Superpositions*. Paris: Minuit, 1979.
BENE, Carmelo. *Théâtre*. Paris: POL, 2004.
BENJAMIN, Walter. O Autor como Produtor. In: KOTHE, Flávio R. (org.). *Walter Benjamin*, São Paulo: Ática, 1991.
_____. *Essais sur Bertolt Brecht*. Trad. Paul Laveau. Paris: Maspero, 1969.
BERNARD, Michel. *L' Expressivité du corps*. Paris: Chiron, 1976.
BERNSTEIN, Ana. A Casa com Vista para o Mar de Marina Abramovic. *Sala Preta*, São Paulo, n. 3, 2003.
_____. Marina Abramovic: do Corpo do Artista ao Corpo do Público. In: DIAS, Tânia; AZEVEDO, Carlito; SUSSEKIND, Flora. *Vozes Femininas: Gênero, Mediações e Práticas de Escrita*. Rio de Janeiro: 7 Letras, 2003.
_____. A Performance Solo e o Sujeito Autobiográfico. *Sala Preta*, São Paulo, n. 1, 2001.
BIGELOW, Michel; SMITH, Joel A. (org.). *Anne Bogart Viewpoints*. Lyme: Smith and Krauss, 1995.
BIRRINGER, Johannes. *Theatre, Theory, Postmodernism*. Bloomington/Indianapolis: Indiana University Press, 1991.
BLAU, Herbert. *The Audience*. Baltimore/London: The Johns Hopkins University Press, 1990.
BOGART, Anne. *A Director Prepares. Seven Essays on Art and Theatre*. London/ New York: Routledge, 2001.
BONFITTO, Matteo. Do Texto ao Contexto. *Humanidades. Teatro Pós-dramático*, Brasília, n. 52, nov. 2006.
_____. *O Ator Compositor*. São Paulo: Perspectiva, 2002
BURNIER, Luís Otávio. *A Arte do Ator: Da Técnica à Representação*. Departamento de Comunicação e Semiótica, Pontifícia Universidade de São Paulo, 1994 (Tese de doutorado).
CAMPOS, Augusto de; PIGNATARI, Décio; CAMPOS, Haroldo de. *Mallarmé*. São Paulo: Perspectiva, 1991.
CARVALHO, Bernardo. *O Mundo Fora dos Eixos – Crônicas, Resenhas e Ficções*. São Paulo: Publifolha, 2005.
CASTELLUCCI, Claudia; CASTELUCCI, Romeo. *Les Pèlerins de la matière*. Besançon: Les Solitaires Intempestifs, 2001.
LA CATASTROPHE sur la scène moderne et contemporaine. *Etudes théâtrales*, Paris/Louvain, n. 23, 2002.
CHAREST, Rémy. *Robert Lepage: Quelques zones de liberté*. Québec: Ed. L'instant meme, 1995.
COHEN, Renato. Rito, Tecnologia e Novas Mediações na Cena Contemporânea Brasileira. *Sala Preta*, São Paulo, n. 3, 2003.
_____. *Work in Progress na Cena Contemporânea*. São Paulo: Perspectiva, 1998.
_____. *Performance como Linguagem*. São Paulo: Perspectiva, 1989.
CORRÊA, José Celso Martinez. Temporada de Verão. Boca de Ouro de Nelson Rodrigues. *Folha de S. Paulo*, 7 dez. 2000. Ilustrada. Disponível em <http://www.teatrobrasileiro.com.br/noticias/index13.htm>. Acesso em 20 dez. 2000.

COSTA FILHO, José da. *Teatro Brasileiro Contemporâneo: Criações Partilhadas e Presença Diferida*. Rio de Janeiro: 7 Letras, 2009.

CRAIG, Edward Gordon. *On the Art of the Theatre*. New York: Theatre Arts, 1956.

DANOHOE, Joseph I.; KOUSTAS, Jane M. *Theater sans frontières*. Ann Arbor: Michigan University Press, 2000.

DAVIS, Tracy C.; POSTLEWAIT, Thomas. *Theatricality*. Cambridge: Cambridge University Press, 2003.

DEAK, Frantisek. *Symbolist Theater. The Formation of an Avant-garde*. Baltimore/London: The Johns Hopkins University Press,1993.

DELEUZE, Gilles; GUATTARI, Félix. Como Criar para si um Corpo sem Órgãos. In: DELEUZE, Gilles; GUATTARI, Félix. *Mil Platôs. Capitalismo e Esquizofrenia*. São Paulo: Editora 34, 1999, v. 3.

_____. O Corpo sem Órgãos. In: DELEUZE, Gilles; GUATTARI, Félix. *O Anti-Édipo. Capitalismo e Esquizofrenia*. Lisboa: Assírio & Alvim, 1966.

DELEUZE, Gilles. Para dar um Fim ao Juízo. In: DELEUZE, Gilles. *Crítica e Clínica*. Trad. Peter Pál Pelbart. São Paulo: Editora 34, 1997.

_____. Un Manifeste de moins. In: BENE, Carmelo; DELEUZE, Gilles. *Superpositions*. Paris: Ed. de Minuit, 1979.

DERRIDA, Jacques. Artaud, oui. *Europe*, Paris, n. 873-874, jan.fev.2002.

_____. *Artaud le Moma*. Paris: Galilée, 2002.

_____. *A Escritura e a Diferença*. São Paulo: Perspectiva, 1971.

DEUTSCH, Michel. *Le Théâtre et l'air du temps*. Paris: L'Arche, 1999.

_____. *Inventaire après liquidation*. Paris: L'Arche, 1990.

DORT, Bernard. *La Réprésentation émancipée*. Paris: Actes Sud, 1988.

_____. *Théâtre em jeu*. Paris: Seuil, 1979.

_____. *Théâtre Public*. Paris: Seuil, 1976.

DOSSIER Apocalipse, *Sala Preta*. São Paulo, n. 1, p. 117-172, 2001.

ÉCRITURES dramatiques contemporaines (1980-2000). L'Avenir d'une crise. *Etudes théâtrales*, Paris/Louvain, n. 24-25, 2002.

ERULI, Brunella. Dire l'irreprésentable, représenter l'indicible. In: PICON-VALLIN, Béatrice (org.). *La scène et les images*. Paris: CNRS, 2001.

FABRE, Jan. Vers la terra incógnita. *Alternatives théâtrales*, Bruxelas, n. 85-86, 2005.

_____. *Le Guerrier de la beauté*. Paris: L'Arche, 1994.

FEBVRE, Michele. *Danse contemporaine et théâtralité*. Paris: Chiron, 1995.

FÉRAL, Josette (org). Entre performance et théâtralité: le théâtre performatif, *Théâtre/Public*, n. 190, automne 2008.

_____. *Teatro, Teoria y Prática: más Allá de lás Fronteras*. Buenos Aires: Galerna, 2004.

_____. Un Corps dans l'espace: perception et projection. In: HAMON-SIRÉJOLS, Christine; SURGERS, Anne. *Théâtre: espace sonore, espace visual*. Lyon: Presses Universitaires de Lyon, 2003.

_____. Theatricality: the specificity of theatrical language. *Substance*, issue 98/99, v. 31, n. 2 e 3, 2002.

_____. Le Texte spectaculaire: la scène et son texte. *Degrés*, Bruxelas, n. 97-98-99, 1999.

_____. Performance and Theatricality: The Subject Demystified. In: MURRAY, Thimothy. *Mimesis, Masochism & Mime. The Politics of Theatricality in Contemporary French Thought*. Ann Arbor: The University of Michigan Press, 1997.

_____. *Théâtralité, écriture et mise en scène*. Québec: Hurtubise, 1985.
FERNANDES, Sílvia; AUDIO, Roberto (org.). *Teatro da Vertigem. BR-3*. São Paulo: Perspectiva/Edusp, 2006.
FERRACINI, Renato. *A Arte de não Interpretar como Poesia Corpórea do Ator*. Campinas: Ed. da Unicamp, 2005.
FERRÉ, Sylvie. Jan Fabre et Marina Abramovic, la rencontre de deux initiés. *Alternatives théâtrales*, Bruxelas, n. 85-86, 2005.
FISCHER-LICHTE, Erika. *The Show and the Gaze of Theatre*. Iowa City: University of Iowa Press, 1997.
FOUCAULT, Michel. Des Espaces autres. *Dits et écrits*. Paris: Gallimard, 1990 v. IV.
FOUQUET, Ludovic. *Robert Lepage, l'horizon en images*. Québec: L'Instant meme, 2005.
FRIED, Michael. *Absortion and theatricality. Painting and Beholder in the Age of Diderot*. Chicago: University of Chicago Press, 1980.
_____. *Art and objecthood*. Chicago: University of Chicago Press, 1998.
FUCHS, Elinor. *The Death of Character*. Bloomington/Indianápolis: Indiana University Press, 1996.
GALIZIA, Luiz Roberto. Teremos de Ser Radicais. *Ar'te*, São Paulo, n. 9, 1984.
GUÉNOUN, Denis. *A Exibição das Palavras. Uma Idéia (Política) do Teatro*. Trad. Fátima Saadi. Rio de Janeiro: Teatro do Pequeno Gesto, 2003.
GUÉNOUN, Denis. *Actions et acteurs*. Paris: Belin, 2005.
HEUVEL, Michael Vanden. *Performing Drama/Dramatizing Performance*. Ann Arbor: The University of Michigan Press, 1993.
HRVATIN, Emil. *Jan Fabre. La discipline du chaos, le chaos de la discipline*. Paris: Armand Colin, 1994.
JAMESON, Fredrick. A Lógica Cultural do Capitalismo Tardio. In: *Pós-modernismo. A Lógica Cultural do Capitalismo Tardio*. Trad. Maria Elisa Cevasco. São Paulo: Ática, 1996.
_____. O Pós-modernismo e a Sociedade de Consumo. In: KAPLAN, Ann (org.). *O Mal-estar no Pós-modernismo*. Rio de Janeiro: Zahar, 1993.
JOLLY, Geneviève; PLANA, Muriel. Theâtralité. In: SARRAZAC, Jean-Pierre (org.) *Lexique du drame moderne et contemporain*. Paris: Circé, 2005.
KOBIALKA, Michael. *A Journey Through Other Spaces*. Berkeley/Los Angeles/London: University of California Press, 1993.
_____. Kantor Está Morto! Esqueçam Kantor! *Sala Preta*, São Paulo, n. 5, 2005.
LEHMANN, Hans-Thies. *Teatro Pós-dramático*. Trad. Pedro Süssekind. São Paulo: Cosac Naify, 2007.
_____. Le Risque, le tragique, le poison. *Alternatives théâtrales*, Bruxelas, n. 85-86, 2005.
_____. Teatro Pós-dramático e Teatro Político. *Sala Preta*, São Paulo, n. 3, 2003.
_____. *Postdramatisches Theater*. Frankfurt am Main: Verlag der autoren, 1999. Tradução francesa: *Le Theatre postdramatique*. Trad. Philippe-Henri Ledru, Paris: L'Arche, 2002.
_____. Sarah Kane, Heiner Müller: approche d'un théâtre politique. *Études théâtrales*, n. 24-25, 2002.
LE LIEU, LA SCÈNE, la salle, la ville. *Etudes Théâtrales*, Paris/Louvain, n. 11-12, 1997.
LIMA, Mariângela Alves de. Um Hábil Desfile de Bons Personagens, *O Estado de S. Paulo*, São Paulo, 21 jul. 2000.

_____. Boca de Ouro, a Fidelidade à Rebeldia. *O Estado de S. Paulo*, São Paulo, 28 jan. 2000. Caderno 2.

_____. Melodrama Encontra Beleza e Evita Clichês. *O Estado de S. Paulo*, São Paulo, 4 maio 1996.

LUIZ, Macksen. Investigação de um Gênero. *Jornal do Brasil*, Rio de Janeiro, 19 ago. 1995.

_____. O Jogo Inteligente dos Contrários e da Mentira. *Jornal do Brasil*, Rio de Janeiro, 4 fev. 1993. *Caderno B*.

LYOTARD, Jean-François. *Des Dispositifs pulsionnels*. Paris: Galilée, 1994.

_____. Le Sublime et l'avant-garde. *Le Postmoderne expliqué aux enfants*. Paris: Galilée, 1986.

MAETERLINCK, Maurice. Menu propos: un théâtre d'androïdes. *Introduction à une psychologie des songes(1886-1896)*. Bruxelas: Labor, 1985.

MAGALDI, Sábato. Sobre *Boca de Ouro*. *O Estado de S. Paulo*, São Paulo, 8 out. 2006. Edição fac-símile do Suplemento Literário. [s.p.]. Disponível em <http://txt.estado.com.br/edotprias/2006/10/08/cad-1>. Acesso em 20 out. 2006.

MARINIS, Marco de. Lo spettacolo come texto. *Semiotica del teatro. L'analisi testuale dello spettacolo*. Milano: Bompiani, 1982.

MARRANCA, Bonnie; DASGUPTA, Gautam. *Interculturalism and Performance*. New York: PAJ Publications, 1991.

MATEJKA, Ladislav; TITUNIK, Irwin R. (ed.). *Semiotics of Art, Prague School Contributions*. Cambridge: MIT Press, 1976.

MAURIN, Frédéric. *Robert Wilson. Le Temps pour voir, l'espace pour écouter*. Paris: Actes Sud/Académie Expérimentale des théâtres, 1998.

MERVANT-ROUX, Marie-Madeleine. Le Ré-imaginement du monde. In: PICON-VALLIN, Béatrice (org.). *La Scène et les images*. Paris: CNRS, 2001.

MEYERHOLD, V. *Écrits sur le théâtre* 1. Lausanne: La Cité/L'Age D'Homme, 1973.

MICHALSKI, Yan. *Os Cursos de Artes e a Estrutura Universitária*. Trabalho apresentado durante a Semana de Artes e Ensino da ECA/USP. São Paulo, 1980, documento reprografado.

MÜLLER, Heiner. *Teatro de Heiner Müller*. São Paulo: Hucitec, 1987.

MURRAY, Thimothy. *Mimesis, Masochism & Mime. The Politics of Theatricality in Contemporary French Thought*. Ann Arbor: The University of Michigan Press, 1997.

NESTROVSKI, Arthur (ed.). *Teatro da Vertigem. Trilogia Bíblica*. São Paulo: Publifolha, 2002.

PAVIS, Patrice. *Le Théâtre contemporain*. Paris: Nathan, 2002.

_____. *Vers une théorie de la pratique théâtrale*. Villeneuve-D'Ascq: Presses Universitaires du Septentrion, 2000.

_____. *Dicionário de Teatro*. Trad. J. Guinsburg e Maria Lúcia Pereira. São Paulo: Perspectiva, 1999.

_____. *O Teatro no Cruzamento de Culturas*. São Paulo: Perspectiva, 2008.

_____. *Languages of the Stage*. New York: Performing Arts Journal Publications, 1982.

PEIXOTO, Fernando. Quando a Crítica se Transforma em Grito. *Teatro de Heiner Müller*. São Paulo: Hucitec, 1987.

PELBART, Peter Pál. Esquizocenia. *Vida Capital. Ensaios de Biopolítica*. São Paulo: Iluminuras, 2003.

_____. Ueinzz – Viagem a Babel. In: PELBART, Peter Pál. *A Vertigem por um Fio*. São Paulo: Iluminuras, 2000.
PELLEGRINO, Hélio. Boca de Ouro. In: RODRIGUES, Nelson. *Teatro Completo*. Org. geral e prefácio Sábato Magaldi. Rio de Janeiro: Nova Aguilar, 1993.
PICON-VALLIN, Béatrice (org.). *La Scène et les images*. Paris: CNRS, 2001.
PICON-VALLIN, Béatrice. *Les Écrans sur la scène*. Paris: L'Age D'Homme, 1998.
_____. *Meyerhold, les voies de la création théâtrale* 17. Paris: CNRS, 1990.
PIEMME, J. M.; CORVIN, Michel. Théâtralité. In: CORVIN, Michel (org.). *Dictionnaire encyclopédique du théâtre*. Paris: Bordas, 1991.
POETIQUE du drame moderne et contemporain. *Etudes theatrales*. Paris/Louvain, n. 22, 2001.
PRADO, Décio de Almeida. Boca de Ouro. *Teatro em Progresso: Crítica Teatral (1955-1964)*. São Paulo: Livraria Martins Editora, 1964.
PUCHNER, Martin. *Stage Fright. Modernism, Anti-theatricality and Drama*. Baltimore/London: The Johns Hopkins University Press, 2002.
QUILICI, Cassiano Sydow. *Antonin Artaud. Teatro e Ritual*. São Paulo: Annablume, 2004.
RAMOS, Luiz Fernando. A Pedra de Toque. *Humanidades. Teatro Pós-dramático*, Brasília, n. 52, nov. 2006.
_____. *Um Drama Contemporâneo, como Escrever Ações*. London: Royal Holloway College, 1994 (Texto inédito).
RODRIGUES, Nelson. *Teatro Completo*. Org. geral e prefácio Sábato Magaldi. Rio de Janeiro: Nova Aguilar, 1993.
RYNGAERT, Jean-Pierre. *Ler o Teatro Contemporâneo*. Trad. Andréa Stahel M. da Silva. São Paulo: Martins Fontes, 1998.
SÁ, Nélson de. *Divers/idade. Um Guia para o Teatro dos Anos 90*. São Paulo: Hucitec, 1998.
_____. Zé Celso faz Teatro de Massa com "Mistério", *Folha de S. Paulo*, 17 fev. 1994.
SAISON, Maryvonne. *Les Théâtres du réel*. Paris: L'Harmatan, 1998.
SANTOS, Valmir. Zé Celso Coloca Decano do Ócio no Cio. *Folha de S. Paulo*, São Paulo, 23 fev. 2001. Ilustrada, p. 1. Disponível em <http://txt.estado.com.br/edotprias/2006/10/08/cad-1>. Acesso em 23 fev. 2001.
SARRAZAC, Jean-Pierre (org). *Lexique du drame moderne et contemporain*. Paris: Circé, 2005.
_____. *Jeux de rêves et autres détours*. Paris: Circé, 2004.
_____. *La Parabole ou l'enfance du théâtre*. Paris: Circé, 2002.
_____. L'Impersonnage. *Études théâtrales "Jouer le monde"*, n. 20, Paris/Louvain, 2001.
_____. *Critique du théâtre. De l'utopie au désenchantement*, Paris: Circé, 2000.
_____. *L'Avenir du drame*. Paris: Circé, 1999.
SCHECHNER, Richard. *Performance Studies. An Introduction*. New York/London: Routledge, 2002.
_____. *Performance Theory*. New York/London: Routledge, 1988.
SOUSA, Pompeu de. Introdução. In: RODRIGUES, Nelson. *Teatro Completo*. Org. geral e prefácio Sábato Magaldi. Rio de Janeiro: Nova Aguilar, 1993.
SPOLIN, Viola. *Improvisação para o Teatro*. São Paulo: Perspectiva. 5. ed., 2006.
SUSSEKIND, Flora. A Imaginação Monológica. *Revista USP*, São Paulo, n. 14, jun./ago. 1992.

TACKELS, Bruno. *François Tanguy et le Théâtre du Radeau*. Besançon: Les Solitaires Intempestifs, 2005.
THEATRICALITY, SUBSTANCE, issue 98/99, v. 31, n. 2 e 3, 2002.
THORET, Yves. Approche freudienne de la théâtralité. *Degrés*, n. 107-108, automne-hiver.
TRIAU, Christophe. Choralités. *Alternatives théâtrales*, Bruxelas, n. 76-77, out. 2003.
UBERSFELD, Anne. *Lire le théâtre III. Le dialogue de théâtre*. Paris: Belin, 1996.
_____. *L'Ecole du spectateur*, Paris: Sociales, 1981.
VINAVER, Michel. *Écritures dramatiques*. Paris: Actes Sud, 1993.
WATT, Stephen. *Postmodern Drama. Reading the Contemporary Stage*. Ann Arbor: The University of Michigan Press, 1998.
WEBER, Samuel. *Theatricality as medium*. New York: Fordham University Press, 2004.
WILLIAMS, Raymond. *Drama in Performance*. London: Open University Press, 1991.
_____. *El Teatro de Ibsen a Brecht*. Trad. José M. Álvarez. Barcelona: Península, 1975.
XAVIER, Ismail. *O Olhar e a Cena – Melodrama, Hollywood, Cinema Novo, Nelson Rodrigues*. São Paulo: Cosac & Naify/Cinemateca Brasileira, 2003.

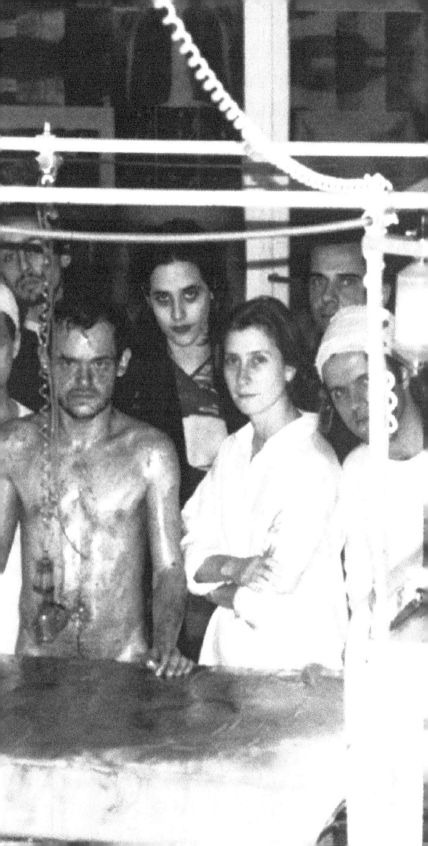

E ELE VAI
LEVAR
A ÓPERA
IZER
E ME AMA... ♦

♦
S...

"...MEU DEUS, COMO VOC(Ê) É INCRÍVEL..."

"...E VAM(OS) TENTAR (FAZER) ISSO, COMO N(UM) FILME PROFUND(O)"

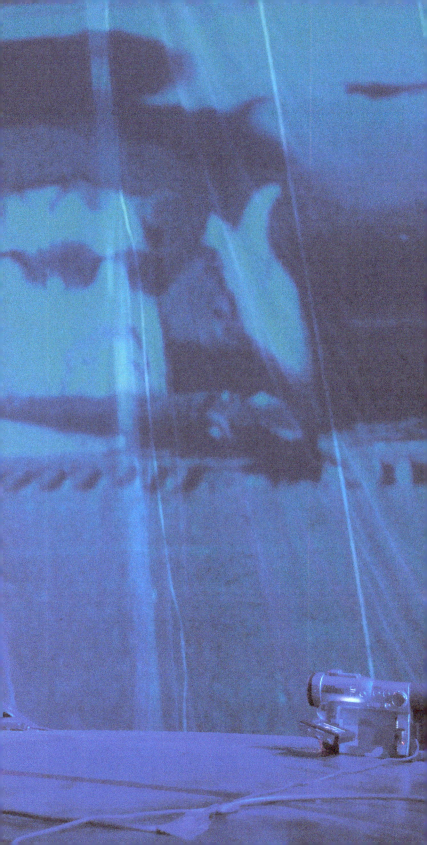

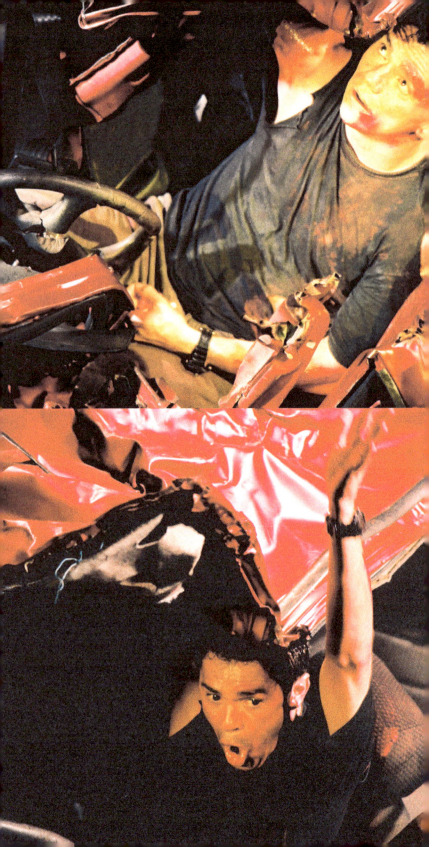

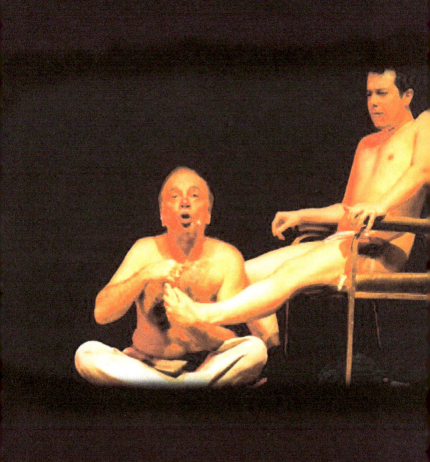

Este livro foi impresso na cidade de Cotia,
nas oficinas da Meta Brasil,
para a Editora Perspectiva.